その問題、経済学で解決できます。

ウリ・ニーズィー／ジョン・A・リスト＝著
望月 衛＝訳

URI GNEEZY / JOHN A. LIST

THE WHY AXIS

Hidden Motives and the Undiscovered Economics of Everyday Life

東洋経済新報社

ぼくらの一番大事な実地実験、つまりぼくらのステキな子どもたち、

アニカ、イーライ、ノア、グレタ、そしてメイスン

ノーム、ネッタ、そしてロン

に捧げる。

Original Title:
The Why Axis
by Uri Gneezy and John A. List

Japanese translation published by arrangement
with Uri Gneezy and John A. List c/o
Levine Greenberg Literary Agency, Inc. through
The English Agency (Japan) Ltd.

ご紹介

火を見るよりも明らかなはずのことが、実は一番見えにくかったりすることがある。

——スティーヴン・レヴィット

１９９０年代の終わり、若手経済学者だったぼくにとっては間違いなくそうだった。あのころ、経済学の世界はエキサイティングだった。ぼくは運よくもハーヴァードとＭＩＴで学生生活を送った。この名高い大学２つは経済学のニューウェイヴの中心だった。

歴史的に見て、経済学は理論中心の学問だった。大きな進歩といえばまず、ありえないほど頭のいい人たちが難しい数理モデルを書き上げ、世界の仕組みに関する抽象的な定理をそこから導き出す。でも、コンピュータの計算能力が爆発的に高まり、膨大なデータが手に入るようになった１９８０年代から１９９０年代に、経済学業界は変わった。実証研究、つまり現実のデータの分析に焦点を当てる経済学者がどんどん増えていった。ぼくみたいなの、つまりきらびやかな理論的洞察にたどり着けるほど自分はぜんぜん賢くないのを思い知った若輩者の経済学者にとって、なんか面白いことが見つからないかとデータを漁って過ごすのは、別に恥ずかしいことではなくなっていた。

あのころの（そして今も）大きな壁といえば、２つの変数の関係が本当に因果なのかそれとも単なる相関なのかをどうやって見分けるかだった。どうしてそれが大事なんだろう？　関係が因果なら、公の政策でできることがある。関係が因果なら、世界の仕組みについて大事なことがわかる。

でも、関係が因果だと証明するのはものすごく難しい。因果を検出するには無作為に選んだサンプルを使う実験が一番だ。だからこそ、たとえば食品医薬品局は新しい薬を承認する前に、ランダム化実験を求めるのだ。問題は、ぼくみたいな経済学者が答えを出したいと思っている類の疑問では、新薬の試験に使われるような実験室実験がいつもやれるわけではないことだ。そういうわけでぼくたちは、「たまたま起きた実験」を見つけるのに心血を注ぐことになる。つまり、現実の世界で多かれ少なかれたまたまで起きた、なんとなくランダム化実験みたいなヘンな出来事を探すのである。たとえばある街がハリケーンで荒れ果て、別の街が無傷だったとする。ハリケーンに襲われる街はだいたいランダムに決まると思っていいだろう。１９７３年に最高裁が出したロー対ウェイド裁判の判決で、妊娠中絶が合法になったことを考えよう。この判決で、胎児が中絶されるケースが増えた州もあったが、増えない州もあった。このころに生まれた赤ん坊の行く末がどうなったかをいろいろな州で調べて比べると、合法化の影響についてわかることがあるし、望まれずに生まれてくると人生はどうなってしまいがちか、みたいなもっと奥の深いこともわかるかもしれない。

そういうわけでぼくは、他の経済学者大勢と一緒に、そうやって毎日を過ごしていた。つまり、毎日のように、日がな1日たまたま起きた実験を探していた。

でもある日、ぼくより何歳か年下の経済学者に会ってすべてが変わった。この人はぼくとはぜんぜん違う血筋の経済学者だった。ハーヴァードもＭＩＴも出てない。学部を出たのはウィスコンシン大学スティーヴンスポイント校だし博士号を取ったのはワイオミング大学だ。最初に教鞭をとったのはセントラルフロリダ大学だ。どれも最高峰の大学とはいえない。

彼の名をジョン・リストという。ぼくとも大物経済学者たちとも違って、彼は、今から思うと完全に筋が通っていて明らかなことをする道を切り開いた。それは何かというと、現実の世界で経済学のランダム化実験を行うという道だ。でも、なぜだかそれまで、ほとんど誰もそんなことはしていなかった。なんにせよ、業界慣行だの先達の経済学者たちのやり方だのがあって、現実の経済の設定で本物の人間を相手にランダム化実験がやれる、しかもその人間たちに実験に参加してるなんて気づかれもせずに実験ができるなんて、ぼくたちは思いもしなかった。そんなぼくたちに実験の道を見せてくれたのがトラック野郎の息子、ジョン・リストだったのだ。

たとえば偏見を考えよう。ある人が別の人に向かって偏った態度を示せば、他の人たちはみんな、こいつは人種差別だか性差別だか同性愛差別だか、なんでもいいけどそういうのが頭の中に渦巻いているに違いないと思う。でも、表面に現れた、他の人に対する好き嫌いだか憎しみだか、あからさまな悪意だか、そういうのに基づく行動の背後にある動機を、ジョン・リストとウリ・ニーズィーみたいに解き明かした人はいない。第６章と第７章に出てくるけれど、彼らの実験で、差別の背後にある動機はいつも悪意とは限らなくて、ときどきは単純にお金を儲けるためであることもわかっている。

ぼくにとって、まったく明らかなのに他の誰にも見えていないことがちゃんと見えるかどうかで本物の天才かどうかがわかる。そういう切り口で見ると、ジョン・リストとウリ・ニーズィーはまごうかたなき天才だ。彼らは経済学に過去50年最大の発明の1つをもたらした開拓者だ。この本で彼らは、信じられないぐらい目端の利いた独創的な人たちが実験という方法を使えば、それこそ日の下にあるありとあらゆる問題に光を当てることができるのを見せてくれる。限界は、実験を設計する人の想像力、それだけだ。

ランダム化実地実験（ジョンとウリのやり方はそう呼ばれるようになった）は強力な武器だが、それだけじゃなく、ものすごく楽しいのも読者の皆さんにはこれからすぐにわかるだろう。皆さんがぼくと同じぐらいこの本を楽しんでくれればと思う。

THE WHY AXIS ←→ CONTENTS

THE WHY AXIS

はじめに 思い込みの向こうへ

［人がやってることって、どうしてそんなこと人はやってるんだろう？］

男が二級市民の世界

インド北東部、カーシ山地にあるシロンの街へと続く道に、ヘンなメッセージを掲げた看板が立っていた。「人が自分で得た財産は公平に分け合いましょう」。ぼくたちは運転手のミノットに、どういうこと？　と聞いてみた。

ミノットとはアメリカから延々飛んで来てたどり着いたグワーハーティ国際空港で会った。いろいろ教えてくれる面白いガイドだ。ぼくたちはショウガの香り漂う緑なす丘の、豊かに実った田んぼに囲まれた美しくも静かな村々を通る、ありえないほど曲がりくねった道を走っていた。ミノットは痩せて背の低い、ニコニコ顔の28歳で、笑わせてやるというエネルギーでパンパンの男だ。言語をいくつも操り、英語もかなりうまかった。彼はすぐにぼくらの心をつかんだ。

「オレの部族の連中はだいたい田んぼ相手の仕事をしてるけど、オレは違う」。彼は胸を張った。「オレは通訳だ。それに運転手だ。それに姉ちゃんの家でガソリンスタンドを切り盛りしてる。市場であれこれ取引してる。そういうわけだ！　働き者だろ？」

ぼくたちはまったくだとうなずいた。どう見ても生まれついてのビジネスマンだ。アメリカならミノットは間違いなくいい店長になっただろうし、いい教育を受ける幸運に恵まれていたら、シリコン・ヴァレイあたりでソフトウェア会社を立ち上げていたかもしれない。

でもミノットの日常は押さえ込まれていた。「結婚できないよ」。彼はため息をついた。どうして？　と聞くと、彼はこう説明した。カーシ族の男は姉さんか奥さんの家族と暮らさないといけない。でも彼はそんなのいやだった。自分の家に住みたかったのだが、カーシ族の社会ではそれはできなかった。彼には自分の財産を持つことは認められていなかった。やりたいことは何をするにも姉さんの許しが必要で、というのも、母系社会であるカーシ族では経済力を握るのは女性だからだ。ミノットみたいにどれだけ有能で商売っ気があっても、男は二級市民として見下される。道に出ていた看板は男権運動の芽生えだとミノットは言う。カーシ族の男たちは「種牛だの子守りだの[1]」の扱いを受けることに不満を表明し始めたのだ。

日常の世界で実験する

これはもう、もう1つの世界だ。この世界は西側経済で一番厄介な問題の1つを解決する糸口になるんじゃないか、ぼくたちはそんなふうに思っている。どうして女は男より経済的に成功しにくいんだろう？

性別間の格差は何が原因で起きているのか、だいたい誰でも意見は持っている。他の問題だってそうだ。差別とか、お金持ちの子と貧乏な子の教育格差とか、貧困とか、なんでそういう問題があるのか、意見はみんな持っている。でも、なんでそういう問題があるのか、自分の思っているのが本当の理由だってどうしてわかるんだろう？　そういう話があったから？　直感？　考えてみてそう思ったから？

これから見ていくように、逸話や都市伝説を乗り越えようというのがこの本のテーマだ。これから続くページで、読者のあなたはぼくたちと一緒に、市井の人びとがどうしていつも見かけるような行動をしているのかを見つける冒険の旅に出る。人の動機に奥深く切り込むべく、ぼくたちは日常の世界で実験を行う。日常の世界なら、人がそれぞれの自然な環境の中でそれぞれ普段の営みに精を出すのを観察できる。見られていると意識させることもない。それから実験の結果を咀嚼して、人間に対するぼくたちの見方、それにぼくたち自身に対するぼくたちの見方を変える結論を導き出すのだ。ぼくたちの独特なやり方では、日常生活を観察すれば新しいことがいろいろわかる。人を動かすインセンティヴを――インセンティヴのとる形が、お金だろうと世間に認められることだろうと、それこそ他の何事だろうと――理解できるのだ。

――•――

実験室ではわからないこと

それじゃ、人の行動の背後に潜む動機や正しいインセンティヴはどうすればわかるだろう？　人の動機に本当に奥深く切り込むにはどうしたらいいだろう？　ここ20年、ぼくたちは研究室という奥座敷を出て、人をそれぞれの営みに駆り立てる動機を自然な環境で探り当てようと努めてきた。そういうことをする理由は単純だ。偏見で凝り固まった人を実験室に連れ込んでも、自分が観察されているとわかっていては、それらしい振る舞いをしてはくれない。研究者が聞きたいと思ってるんだろうと思うことを口にし、世間が自分に期待してるんだろうと期待する振る舞いを見せる。研究者の望みどおりに行動するよう動機付けられるからだ。でも、同じ人をその人が普段暮らしている界隈のバーに連れて行き、誰か「毛色の違うやつ」をそのバーに行かせて（あるいは田舎者のボラット［訳注：映画『ボラット』の主役。未開の文化の地から来た偏見だらけのジャーナリスト］みたいな見てくれでボラットみたいに話す人とやり取りする機会を与えて）観察すれば、きっととても簡単に偏見を目撃することになるだろう。

そういうやり方で研究をしていると、キリマンジャロの麓からカリフォルニアのワイン醸造所へ、あるいは蒸し暑いインドの北部から肌寒いシカゴの通りへ、イスラエルの学校の運動場から世界最大級の企業の役員会議室へと旅をすることになる。本物の世界へと足を踏み出すと、人びとの間で本当は何が起きているか、独特な視点から理解することができる。

人びとが日常の市場で見せる振る舞いのあり方を観察すれば、彼らの動機をよりよく理解できる。ぼくたちが発見した中でも重要なものの1つに、人間を動かす要因の根本にあるのは私利私欲だ、というのがある。必ずしも身勝手というわけではなく、私利私欲だ。どっちにしても同じだと思うかもしれないが、実はとても違っている。それが重要な発見で、というのは、人びとが本当は何を――お金、思いやり、人とのつながり、お褒めの言葉、そのほか何でも――ありがたがるかがわかれば、彼らを動かす引き金や仕組みがもっと正確に特定できる。つまり学校でもっといい成績をあげたり、法に触れる行いを避けたり、よく働いたり、もっと寄付をしたり、他人を差別するのをやめたり、そういったことをさせられる引き金や仕組みだ。

実地実験が問題を解決する

ぼくたちはどうやってこういうやり方にたどり着いたんだろう？　1980年代にスポーツ・カードの売人として、ジョン・リストはいろいろな交渉術や値段のつけ方を実験し、一番うまくいく方法を探していた。そしてその後、スポーツ・カードを取引しながらウィスコンシン大学スティーヴンスポイント校で経済学を学んでいた彼は、実地実験《フィールド》で経済の仕組みについてなにか大事なことがわかるんじゃないかと思っていた。経済学の法則を現実の世界で実証できるだろうか？　数千マイル離れたところでは、ウリが、チャリティで寄付を集める人たちにやる気を出させるにはどうしたらいいかを研究していた。研究する過程で、ボランティアにやる気を出させようという場合、伝統的な業績連動の報酬を払うのはびた一文払わないのよりなお悪いのがわかった。

従来、経済学者たちは対照付きの実地実験には疑いの目を向けていた。意味のある実験を行うためには、調べたいこと以外を全部、一定に保たないといけない。研究者が仮説を検証するときはそういうやり方をする。ダイエット・コークをネズミに与えるとガンになりやすくなるかを調べたければ、「他の条件を一定に保って」与えるダイエット・コークの量だけを変える。同じ空気、同じ照明、同じ種類のネズミを使う。「現実の世界」でそういう実証を行うことはできない、他の大事な条件を一定に保つなんてなかなかできないからだ。長年、経済学者たちはそう信じてきた。

現実の経済の世界は化学で使う試験管とは違う。人が数十億人もいて、会社が何千もある。それが経済学界の通念だ。でもぼくたちは、そんな経済学界に広く受け入れられた通念に逆らう。そんな「不純」な状況を相手にしているなら、つまり対照実験のできない奇っ怪な現実の世界を相手にものごとの仕組みを調べているなら、ランダム化実地実験で本当の答えを出せる。この本でそれをご覧に入れる。実際、実地実験はここ数十年に起きた、実証研究上のもっとも重要な発明の1つになった。ぼくたちのやり方を使えば、起きていることを観測でき、それだけでなく、なぜそんなことが起きるのかも調べられる。この本では、ぼくたちのやり方でもっとも頭の痛い世界の経済問題をいくつも解決できることを、事例を挙げて示す。事例はたとえば次のとおり。

- 現代社会のほとんどの経済では、女性と男性が同じだけ働いても女性のほうが稼ぎが少なく、経営の首脳を担うことも少ないのはどうしてだろう？
- 同じモノやサービスを買っても他の人よりたくさんお金をふんだくられる人がいるのはどうしてだろう？
- どうして人はお互いを差別するのだろう？　そしてどうすれば差別をやめさせられるだろう？自分でもやらないようにできるだろう？
- アメリカはほとんどどの先進国よりお金をたくさん公的教育につぎ込んでいるのに、地域によっては高校の中退率が50％を超える。はやりすたりの激しい教育プログラムにたっぷりお金をかけて、なにかいいことがあるんだろうか？　お金持ちの学生と貧乏な学生の間に横たわる教育格差をコスト効率よく縮められるだろうか？

●いっそうグローバル化の進む競争の厳しい世界の中で、企業がもっと独創的に技術革新を進め、生産性を高め、価値とチャンスと仕事を作り出していくにはどうすればいいんだろう？

●非営利組織は、人びとを動かして社会にもっと還元させるにはどうすればいいだろう？　自分が気に入った慈善活動をもっと有効に機能させるにはどうすればいいだろう？

これらの疑問にはほとんど、あるいはなんにも、共通点なんかないと思うかもしれない。でも、ぼくたちの立ち位置から眺めると、これらの疑問はどれも、経済学の見地から考えることができる——そして単純な経済学の解決策で対応できる——のがわかる。実地実験がそんな解決策への道を切り開く。インセンティヴを正しく理解し、人びとがやっていることを、人びとにやらせているものが本当はなんなのか、特定できるかどうかが大事なのだ。

相関対因果

人はよく「これこれのせいであれこれが起きた」なんてことを言いたがる。それが本当だとわかっていようがいまいが関係ない。でも、そういうふうに因果を語るとき、現実の世界で実験を

広告と売上げの関係

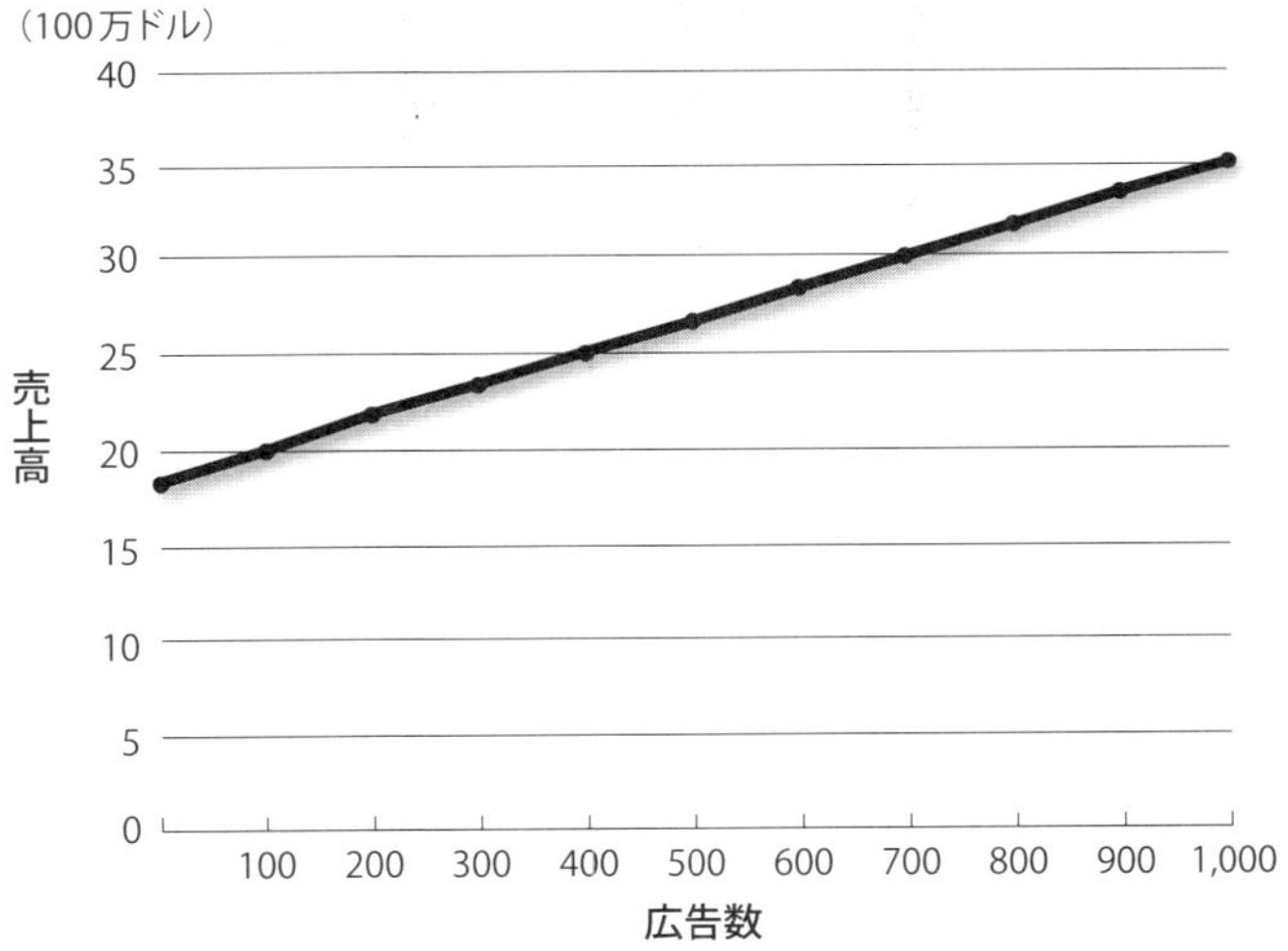

行ってデータを集めたのでない限り、ぼくたちはみんな、よく知りもしないことをもっともらしく語っているにすぎない。

そう遠くない昔、シカゴ大学の仲間である経済学者のスティーヴ・レヴィットとチャド・シヴァーソンの2人と一緒に、有名な小売り大手の重役たちと、どうすれば売上高が増えるかおしゃべりしていた。消費者向けに同社がやっている広告が売上げを伸ばすのに大きな効果を発揮していることを説明しようと、マーケティング担当の重役がこんなグラフを見せてくれた（秘密を守るために数字そのものは変えてあるが、関係は変えていない）。

「銃から煙が出てるってぐらいはっきりした証拠だよね」。彼は胸を張った。「広告と売上げにははっきり正の関係があるのが表れて

アイスクリームの売上げと溺死者数の関係

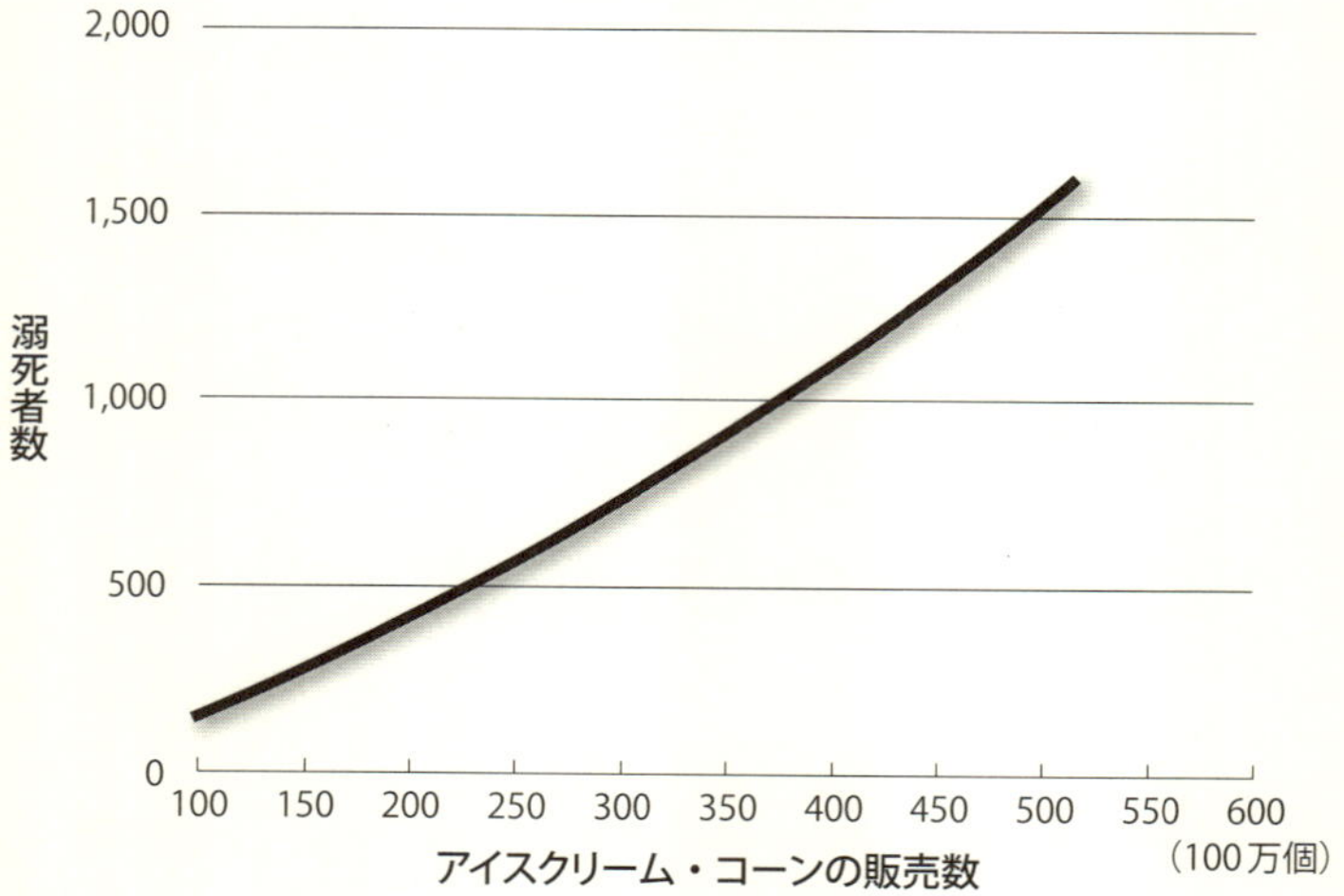

るでしょ。１０００回広告を打てば売上高はだいたい３５００万ドルに増えるし、広告を１００回に減らすと売上高もだいたい２０００万ドルに減ってしまう」

打つ広告と売上げの関係が、この重役さんが思っているほどはっきりしたものではないのはなぜか理解するために、ぼくたちが描いた同じようなグラフを見てほしい。

こっちのグラフは２つのまったく異なる現象を描いている。１９９９年から２００５年に起きた溺死事故数と、アメリカでもっとも大きなアイスクリーム・メーカーが同じ期間に売ったアイスクリーム・コーンの数だ。この２つの数にこんな関係があるなんて、もちろんショックなことだ。

こういうグラフを見せられたら、両者の間には因果関係があると思い、子どもが戸外で水辺にいるときにはアイスクリームをけっして食べさせなくなる親御さんがいるかもしれない。でももちろんここには背後に潜む隠れた第三の要素がある。夏になるとアイスクリームを食べる人が増え、同時に泳ぐ人が増える。泳ぐ人が増えれば溺れる人も増える。夏になるとアイスクリーム・コーンを消費する人が増えるけれど、アイスクリームを食べるから人が溺れるわけじゃない。泳ぐから溺れるのだ。

それじゃマーケティング担当の重役さんが見せてくれたグラフで背後に潜んでいた、隠れた要素はなんだろう？　後になって、この小売企業は11月から12月の祭日が相次ぐお買い物シーズンに、広告をたくさん打っていることがわかった。当然のようにこの時期会社の売上げは大幅に増える。そのせいで、広告と売上げの間には因果関係があるという幻想が生まれた。でも、データをもっと深く掘り下げて、広告がどんなときに打たれるかを考慮して見直すと、データに因果関係は見られなくなった。そこにあるのは単なる相関だった。消費者にもっと製品が売れるようになるのは季節のせいで、消費者向けの広告のおかげではなかったのだ。

ビッグデータが抱える２つの問題

ぼくたちの世界はこういう誤りでいっぱいだ。因果関係がありそうに思っても、実は単純な相関で因果ではないなんてことがとてもよくある。そうやって取り違えるとき、ぼくたちは同時に、お金と労力を山ほど無駄に使っている。問題はというと、この世は複雑な関係で満ち満ちていて、本物の因果関係を特定するのはとても難しいということだ。

最近のはやりといえば「ビッグデータ」だ。データを山ほど集めて積み上げ、パターンを見つけ出す。ビッグデータを使えば面白い結論が導き出せる。ビッグデータはすばらしいけれど、大きな問題を抱えてもいる。ビッグデータを使ったやり方の背後にあるのは、因果ではなく相関に大きく頼った分析だ。デイヴィッド・ブルックスもこう言っている。「億千万のものごとが互いに相関しあい、またデータをどう組み立てるか、何と何を比べるかで、そうした相関が違ってくる。意味のある相関を意味のない相関と区別するためには、何が何を起こしているか、因果を仮定しないといけないことが多い。つまり、結局人間が理屈を考える世界へと逆戻りだ[2]」

ビッグデータにはもう1つ問題があって、それはとにかく大き《ビッグ》いのでどう掘り進んだらいいのかなかなかわからないことだ。企業はものすごくたくさんのデータを持っていて、そんなデータをもうどうやって見たらいいのかわからなくなっている。企業はなんでもかんでも集めて、そのあげく圧倒されてしまっている。考慮するべき変数のありうる組み合わせがたくさんありすぎて、どこから手をつけていいのかもわからない。ぼくたちの仕事は、実地実験を使って因果関係を推定しようということに焦点を絞っていて、データを作り出す前に、関心のある因果関係についてよくよく考える。だから「ビッグデータ」なんてものでたどり着けるよりもずっと深いところまで手が届くのだ。

運よく、実地実験で頼りになるデータが作り出せる。世間の人たちや教育関係の人たち、慈善関係者、政策の立案にかかわる人たち、あるいはCEOの皆さんが、大きな間違いを避け、加えて自分たちが相手にする人たちのことをもっとよく理解するために必要なデータが実地実験で手に入るのだ。つまり人を動かすものは何か、そしてそれはなぜかを理解できるということだ。

どんなインセンティヴを与えれば、人は「正しい」ことをするだろう？　どういう形の罰則や制裁があれば、人は好ましくない振る舞いを避けてくれるのだろう？　そしてどんなときに、インセンティヴはぜんぜん働かないんだろう？

経済学者としてぼくたちは、人の動機には一見してわかる以上のものがある、変数間の因果関係が特定できればとても意義深いと確信している。実際、インセンティヴは単純で荒っぽい道具ではない。実際のところ、隠れた動機はとても複雑なものであり、いつもぼくたちが思うように働くとは限らない。どんなインセンティヴが人を動かすのか完全にわからない限り、新しい政策や政策の変更が、うまくいくかどうかは予測できない。

ぼくたちはこの本で、インセンティヴが人や会社や学校や世界をよりよいほうへ変えるのに利用できることがあるのを示す。でもインセンティヴを利用する前に、インセンティヴがぼくたちの隠れた動機をどう変えるのか、理解しておく必要がある。

―•―

差別に対する疑問

また、ぼくたちは個人的な関心や感情にも動かされている。(3) たとえば、ぼくたちがこんな疑問に興味を持ったのはどうしてか考えてみよう。どうして人はお互い差別するのだろう？　ぼくたちがこの疑問にたどり着いたのは、差別が社会に幅広く害を為すからというだけでも、研究者たちを長年悩ませてきた後ろめたい問題だからというだけでもない。ぼくたちがこの疑問を選んだのは、ぼくたちとぼくたちの愛する人たちが、差別を受ける側だったからだ。

ウリ・ニーズィーは、お父さんのジェイコブが語ってくれた悪夢のようなお話をけっして忘れない。ジェイコブはブダペスト生まれでホロコーストを生き延びた人だ。彼はウリに、近所付き合いの固い絆で結ばれた自分の住む界隈にどんなことが起きたか語って聞かせた。ナチがハンガリーを占領し、ブダペストにホロコーストが吹き荒れた１９４４年、ジェイコブはもう仕事に就くのを禁じられていた。彼のお母さんのマグダは、スウェーデンの外交官ラウル・ワレンバーグがユダヤ人居住区の外に置いていた隠れ家３つのうち１つに、家族をなんとか移動させることができた。でも隠れ家は、結局、あんまり隠れられる場所ではなかった。

ある晩、親ナチの矢十字党がユダヤ人を隠れ家の１つから追い出して、ドナウ川まで連行し、そこで男も女も子どももみんな撃ち殺した。次の晩、２つ目の隠れ家に潜んだ人たちに同じことが起きた。さらに次の晩、ウリのお父さんも彼の家族も、自分たちも同じ運命をたどるんだと思っていた。でも代わりに、ナチのシンパは彼らに銃を突きつけ、居住区に戻らせただけだった。そこでマグダは、ぜんぜんコーシャー［訳注：食材や処理、調理法などの面でユダヤの戒律を満たした食べ物］でない死んだ馬の肉をよその家と奪い合い、飢えが一家を襲うのを食い止めた。彼らが死なずに済んだのはまったくの偶然だった。何年も経ってから、このときのガサ入れがあった場所からそう遠くないところにあるブダペスト大学でウリが講演した。彼のおじいさんが信教を理由にいとも簡単に解雇された大学だ。演台の前に立ったウリは身震いせずにはいられなかった。

差別と言うときぼくたちの頭に浮かぶのは、まあだいたいがそういう醜く悪意に満ちた偏見だ。でもジョン・リストは、１９９５年に博士号を取って仕事探しを始めたとき、そういうのとはまた別の種類の差別に直面した。ジョンは数件の実地実験をやり遂げ、１５０件を超える学界の仕事に応募していたが、採用面接までたどり着いたのはたった1件だけだった。あとになって、ほとんど同じ条件の人たちが、40件ほど応募しただけで30件の採用面接に呼ばれたのを知った。ジョンとそういう他の人たちとの主な違いは、ジョンが博士号を取ったのがワイオミング大学で、他の人たちが博士号を取ったのはハーヴァードとかプリンストンとかの「ブランド」校だったことだった。雇い主は応募者をふるいにかけるのにそういう情報を使うのだ。実質的に「持てる者」と「持たざる者」を差別しているのだった。

いまどきの差別

あなただって、ひょっとすると自分でも気づかないうちに、この手の差別を経験している可能性が高い。そしてあなたもほとんどの人と同じように、人が互いに他人を不当に扱うのは、もともと人間はそういうふうにできているからだと思っているかもしれない。ぼくたちのほとんどがお互い他人の一番悪い面ばかりを考えるのも無理はない。ぼくたちの身の周りで毎日のように人種差別を批判する声が聞こえてくる。オバマ大統領を支持する人たちは批判する人たちを人種差別だと非難するし、その逆方向の非難も聞かれる。ブロガー、マスコミ、政治家、役人、みんな、人の動機について事実がわかる前にやたらと結論に飛びついている。

そんなこんなが経済学とどう関係するのだろう？　答えはこうだ。人間は人種差別をするようにできている生き物だとか偏見を持つのが当たり前だとか、なんて話を受け入れる前に、人が差別をするのは本当はなぜなのか、その背後にある動機をもっとよく知りたいとぼくたちは思う。明らかに差別は人間の生活に深刻で長期的な影響を及ぼす。人が日々の営みに精を出す場である現実の市場で差別がどんな働きをするか、ぼくたちは知りたい。なんで差別が起きるんだろう？　心の奥深くに根差した偏見だけでああいうことが起きるんだろうか、それとも別の説明がありうるんだろうか？

現実の市場でさまざまな実地実験を行って、ぼくたちには、かつてウリの家族が経験した種類よりもジョンが経験した種類のほうが、今ではずっとよくある差別なのがわかっている。あからさまな毛嫌いとか純然たる悪意とか、そういうのはぼくたちのほとんどが思っているほどありふれてはいない。だから、本当に差別を絶滅させたいのなら、ものごとの醜く人種差別的な面にばかり焦点を当ててはだめだ。容疑者が間違っている。かわりに、まず差別の経済的インセンティヴを考え、それから顕微鏡を覗く。やってみると、いまどきの差別は、ほとんどの場合人や企業が利益を増やそうとするために起きていることがわかった。

でも、だからといって生の悪意が消えてなくなったわけではない。人がかたくなに差別をするのは、おうおうにして、相手には関連する件について選択の余地があると思っている場合であることが実験でわかった。たとえば昔、テレビのホームコメディ、『オール・イン・ザ・ファミリー』のよく知られたエピソードで、人種差別をする主人公、アーチー・バンカーがサミー・デイヴィスJr.にこう尋ねる。「あんた黒いよな。あんたは自分で好き好んで黒いわけじゃない、それはオレにもわかる。でも、いったいぜんたい、なんであんたユダヤになんてなったんだ?」(4)

この発見は重要だ。社会にとって大事だというだけでなく、あなたにとっても大事なのだ。また、政策立案者だって理解できない相手とは戦えない。法律を作る立場なら、差別されないためにはどうすればいいかちゃんとわかっていることがものすごく大事だ。

―――•―――

男女格差は生まれのせいか、育ちのせいか

ぼくたちが本当に悩んでいる問題にはもう1つ、労働市場での男女格差がある。女性はいまでも同じだけ技能のある男性より稼ぎが少ないし、女性役員はいまだにとても少なく、会社でC（hief）のつくCEOとかCOOとかの役職に就いている女性もとても稀だ。

著者であるぼくたち2人で、合わせて4人の賢い娘（と4人の見目麗しい息子）がいる。あなたもそうだと思うけれど、ぼくたちも子どもたちがみんな、大きくなって、大学へ行って、仕事探しをしてというとき、ふさわしい扱いを受けてほしいと願っている。でもとても幼いころから娘たちはいつもふさわしい扱いを受けているわけではないのにぼくたちは気づいた。先生の1人は、どうして娘に、あなたは男の子たちほど数学が得意でないよなんて言いきかせてたんだろう？　どう見ても彼女には数学の才能があるっていうのに？　どうして彼女が通ってた学校の運動部のコーチたちは、彼女の学年の男の子たちに「キックボールなんて女の子みたいだからやめろ」なんて怒鳴ってたんだろう？　それにどうしてウリの娘さん2人――1人は負けず嫌いでもう1人はそうでもない――はあんなに違ってるんだろう？

ぼくたちは2人とも、娘たちがとてもいい学校へ行ってとてもいい仕事に就けるだろうか、それとも押さえつけられてそのまま流されるのだろうかと気をもんでいる。子どもたちが学校に通いだ

したはじめのころから見てきたこと、それに、企業社会で高給を取って出世の階段を登り、重要な役職に就く能力には男女間で大きな格差があることを合わせてみて、ぼくたちは競争を勝ち抜く能力の違いで男女間格差が説明できるんじゃないかと考えた。そこでぼくたちは単純な疑問を立てた。女性と男性は競争に勝つ力が違っているのだろうか？　重要な違いがあるのを発見したぼくたちは、昔ながらの疑問に立ち向かった。競争に勝つ力に違いがあるのは生まれのせい？　それとも育ちのせい？

答えを探してぼくたちは飛行機に乗り、ヘリに乗り、電車に乗り車に乗って、地球の果てまで行って、男系がこの世で一番強い社会と一番弱い社会で男女の競争力を調べた（ミノットと出会ったのはそのときだ）。ぼくたちの調査の結果は育ちのせいだという説を強力に支持している。適当な環境、つまり女性が競争から排除されず、力を持った個人として社会に受け入れられる、そんな環境にいれば、女性は男性と同じだけ競争に強くなるし、ときには男性よりも競争力を持つようになる。これはぼくたちの娘たち、そしてあなたのお嬢さんたちにとってとても大きな意味を持つ。労働市場における男女格差を減らしたい政策当局の人たちにとってもそうだ。正しいインセンティヴを設定すれば、男女格差は劇的に小さくなりうる。

―●―

人にもっと寄付させる方法

ぼくたちが追求した疑問にはこんなのもある。みんなにもっと寄付をさせるにはどうしたらいいだろう？　善良な市民でありたいと思っている以外にも、ぼくたち2人はそれぞれ、とても身勝手な理由でそんな疑問を持っている。

ジョンのほうは、セントラルフロリダ大学の新米教授だったときから慈善の経済学に興味を持っていた。ぼくたちの経済の核になる部分、つまり慈善業界は、こういうこともあった、なんて事例集と時代遅れの経験則にばかり頼り、科学による検証が欠けているのに彼は気づいた。その過程で彼はブライアン・マラニーに出会った。スマイル・トレインとワンダーワーク・ドットオーグの創設者にしてCEOだ。マラニーはありとあらゆるところに雑誌広告を打ち、ダイレクトメールを出して、口唇裂（ワンダーワークのほうは他の難病）の子どもたちを治療する単純な手術の費用を賄うための寄付を呼び掛けている。

ダイレクトメールを受け取った人80万人を対象に行った大規模な実地実験で、寄付についてそれまで誰も思ってもみなかったことがわかった。返信用封筒で「これっきりにしてくれ」という意思表示ができるようにしておくと、寄付金は少なくではなく、むしろた<u>くさん</u>集まる傾向があるのだ。たくさんの資金集めの専門家がそんなのむちゃくちゃだと言った。いったいぜんたい、なんで慈善活動で、人をこれっきり寄付しないほうに誘わないといけないんだ？　でもやってみると、みんなそういうのが気に入るのだ。ぼくたちはそんな「絶縁状」を一緒に送るやり方で、普通よりもずっとたくさんお金を集めた。実際にこれっきり云々という意思表示をした人はほんの39％だった。スマイル・トレインもワンダーワーク・ドットオーグも郵便代を節約できた。次回も手紙を送るのは、また寄付をするかもしれない人だけに絞れるからだ。こういうのを本当のいいことずくめと言うのだ。

　ウリのほうは、いろいろな会社で新しい価格の決め方を実験しているとき、人によりたくさん寄付させる方法に興味を持った。彼の新しい価格決定法とは「言い値で売ります」という決め方だ。「言い値で売ります」方式では、企業はお客に、製品なりサービスなりの値段は（タダも含めて）好きに決めてください、その値段で必要なだけ提供しますと伝える。ぼくたちはディズニーを説得して、この新しくて見慣れない値段の決め方を同社の大きな遊園地の1つで試してもらった。慈善活動への寄付と「言い値で売ります」方式の値決め法を組み合わせると、人はたっぷりお金を支払うことがわかった。実のところ、普通の値段の決め方でやるよりずっとたくさんお金を払ったのだ。

　そしてぼくたちの発見によると、人が寄付をするのは、単純な思いやりよりもややこしく、そしてそうそう、いろんなものが絡み合った理由があるのだ。ありとあらゆる方法——戸別訪問、ダイレクトメール、マッチング・ギフト［訳注：257ページを参照］、その他その他その他——を調べて、正しいインセンティヴを設定して、心を開こう、財布も開こうと人を説得するときに一番うまくいくのはどんなやり方かがわかった。これから見ていくように、この本全体に流れるテーマはこれだ：みんなが何をありがたがるかがわかれば、みんなの行動に影響を与え、変化を呼ぶ有効な策が立てられる。

お金の効果・逆効果

ぼくたちの心を捉えた問題にはこんなのもある。インセンティヴを使って子どもを学校に通わせ、若者の銃を使った暴力を減らすにはどうすればいいだろう？

これは遠く彼方の地の問題なんて話からは一番遠いところにある。シカゴの一部の地域では、公立学校の中退率はひどいことになっていて、ときには50％もの高さに達している。そして公立学校の生徒1000人あたり1人の割合で生徒が撃たれている。シカゴハイツの市長がジョンに助けを求め、ジョンは、善良な市民なら誰でもそうするように、それに応えた。彼は経済学者の道具箱を携えてこの仕事にあたった。この本で語ることになる大規模な実験――この手の実験としてはアメリカで初めてだった――で、ある種のインセンティヴを正しい形で提供すれば、生徒の成績が大幅に改善するところまでたどり着けるのがわかった。それにそれで人の命も救える。

生徒の成績を調べるべく、ぼくたちは彼らの動機の奥深くへと切り込まなければならなかった。

インセンティヴとしてお金を使ったら実際のところどんなことになるだろう？　インセンティヴはどんなときに働き、どんなときに働かないのだろう？　こういう疑問がぼくたちを悩ませ始めたのは数年前のことで、ぼくたちの子どもたちが幼稚園に通いだしたときだった。幼稚園の園長先生は定刻までに子どもを迎えに来ない親御さんがいるのにいらだち、迎えに来るのが遅れたら少額の罰金を取ることにした。やってみると罰金は逆のインセンティヴの働きをした。罰金で値段——先生や職員にかける迷惑の値段——が決まったからだ。そして値段はとても安かった。それまで、親御さんたちは遅れると罪の意識を感じていたかもしれない。でも罰金が導入されると、そもそも時間どおりに迎えに行くなんてまったくアホくさいと思うようになった。人ごみをかき分けて、頭のおかしいやつみたいに大急ぎで迎えに行っても、ほんの何ドルか節約できるだけなんて。ぼくたちはさらに調査を進めて、誰かに何かをやってほしいなら、細かいところにまでものすごく気を配ったほうがいいという結論に達した。だれがなにをいつどこでなぜ、そしてどれだけ、動機付けるか、そういう細かいところだ。お金は効く。でもちゃんとやらないと効かない。

—•—

経済学は陰鬱な科学じゃない

そろそろわかってくれたと思うけれど、ぼくたちはいわゆる普通の経済学者じゃない。ぼくたちも経済理論の重要な洞察を利用する。でも、ぼくたちは温室で頭でっかちに考えを育てたりはしない。

たとえば、すでに書いたようにジョンが初めてビジネスの世界に足を踏み入れたのはハングリーな大学生のときだった。彼はスポーツ関係のお宝を買ったり売ったり交換したりすることを学んだ。自分が集めたお宝スポーツ・カードのコレクションを、紙くず同然のまがい物と交換してしまったりしながら、生き馬の目を抜く競争と資本主義について、忘れようもない教訓を叩き込まれた。でもジョンはそんな経験を通じて、もっと効果的に交渉を進めるにはどうしたらいいか、それに自分の売り物の値段をどう決めたらいいかまで学んだ。その後彼は、国際的な大企業も含めて、ほとんどの会社が自分たちの製品やサービスの値段をどうやって決めたらいいか、漠然とすらわかっていないのを知って驚いた。

ウリはいいカリフォルニア・ワインが大好きだ。醸造所を訪れてよく思うのは、オーナーたちはどうやってワインの値段を決めているんだろうということだ。ワインの品質を客観的に評価するのは難しいから、これはとてもややこしい問題だ。ある醸造所のオーナーがなんとかしてくれないかとウリに頼んできた。ウリは彼にワインの値段のことなんてなんにも知らないですよと言った。でもウリには単純でお金のかからない方法がちゃんとあった。ぼくたちは醸造所で小規模な実地実験を行い、数週間のうちに最適な値段を特定できた。それで醸造所の儲けは大幅に増えた。ぼくたちが会社に入り込んでやった実地実験で、みんなの取り分が増やせる形で生産性も利益も高められる方法が見つかったのだ。
ビジネスに携わる人たちは、実験なんてお金がかかってしかたがないと思っていることが多いようなんだけれど、ぼくたちはむしろ、実験をやらないなんてどうしようもなくお金がかかってしかたがないと思っている。いい加減な調査や試験に囚われたあげく、いったいどれだけ失敗作や間違った値付けを積み上げれば気が済むんだろう？　ネットフリックスの人たちに聞いてみればいい。２０１１年に新しい価格体系を導入し、自分たちのブランド力も株価もひどく傷つけた。
取引はなんでも、企業がお客について何かを学ぶ機会だ。実地実験を行うことを覚え、実地実験をうまくやることを学んだ企業は自分たちの土俵である市場をリードしていける。これまで、管理職は直感に頼ったり前任者の知恵を受け継いだりすることができた。でも今後、管理職が成功するには、実地実験を行って自分でデータを生み出し、それで得られた洞察を使って利益を上げないといけない。

――•――

とまあ、そういうわけで皆さん、この本を読み終えるころには、どんなのがうまくいくか――そしてどんなのがうまくいかないか――これまでよりずっとよくわかっていてくれたらと思う。それから、経済学は熱烈な科学であるのをあなたもわかってくれたらと思う。経済学は、ヴィクトリア朝時代の歴史家、トーマス・カーライルが言ったみたいな「根の暗い科学」じゃないのである。[5]
ぼくたちにとって、経済学は人のありとあらゆる情緒に真っ向から取り組む学問だ。世界全体を実験室に使い、社会をよりよくできる結果を出せる、そんな科学である。ぼくたちの実地実験が、よく言う目からうろこなんてくだらない感想を呼ぶにとどまらない、楽しくてびっくりすることでいっぱい、そういうものだとあなたがわかってくれたらいいと思う。退屈だったり根暗だったり、経済学はそんなんじゃないとわかってくれたらいいと思う。人の振る舞いの背後にある隠れた動機は何か、どうすればぼくたちみんなが自分自身や会社、お客、そして社会一般に、よりよい結果をもたらせるか、新しい理解のしかたを身につけてくれたらいいと思う。

最後に、疑問を立て、面白いだけでなく大事でしかも役に立つ洞察を得る方法として、インセンティヴがどう使えるか、新しい考え方をあなたが理解してくれたらいいと思う。

あなたがこの冒険を楽しんでくれたらいいと思う。

THE WHY AXIS

第1章

人にやってほしいことをやらせるには？

［インセンティヴが働く（働かない）のはどんなときか、そしてそれはなぜか(1)］

正のインセンティヴ、負のインセンティヴ

人にやってほしいことをやらせようと思ったら、インセンティヴは信じられないぐらい便利だ。あなたがまだ小さいころに、ママが、おへやをおそうじしたらオモチャをかってあげるよと約束してくれたことがあったとしたら、あなたはたぶん、自分の部屋を掃除したでしょう？　で、翌週あなたが掃除をしないと、ママはあなたからオモチャを取り上げ、掃除するまで返してくれないの

だ。初めて言葉を話せるようになるころにぼくたちが学ぶことの大部分は、だいたいはアメとムチ、つまり報酬と罰則を使ってぼくたちに教え込まれる。罰則や罰金の形で与えられる負のインセンティヴは、人を望ましくない振る舞いから遠ざけるために使える。正のインセンティヴ——よくお金で釣るという形を取る——を与えてやれば、人は山でも動かすし、行いを改め、「ちゃんと」するようになる。

でもインセンティヴは、一見して思うよりややこしくてわかりにくい。インセンティヴは手の込んだ飛び道具で、いつも思ったとおりの働きをするとは限らない。インセンティヴの仕組みを導入する前に、まず、インセンティヴがどう働くかを理解しないといけない。しかるべきのちに、そのインセンティヴを使って、どうして人は実際にやっているような振る舞いをするのかを理解しないといけない。人びとが何をありがたがるか、そしてそれはなぜかがわかったら、そこでやっと、効果的なインセンティヴを作って子どもたちの素行を変えたり社員にやる気を出させたりお客を呼び込んだり、それこそ自分になにごとかをやらせたりするのに使えるのだ。実地実験はインセンティヴがどう働くか、なぜ働くかを理解するための強力な道具なのである。

罰金とって大失敗の巻

インセンティヴは裏目に出ることさえある。インセンティヴのせいで、期待していたのと逆の行動を人びとがとってしまうのだ。

何年か前、ぼくたちはこの点を痛感させられた。（ウリの奥さんの）アイェレットとウリは、保育園に子どもを迎えに行くのが遅れた。2人はテルアビブの浜辺で美しい日を楽しんでいた。お昼ごはんもステキで、話し込んでいるうちに時の過ぎるのを忘れてしまったのだ。ハッと気づくと4時近くで、15分で保育園に娘たちを迎えに行かないといけない。でも保育園までは30分はかかる。やっと保育園にたどり着くと、娘たちは2人を、子犬みたいに大喜びで迎えてくれた。で、レベッカがいた。

ああレベッカ。やさしく心の温かい女性で、保育園のオーナーであり、園長先生であり、リーダーである。彼女は長年、一所懸命に働いてお金を貯め、自分の保育園を作った。保育園は、テルアビブから郊外へ20分ほど行ったところにある美しく古い邸宅にあった。部屋はそれぞれ色とりどりで光がいっぱいだった。子どもたちは表の遊び場にいて、楽しそうにキャッキャと騒いでいた。レベッカは先生のドリーム・チームを作って小さい子の面倒をみさせ、すぐに町一番の保育園の1つと評判になった。レベッカはそんな自分の保育園をとても誇りに思っていた。当然でしょう？

でもウリとアイェレットを見た彼女は口をへの字に曲げた。

「遅れてすみません」。ためしにウリはそう言ってみた。「道が混んでいて……」

レベッカは頷いた。ウリとアイェレットが娘たちを連れて帰るときもなんも言わなかった。彼女、どんなことを考えていたんだろう？　怒っているのは2人もわかっていたが、でも、どれぐらい怒っていたんだろう？　それは読み取れなかったが、彼女はいつもはとても優しい人だ。ウリとアイェレットは遅れたのがとても申し訳なく、自分たちが遅れたせいで子どもの扱いがちょっと悪くなるんじゃないかなんて心配まででした。

何週間か経ってレベッカは、当保育園では子どもを迎えに来るのが10分以上遅れた親御さんからは10シュケル（3ドルぐらい）の罰金をいただきますと発表した。ウリとアイェレットは、迎えに来るのが遅れたときにレベッカがどんなことを思っていたか、ほんの少し感じとることができた。つまり、この発表でレベッカは、遅れるのが厳密にはどれだけ悪いことか、はっきりさせたのだ。つまり、3ドル分だけ悪い。

さて、レベッカが作ったインセンティヴはうまく働いただろうか。じつはぜんぜんうまく働かなかった。遅れた親御さんへの罰金はたったの3ドルだったから、ウリとアイェレットも、延長保育の料金として悪くないと思った。次に仕事をしていたり浜辺で楽しんでいたりして、迎えに行くのが遅れるとわかったときも、2人はもう、すごい勢いで車を飛ばして保育園に向かったりはしなくなっていた。だいたい、もうレベッカのしかめっ面を見なくていい。彼女は3ドルの罰金を科すと言い、2人は喜んでそれを払って、心配したり罪の意識を感じたりすることもなく、そのときにやっていることをそのまま続けるようになった。

お金が関係をぶち壊すとき

レベッカと遅刻に対する罰金の顛末を見たぼくたちは、アルド・ルスティキニと一緒に、20週間にわたり、イスラエルの保育園10ヵ所で迎えに来るのが遅れた親御さんに対する少額の罰金が及ぼす影響を計測した。最初、ぼくたちは、罰金がないとどうなのかを測った。それから保育園6ヵ所で、10分以上遅れた親御さんに一律3ドルの罰金を科す制度を導入した。そろそろ想像がついたと思うけれど、遅れてくる親御さんは大幅に増えた。いったん罰金を導入した保育園では、罰金を科すのをやめても、遅れてくる親御さんの数は増えたままだった。[2]

どうなってるんだろう？　罰金を科すことでレベッカは、迎えに来るのに遅れることの意味を変えてしまったのだ。罰金が導入される前、親御さんたちは単純な暗黙の合意の下で動いていた。時間までに迎えに行くのは、子どもやレベッカ、保育園の人たちのためにする「正しいこと」だった。

でもレベッカと彼らの契約は不完全だった。親御さんたちは午後4時までに子どもを迎えに来ること、契約にはそう書かれていたが、迎えに来なければどうなるのかは書かれていなかった。レベッカや先生たちは、親御さんたちがみんなやってくるまで、喜んで子どもに一緒についていてくれるのだろうか？　それともレベッカも先生も、怒って子どもをぞんざいに扱うだろうか？　ぼくたちにはただただわからなかった。

でも、レベッカが罰金を導入すると、親御さんたちと先生たちの合意の中身が変わった。親御さんたちは、乱暴な運転をしてまで時間に遅れないようにしなくてもよかったのだと気づいてしまった。さらに、レベッカは遅刻の価格をはっきり示した。安い価格だったが、それでも価格は価格だ。その結果、遅れるのはもう、暗黙の合意に反するものではなくなった。先生たちの残業は、駐車場とかスニッカーズと変わらないありふれた商品になった。市場に基づくインセンティヴが不完全な契約を補って完全なものにした。遅れるのがどれだけ悪いことか、今や誰もが正確に理解した。罰金を科すのは罪の意識に訴えるよりもずっと効果が薄いのを、レベッカは思い知っただろう。

そういうふうに意味が変わるのは、実はおおごとなのだ。あなたがティーンエイジャーの子どもを抱えた親御さんだとしよう。子どもと麻薬について話し、麻薬はとても悪いとよくわからせようとしたとする。運がよければ子どもはあなたの言うことを聞くだろう。でも、ちょっと疑いの心が頭をもたげ、子どもに薬物検査を受けろと言ったとする。そういうことを求めると、ティーンエイジャーと親御さんの関係はどう変わるだろう？　あなたはもう、親だというだけではない。あなたは警官でもあることになってしまう。そして子どもはとにかく麻薬はよくないと思う代わりに、薬物検査をごまかす道を探すことばかり考えてしまうかもしれない。

保育園の罰金や薬物検査という負のインセンティヴはものごとの意味を変えるが、正のインセンティヴであるご褒美だって、もちろんものごとの意味を変える。ぼくたちはみんな、お金を払えば人はこちらのやってほしいようにやってくれると思っている。でも、たとえばあなたが仕事の後、飲み屋に行ったとする。そこでステキな人に出会い、相手もあなたのことをステキだと思っているのがわかったとする。お互いお酒を奢りあい、話も盛り上がる。しばらくそうしていて、「ねえ、ぼくは君が本当に気に入った。ウチに行かない？」とあなたはもちかける。いやいや、わからないですよ。ラッキーするかもしれないし。でもこう付け加えたらどうなるだろう？「なんなら100ドル払ったっていい」。これであなたはそれまでの交わりの意味を完全に変えてしまい、相手を侮辱してしまった。実質的に、相手を売春婦だか売春夫だかに変えてしまったのだ。人との交わりに値札を貼ったことで、あなたはいいお付き合いになったかもしれない関係をぶち壊してしまったのである。

悪魔は細部に宿る

レベッカにまつわる話のサワリは、インセンティヴを使うなら、間違いなく思ったとおり働くようにしないといけないというところだ。実際、お金の絡むインセンティヴを使うなら、細かいところに注意しないといけない。インセンティヴは人との関係に関する認識を簡単に変えてしまうからだ。

空き缶のリサイクルを後押しするための政策について、次の2つのシナリオを考えてみよう。

シナリオ1：空き缶をリサイクルしてもお金は貰えないとしよう。ある、凍えそうに寒い朝、あなたはお隣さんが空き缶を大きな袋いっぱいに詰めてリサイクル・センターに運んでいるのを見かけた。

シナリオ2：あなたの住む町は方針を変更した。空き缶をリサイクルに回せば、1個あたり5セント貰えることになった。あなたはお隣さんが空き缶を大きな袋いっぱいに詰めてリサイクル・センターに運んでいるのを見かけた。

シナリオ1でお隣さんを見かけたあなたはどう思うだろう？　シナリオ2なら？

1つ目のシナリオでは、たぶんあなたはお隣さんは環境保護派なんだと思うだろう。志の高い人で、環境を守るために自分のやるべきことをやっているのだ。

でも、ひとたび空き缶1個あたり5セントという少額の報酬が導入されると、お隣さんが安っぽい人に見えてしまう。あるいはものすごく運の悪い目にあったんだと思うかもしれない。「なんで」、あなたは心の中で自問する。「あの人、あんな二束三文のためにあんな汗水たらしてるんだろう？　ケチなのかな？」

そんなふうに、たった5セントのインセンティヴで、お隣さんがやっていることが人の目にどう映るかが変わってしまうかもしれないのだ。町の方針が変わる前、空き缶集めは環境保護のためにすることだった。でも方針が変わってからは、お隣さんも周りの見る目が変わったのに気づくかもしれない。「なんだっちゅーの」。お隣さんも自問するかもしれない。「ゴミ漁りでもしてんじゃないのってか？　そんなんじゃ空き缶集めなんてやっててもしかたがないよね」。自己認識がそんなふうに変わってしまったお隣さんは、もう空き缶集めを止めてしまうかもしれない。

お金は王様なわけじゃない

お金をインセンティヴに使うと逆効果かもしれない例をもう1つ。イスラエルで大々的に宣伝されて行われる「募金の日」に起きたことだ。(3) 毎年この日には高校生たちが戸別訪問を行って、たとえばガンの研究を支援したり身体の不自由な子どもたちを助けたりする慈善団体のために募金を集める。平均では、生徒たちが訪れる家が多ければ多いほど集まる募金も多い。

ぼくたちは実験を行って、お金のインセンティヴを提供すれば生徒たちはもっと募金を集めるか、もし集めるなら、生徒たちに最大限の仕事をさせるにはどれだけ払えばいいかを調べることにした。まずぼくたちは180人の生徒（彼らの誰も、自分が実験に参加しているとは知らない）を3つのグループに分けた。1つ目のグループは、寄付で集めるお金が慈善団体にとってとても大事だ、だから慈善団体は彼らにやる気を出してほしい、全力で募金を集めてほしいのだと、リーダーから説明を聞かされる。2つ目のグループは、そんな話に加えて、それぞれ集めたお金の1％を貰えると聞かされる（生徒たちにはこのボーナスは集まった募金から払われるのではないとはっきり伝えた）。胸に抱いたいいことをしたいという動機に、集めたお金の1％というインセンティヴが外部から加わったわけだ。3つ目のグループには、集めた金額の10％を貰えると伝えた。

募金を一番集めたのはボーナスを貰わないグループだった。基本的にこのグループは他の人たちのためにいいことをしたくて募金を集めた。でも明らかに他の2つのグループは、お金の報酬が持ち込まれたことで、自分たちがやろうとしている「いいこと」を考えるのを止め、代わりに、貰えるお金を頭に置いて、単純な費用と便益の計算をするようになったのだ。2番目に募金を集めたのは10％を受け取れるグループだった。集めたお金の1％を貰えるグループが集めた募金が一番少なかった。どうしてだろう？　この場合、お金はもともとあった、いいことをするインセンティヴを後押しするようには働かなかったのだ。レベッカの保育園の罰金と同じように、お金が高い志を押しのけてしまった。つまり、いいことをしたいという志よりお金のほうが大事になったのだ。

誰かにやる気を出させるために何かしようと思うときは、まず、その誰かがインセンティヴがなくてももともと持っている、いい結果を出そうというやる気（空き缶をリサイクルに出して環境を守ろうとか、ガンの研究を後押ししようとか）をインセンティヴが押しのけてしまわないかを考えないといけない。インセンティヴが元のやる気を押しのけてしまうのは、自分がやっていることをなんだと思うかが変わってしまったり、あるいはインセンティヴを提供された人が侮辱されたと感じたりやる気を失ってしまったりするからだ。インセンティヴという手段を使う気なら、十分に大きなインセンティヴを提供して、やれば報いられると相手に感じさせせないといけない。インセンティヴは価格だと考えよう。大きな額のインセンティヴを与えれば（たとえばアメリカの一部で実際に行われているように、レベッカが遅れてきた親御さんに1分あたり5ドルの罰金を科していたら）、たぶんみんな、あなたの望みどおりに振る舞うだろう。だから、この話のキモは、お金はたっぷり支払うか、あるいはまったく支払わないかのどちらかでないといけない、ということだ。

結局、いつなんどきでもお金は王様なわけじゃないのである。人が本当は何をありがたがるか——自分の時間とか善良な市民という自分のイメージとか、ひょっとしてキャンディとか——に基づいて報酬の内容を決めることが、単純にお札を何枚か叩きつけたり、あるいはふんだくったりすることより、ずっと人をやる気にさせるのだ。まとめると、すべてのインセンティヴは生まれながらにして平等ではないのである。(4)

彼女が食べてるのと同じものを

他にもインセンティヴは、おかしな形で人の振る舞いに影響を与えることがある。たとえばホームコメディの『フレンズ』の、あるエピソードで起きたことを考えよう。友だちみんなでいいレストランへ晩ごはんを食べに行く。モニカ、ロス、チャンドラーはいい生活を送っていて、付け合せも全部つけたフルコースを頼む。でも、あんまり稼いでいないレイチェルは添え物のサラダだけを頼む。貯金がたくさんあるわけではないフィービーもスープだけ、やはりお金持ちの生まれではないジョーイもミニ・ピッツァだけを頼んだ。晩ごはんが終わってお勘定のとき、ロスは割り勘にしようと言い、計算してみると1人33・50ドルだった。テーブルに不穏な空気が流れた。「やだねそんなの」。フィービーは怒ってそう言った。友だちとテーブルを囲む楽しい夕べがだいなしになった。

一見、割り勘は筋が通っているようにも思える。なんにしても、誰が何を食べたとか消費税がいくらだとか、延々話し合ってはっきりさせるのは、楽しかった出来事の終わり方として、それさえなければというぐらい楽しくない。実は、割り勘はみっともないという文化もあったりする。ドイツでは、一緒に晩ごはんを食べた人たちそれぞれがいくら払うべきか、微に入り細に入って計算する。だれも煩わしいとは思わない。でもイスラエルやアメリカのだいたいのところでは、そういうのは不作法だと受け取られる。人が集まって一緒にレストランでごはんを食べるときは、勘定は均等割りにするものだという暗黙の合意があることが多い。では、割り勘だと人の行動はどうなるのだろう?

ぼくたちはいろいろな人たち——お互い知り合いでない学生たち——のグループに、いろいろな勘定のしかたをやってもらい、どんなことになるかを実験した。(5) 参加者を3つのグループに分け、それぞれに別個の勘定のしかたを指示した。1つ目のグループでは、6人(男性3人、女性3人)でごはんを食べてもらい、それぞれが自分の分を支払う。2つ目のグループでは勘定を均等に割る。3つ目のグループではぼくたちが勘定を全部持つ。勘定のしかたでそれぞれの注文がどう変わっただろう?

さて、あなたが6人の学生の1人であるとして、実験に参加し、勘定は他の5人の学生と一緒で割り勘だと言われたとする。あなたはとてもおなかが空いていたので、ロブスターのロールパン・サンドウィッチ(20ドル)、ポテトフライ(3・50ドル)、それにビール(5ドル)を頼んだ。隣に座った人はあんまりおなかが空いていなかったので、サラダ(8ドル)とアイスティ(2・50ドル)だけを頼んだ。みんな食べ終わってから、あなたと、一緒のテーブルについた他の何人かはデザートにパイ(4ドル)とカプチーノ(5・50ドル)を頼み、残りの人はいやもう結構、と頼まなかった。

それからウェイターがやってきて請求書を置いていった。税金とチップを合わせて全部で150ドルだ。ということは、1人25ドルということになる。あなたはそれでいいだろう。それぞれが自分の分を持つなら、あなたの支払いは40ドル近いからだ。でも、10・50ドル分しか食べていない女性はそれではよくないだろう。

実験してみると、勘定のしかたは注文に影響することがわかった。参加者が一番たくさん食べたのは、ぼくたちが勘定を全部持った場合だった。これは別に驚きでない。でも、割り勘の場合では自分で勘定を持つ場合より、参加者たちはより高い料理を頼んだ。「勘定をつり上げた」のはどんな人たちなのかを考えないといけない。彼らは他の人をいいように利用する「悪い人たち」ではない。彼らはただ、与えられたインセンティヴに反応しただけだ。結局、自分の注文1ドルあたり、自分で負担するのは6分の1だけだ。20ドルするロブスターのロールパン・サンドウィッチだって、自分で払う分が4ドル弱だけなら頼んでしまおう、ということである。もちろんタダメシなんてものは（ぼくたちの実験に参加してくれた人たちの一部以外には）ないわけで、ロブスター・サンドの代金の残り16ドルは、誰かが支払わないといけない。

これは「負の外部性」の例である。つまり、他の誰か人の行動があなたの幸せに影響を与えるということだ。あなたはタバコを吸わないとする。で、隣に座った人がタバコに火をつけたとする。隣の人はタバコを楽しむわけだが、あなたも彼の煙を「消費」することになる。隣のタバコを吸う御仁はあなたに負の外部性を与えている。単純にいうと、財を消費する人たちがコストを全部負担していない場合にこれが起きる。勘定のしかたのケースでは、他の人が少ししか食べない中で高い料理をたくさん食べる人はそういうことをしていることになる。人は自分が直面するインセンティヴに反応するものなのだ。

何がうまくいく？

この本を通じて、ぼくたちは差別、男女格差、教育格差、慈善団体の寄付集め、企業業績など、大きな問題を扱う。何度も現れる教訓はこれだ：インセンティヴは結果を左右する。でもインセンティヴは、人びとのやる気に合わせて正しく設定し、絶妙に調節しないといけない。

たとえばどうすればみんなが体重を減らすか考えてみよう。過去10年で、アメリカ人の肥満は大幅に進んだ。肥満は心臓病や糖尿病といったいろいろな問題を人の健康にもたらしうる大きなリスク要因だ。インセンティヴを使えば人に自分の体重をコントロールさせることができるだろうか？

またしても飲みすぎ食べすぎのホリデイ・シーズン——クリスマス・クッキー、ハヌカー［訳注：ユダヤの年中行事。クリスマスの時期と重なる］の揚げたラトケス［訳注：ハヌカーによく食べられる、油を多用したジャガイモの「パンケーキ」］しかもサワークリーム付き、シャンパンにキャヴィアの年越しパーティ——を過ごしたあなたは、鏡を見て、体重計に乗って、自分が控えめに言って「がけっぷち」まで来たのがよくわかった。ベルトはいままでより緩めにしないといけない。これはいかんという気になり、あなたは細くなるんだと心に誓った。

地元のジムでは年会員になれば安くなるというので、あなたは行ったときだけ10ドル払う道を選ばず、1年の会員権を買った。あなたがだいたいの人と同じなら、あなたは1月中に何度かジムに行き、2月になると行く回数が減り、それ以降はあんまり行かなくなる。[6] 行かない理由（というかいいわけ？）はいくつもあるんだろう。時間がない。こんな腹回りじゃピチピチのウェア着るのが恥ずかしい。どっちにしても運動不足だから体がよく動かない。ひょっとすると、そもそも汗をかくのは嫌いかもしれない。ジムなんて数回行っておしまいなんだから、1年の会員権なんてシロモノを買うと、単純に行ったときにお金を払うのよりも結局高くつく。

年会員になったのに運動を続けられない原因はいろいろありうる。甘く見ていたからかもしれない。そもそもあなたは自分で思っているほど運動できない人だということだ。もっと複雑な説明としては、あなたは「将来の自分と勝負した」のかもしれない。つまりあなたは、将来自分は今よりもやる気がなくなっているかもしれないと察したのだ。行ったときに払うやり方だと自分は他のことをするかもしれない、あなたはそれがわかっていた。たとえば、10ドル払ってビジターとして運動するかもしれないし、ジムへ行く代わりに映画を見に行ってしまうかもしれない。自分は映画に行ってしまいそうだ、あなたはそう思った。だから今のうちに年会費を払って将来支払わないといけないコストを減らす。今払っとけば、てんでだらしない未来の自分に、運動しに行かない理由をまた1つ（10ドルかかる）与えずに済む。

他の人や組織もあなたの健康を気にしている。あなたが健康なほうが、彼らの負担するコストが少ないからだ。一部の雇い主や保険会社が、社員に運動させようとして使っているインセンティヴを見てみよう。たとえば、呼び出しを食らって身長と体重を測られる。また、タバコを吸うかと尋ねられる。適切な体重で煙草も吸わず、コレステロールや血圧も普通なら、会社は健康保険の自己負担分や免責額を減らしたり払い戻してくれたりする。その額は1年で750ドルにも及ぶ。ね、悪くないでしょう？

スーパーマーケットのセイフウェイが健康計測制度でやっているのがまさにそんなやり方で、非組合員の社員たち（大部分はスタッフ部門）に向けて鳴り物入りで発表された。「我々の計算によると、2005年に国がこの制度を導入していれば、国が負担する健康保険の費用は今実際にかかっている額より5500億ドル少なかったはずである」。2009年、ウォールストリート・ジャーナル紙の論説面で、CEOのスティーヴン・バードはそう言ってのけた[7]。バードは自社の健康保険費は増えていないとも主張していた。

論説が新聞に載って以来、バードは有名人になった。あちこちの会社や保険会社が同じような制度を導入した。ワシントンD.C.ではセイフウェイは健康保険制度改革のイメージ・キャラクターになった。オバマ大統領はセイフウェイが保険費用を13%も減らしたことに言及し、上院と下院は平均的な健康保険に入っている家計で年に数千ドルも節約できる、いわゆるセイフウェイ修正条項の施行に向けて動いた。

コストがこれだけ抑えられたというセイフウェイの主張を国全体にあてはめようというときには注意が必要だ。第一に、バード氏が挙げた数字には怪しいところがある[8]。データを提供する人たちの利益が分析の結論と結びついているとき、何がうまくいって何がうまくいかないかをはっきりさせるのは難しい。加えて、セイフウェイの政策は対照付きの実験ではない。たとえば、費用の変化のうちどれだけが、政策の変更によって健康な人たちがセイフウェイにとどまったりセイフウェイで働くことにしたりしたためなのかはわからない。単純にあまり健康でない人たちが他の会社で働くことにしたからなのかもしれない。どっちにしても、セイフウェイはコストを減らすことができた。結構なことだ。でも、世界全体で見ると、問題は他のところに転がっていっただけかもしれない。

インセンティヴで習慣を作れるか

だからって、インセンティヴを利用したセイフウェイの仕組みはまちがってるってことではない。でも現実的に見て、人に行動を本当に変えさせるようなインセンティヴを設計するのは簡単なことではない。最近ぼくたちは、インセンティヴを使って加入者を手助けしようという大手健康保険会社の大々的なプロジェクトにかかわった。このプロジェクトはいいことずくめだった。加入者は健康になれるし、会社はコストを抑えられる。問題は、すでに強い動機がさまざまにある中で、インセンティヴをさらに上積みする、という点だった。人びとが体重を減らせることを始めようと涙ぐましい努力をしてきた。それにつぎ込まれてきたお金と労力を考えてみるといい。彼らはすでに体重を減らしたいと心から願っている。ちょっとお金を払ったぐらいで、そういう彼らの生活態度が変わり、運動するようになるんだろうか？

お金の遣い方のコツは、もちろん、人に習慣を変えるよう仕向けることだ。ぼくたちが設計し、試した仕組みの例を1つ挙げよう。[9] できるだけ単純なインセンティヴを使いたかったから、学生を実験室に呼んでランダムに2つのグループに分けた。グループの1つを対照実験グループとして使い、もう1つの実験グループには、これから1ヵ月で8回ジムに通った人には100ドル払うよと提案した。つまり「わいろ」を贈るわけだ。「払うものを払えば」云々の原則で考えるなら、払うものを払えば学生はほとんどなんだってやってくれる。当然のように、参加者たちは実験室にやってきて、言われたとおりにジムに通った。

でもぼくたちは、いっときだけ言うとおりにしてほしいわけではない。大事なのは、インセンティヴで習慣を作ることができるかどうかだ。1カ月が経って、わいろを贈るのを止めたらどうなるだろう？　保育園で起きたみたいに、インセンティヴは裏目に出てしまうだろうか？　だいたい、インセンティヴで何か変化するだろうか？　あるいは、学生たちはジムに通う習慣を身につけて、お金を貰えなくなってもジムに通い続けるだろうか？

結果は上々だった。8回ジムに通ったらお金を払うほうのグループは、お金を払うのをやめても、以前の倍もジムに通うようになった。インセンティヴで人は「一山越えて」常日頃から運動をするようになれるみたいだ。時間がないから運動しないと言っていた人たちも、ぼくたちが時間を「見つける」ように（インセンティヴで）「仕向けて」やると、ちゃんと時間を見つけてくる。ひとたび時間が見つかればその後も時間を見失わない。運動するととても調子がいいのに気付いた人たちもいる。新しい友だちに会うのが楽しみになった人たちもいる。理由が何であれ、大事なのは、彼らが習慣を変えるのに成功したことであり、その結果彼らが健康を手に入れたことである。

この実験から何がわかるだろう？　だいたいの人はもっと運動したいと思っている。この実験によると、もっと運動しようというときに一番大変なのは、汗水たらしたり息を切らしたり、着替えたりするところではなくて、日課を身につけるところなのだ。実はこの、身につくかどうかこそが勝負の分かれ目なのである。ちょっとそこのところを考えてみよう。それなしで生きていくなんて考えられない、そんな日課があなたにもあるでしょう。朝のコーヒーとか。晩に歯を磨くとか。だから時間をかけて「一山越えて」、運動という新しい日課を身につければ、それはもう習慣になるのである。

一山越える

1カ月間、週に何回かジムに通うと誓うところから始めよう。最初は運動することのコストは便益よりも大きいような気がするかもしれないが、ほんの4週間ほどで、運動の効果が実感できるようになる。心臓が力強く脈を打ち、気持ちの面でも前向きになり、達成感もある。1カ月間運動を続けた後は、自分でやってみたときの最初の1、2週ほどにはジムに通うのに苦労を感じなくなっている。実際、ジムに通い始めてからの感じにとても慣れてしまって、もはやジムをさぼるとその感じが恋しくなる。ここまでくると、ジムに通うことのコストは前より低くなったか、通うことの便益は前より高くなったか、あるいはその両方かのどれかで、運動することのメリットのほうがデメリットより大きくなっている。

でも、長い間お金なり他の正のインセンティヴなりを投げつけてやれば、人は思いどおりになるなんていう考えはあまりに単純すぎる。深く根付いた習慣を変えるのはほとんど誰にとっても簡単なことではない。結局、それが原因で死ぬかもしれないのがわかっていてもタバコを吸い続ける人はいるし、間違った食生活を送る人もいる。

―•―

人が何をありがたがるか

わかってくれたと思うけれど、人がインセンティヴにどう反応するかを仮定するのはとても危うい。お金みたいなインセンティヴさえ見せとけば、人がよく考えもせずに予想どおりの反応をするなんてぼくたちは仮定したりするけれど、人はそういうもんじゃないのである。インセンティヴは短い間なら働いても、長くは持たないこともある。インセンティヴで人の行動が思っていたのとまったく逆の方向に向かうこともある。より大きなインセンティヴを与えたからといって実績が上がるとは限らない。

つまり真実はこういうことだ。人に何かやってほしければ、人が何で動くかを本当によくわからないといけない。それがカギになる。人が何をありがたがるか理解できれば、それを思ったとおりの結果につなげるためのインセンティヴに使って、（あなた自身も含めて）人にやってほしいことをさせられる。

経済学者であるぼくたちの仕事は、仕組みを詳しく調べることである。ぼくたちは、違うシナリオの下ではどんなことが起きるかも調べないといけない。そしてぼくたちは、どのインセンティヴがうまく働いてどれがうまく働かないか、そしてそれはなぜか、手を尽くして理解しないといけない。そうしてはじめて人や企業、政府は目的を果たせるのだ。

次の2つの章では、文化に深く根差した世界観が「女性の稼ぎはどうして男性よりも悪いのか」という昔ながらの疑問にどんな役割を果たしているかを探る。

THE WHY AXIS

第2章 女が男ほど稼げないのはなぜか、クレイグズリスト、迷路、それにボールとバケツでわかること

［キリマンジャロのふもとの平原にて］

女は生まれつき不利？

2005年1月、当時ハーヴァード大学総長のラリー・サマーズは、科学・工学分野の労働人口の多様化に関するカンファレンスで、参加者に向け、昼ごはんの席上での基調講演を行った。これは「挑発しようという試み」だと前置きして、彼は男女間の古戦場にバカでかい手榴弾を投げ込んだ。具体的には、自然科学者の世界に見られる性別間の大きな格差は、性別による生まれつきの能

力の差が原因ではないかと公言したのだ。
アメリカで科学と工学の教授に占める女性の割合が20％にすぎないと示す調査に言及したサマーズは、「科学と工学という特定の分野に関しては、能力の問題、とくに能力のばらつきの問題があり、社会化にかかわる要因や差別を持続させる要因という、実際にはより影響の小さい要因が、それらの影響を強めている」のではないかと述べた。言い換えると彼は、自然科学で頂点を極められるかどうかという点では女性は生まれつき知能の面で不利なのではないかと疑問を口にしたのだ。[1]
このサマーズの発言に対し、すぐに大きく激しい反応が起きた。ＭＩＴ最高の生物学者、ナンシー・ホプキンスは怒って会場を退席してしまった。「学生の50％が女性である大学を主導する人が、女性が頂点を極められない2番目に重要な理由は『能力』だなんて言うなんて。ムカつく」。ホプキンスは記者たちに向かってそう述べた。「いやいや、あんたじゃ頂点には立てないよなんて言う気なら、そもそもハーヴァードに女性を入学させなきゃいいのに」[2]。地元のマスコミも全国メディアも大騒ぎして、サマーズをクビにしろという運動が始まった。翌年、彼はハーヴァードでの職を辞した。カンファレンスでの発言に対する反応が理由の1つだった。
サマーズの発言は悪くすると性差別、よくてもまとはずれ、そのうえ世間的によろしくない（彼は発言について何度も謝罪する羽目になった）が、それでも、長年の慣習とは一致している。何千年にもわたり、文化と科学が結託して、なぜ女性は男性ほど競争力がなく、意欲も無いのか語り継いできた。創世記によれば、アダムの役目はイヴを支配することだった。古代ローマでは、女性は市民だったが選挙権はなく、また公職に就くこともできなかった。世界中でたくさんの宗教、法律、文化が、相変わらず女性を押さえつけ、「男の世界」の競争から締め出している。

男女差は生まれつきの差か、文化の差か

サマーズの発言にはチャールズ・ダーウィンの足跡もついている。150年以上前にダーウィンは、競争に勝ったオスが子孫を残せるのだと主張した。以来、ダーウィンの自然淘汰説は、なぜオスのほうがメスよりも一般的に攻撃的で暴力的なのかの説明に使われてきた。なんといっても、男は外に出て他の部族の男と争って動物を狩ってこないといけない。女は子どもを生み、育てればいい。要は、子孫を産み、育てるのにかけるコスト（妊娠、出産、育児など）は、オスよりメスのほうがずっと大きいということである。したがって、オスはできるだけたくさんの子孫を残すべく競争し、一方メスはいいオスを手に入れるべく厳しくえり好みしないといけない。

もしメス（というのは、ダーウィンは話を人間に限っていないから）が競争力に欠けるのはダーウィンが言うように進化のせいであるなら、数百年の間に文化が変わっていても、ほとんど何も変わらないだろう。要職に就く女性が男性に比べていまだにとても少ないのも、アメリカの女性が平均では男性の8割ほどしか稼げないのも、進化論で説明がつく。

調査に言及し、「生まれつきの差」仮説を語ってから、サマーズは聴衆に向かってはっきりこう

言った。「この考えに関しては、私が間違っていたと証明されることを望む」

この章と次の章で、ぼくたちは彼の挑戦を受け容れる。具体的には、労働市場における性別格差のどれだけが文化によるものかを検証する。証拠もないのに女性は生まれつき男性より競争力が低いなんて仮定しない。ぼくたちは、普通の生活で人がやることを普通にやっている——たとえばジムに通ったりクレイグズリストの求人に応募したりしている——普通の男女からデータを集めるところから始めた。ぼくたちは実験による手法を思う存分駆使してこんな疑問に答えを出そうとした。男女の違い（積極性や競争力、収益力など）のどれだけが本当に生まれつきなんだろう？ どれだけが文化的に身につけたものなんだろう？ 最終的にぼくたちは、男女の間に見られる違い、とくに競争にかかわる違いが根強く見られることについて、独自の説明にたどり着いた。

でもまずは、どうして女性は、大幅な進歩を遂げた今になってもまだ、押さえ込まれているのかをもっとよく見てみよう。

女性はどれだけ競争しているのだろう？

男女の役割と競争力にぼくたちが興味を持ったのは子どもができてからだった。子どもたちが生まれてすぐ、ぼくたちは女の子同士の間の違いや女の子と男の子の違いに気づいた。ウリの娘さんの1人はお姉さんに比べてずっと負けず嫌いだったが、他の娘たちは、兄弟と違ってトラックや野球よりお人形のほうが好きだった。ぼくたちは娘さんのいる親御さんがだいたい抱える疑問を持った。ウチの娘たちが男社会で成功する可能性はどれだけあるんだろう？　女性はこれまで大きな進歩を遂げてきたが、それでもまだ与えられるチャンスは不平等な文化の中で、彼女たちは勝負したり成功したりできるんだろうか？[3]

残念な事実として、女性のほうが男性よりもうまくやれる分野、たとえば高等教育なんかの分野もあるものの、何千年にも及ぶ男性優位の秩序がひっくり返ったといって喜んでいい証拠はまだ見当たらない。アメリカでも世界中でも、高い社会的地位を占めているのはいまだに男だ。労働市場に参加する女性の割合は１９７０年の48％から２０１１年の64％に上昇したが、[4]経営レベルでは女性は５人に１人だし、フォーチュン５００の企業のうちＣＥＯが女性なのは４％を下回る。これでもまだずいぶんよくなったという人もいる。これはアメリカ史上もっとも高い水準だからだ。でも、女性は同じ仕事をする男性よりお給料が安い。公職でさえ女性はまだ五分の立場にたどりつけていない。たとえば国会では、女性は議席の17％にも満たない。

学者たちは何十年も、どうして女性がなかなかガラスの天井を突き破れないのか、仮説を掲げてきた。ぼくたちの思うところでは、仮説は要はこんな内容だ。男と女では競争に向かう姿勢が違うしインセンティヴに対する反応も違う。ぼくたちの研究によると、女性の多くは、相対評価でお給料が決まる、競争の厳しい環境や仕事を避けがちだ。

クレイグズリストでの求人広告

それを描くために、ぼくたちがクレイグズリストで行った大規模な実地実験を見てみよう。[5] この実験でぼくたちは、未経験者向けの仕事に応募する人たちを動かす要因は何かを直接に特定しようとした。いろいろな給与体系に対して、男性と女性はそれぞれどう反応するだろう? 貰えるお給料が高ければ、女性は競争やリスクのある仕事のほうを選ぶだろうか?

答えを手に入れるべく、ぼくたちはインターネット上の求人サイトに、16の都市で総務アシスタントを募集する2種類の広告を出した。アメリカでは一番ありふれた仕事の1つだ。たとえばシアトルで出した広告はこんなのだった。

募集職種：総務・内勤
タイトル：スポーツ・ニュースのアシスタント求む
ベッカー・センターはシアトル地域のスポーツ・ニュースに関する情報収集を支援する総務アシスタントをシアトル内外で募集します。ベッカー・センターの所在地はシカゴですが、シアトルにサテライト・オフィスを置いています。アシスタントはバスケットボール、アメリカン・フットボール、野球、サッカー、NASCAR、ゴルフ、テニス、ホッケーその他に関する地元のニュースおよび意見について、最新の情報を提供することが求められます。職責には、地元のスポーツ（プロ、セミプロ、大学を含む）関係のニュースを読み、短いレポートを作成することが含まれます。簡単な通信、校正、書類整理、eメールおよび電話による交信など、典型的な総務の業務ができれば尚可。

給与：時間給

ぼくたちが出した2つ目の求人広告はこれとほとんど同じで、ただしスポーツには触れていない。代わりに、仕事の説明はこんなふうにした。「アシスタントは地域のイベント、芸術、文化、ビジネス、エンターテインメント、政治問題、犯罪その他のニュースについて、最新の情報を提供することが求められます。職責には、地元のニュースを読み、要約し、短いレポートを作成することが含まれます」

さまざまな都市で出した求人広告に対し、4ヵ月間で7000件近い応募があった[6]。ぼくたちの求人に応募した人たちのうち、一部にはお給料は時間給ですと伝え、また一部には同僚との相対評価で報酬が決まると伝えた。

ぼくたちの目的は、競争があるのとないのとで、一方の性別のほうがもう一方の性別よりも結果に大きな違いが出るか調べることだった[7]。クレイグズリストに何ヵ月か求人広告を出した結果はどうだったと思いますか？　お給料の決まり方を聞いてからも仕事に興味を示し続けたのはどちらの性別だと思います?

　思ったとおり、スポーツ関係だという広告により興味を持ったのは男性、スポーツ関係だといわない広告により興味をもったのは女性だった。スポーツ関係だという仕事に応募した人のうち女性は53・8%だったが、もう1つの仕事のほうは80・5%が女性だった。

　でも、本当に大きな違いが現れたのはお給料の決まり方を説明したときだった。一方の報酬体系では、お給料は1時間15ドルの固定だった。未経験者向けの総務の仕事としては悪くない。他方、競争のあるほうの体系では、同僚に比べて仕事ぶりがどうかでお給料が決まる。応募者には、時間給は12ドルだが、別の働き手と仕事ぶりを比べ、2人のうち仕事のできているほうには12ドルの時間給に加えて1時間あたり6ドルのボーナスを払いますと伝えた。これらの体系だと、どちらでも平均の時間給は1人あたり15ドルだが、一方は強いインセンティヴあり、もう一方はインセンティヴなしになる。

　それぞれの求人に応募した人がそれぞれの性別でどうなっているか聞いたら、あなたはびっくりする(そして悲しくなる)かもしれない。全体として、女性は競争のあるほうの選択肢は好まなかった。競争のある仕事に応募する割合は、男性より70%も低かった。さらに、そんな中でインセンティヴ付きの仕事に応募した女性たちは、同じ仕事に応募した男性たちより、履歴書の内容がよかった。これらの発見は、男性は女性ほど競争をためらわないという事実を裏付けているように見える。(8)

ＣＥＯとして成功するには、競争に首までどっぷりつかり、状況に鋭く反応していかないといけない。それならトップに立つ女性がこんなにも少ないのも無理はない。「男には誰しも相場ってものがある (Every man has his price)」というフレーズをグーグルで検索してみればいい。お金さえ出せば男たちがほとんどなんでもやると示す、ステキな話がたくさん出てくるだろう。でも、「男なら」の代わりに「女なら」誰しも相場ってものがある、で検索して出てくるのは――ええと、なんだか意味が違うみたいですね。

―•―

女の子対男の子

ラリー・サマーズは経験がなくてもできる仕事の話をしたのではなかった。彼は科学者の話をしたのだった。それじゃ、頭のいい女性の数学者や科学者が男性と競ったらどうなるんだろう？　それを調べるべく、ぼくたちは男３人と女３人のグループに、賞金を出してコンピュータ上で迷路のパズルを解いてもらった。(9)　場所はイスラエル工科大学、イスラエルのＭＩＴみたいなところだ。難関の大学で、学生の60％が男性である。イスラエル工科大学に入る女性は幼いころから男の子たちとまったく同じように数学や科学が得意だと証明しないといけない。要は、女の子が自分もアインシュタインみたいになれると示すためには男の子より必死で勉強しないといけないということだ。

実験に参加した女性の1人はイーラ（ロシアからイスラエルに移民して来た人に多い名前である）だった。イーラは小さいころからずっとコンピュータ・ゲームをやっていた。テクノロジーや難しい技術的な概念が好きだ。モスクワで生まれ、10歳のときに両親やお兄さんとイスラエルに移ってきた。まだ小さいころから数学に夢中だったから、イスラエル工科大学を目指したのもうなずける。でも入ってからが大変だった。高校の数学の授業ではスターだったが、イスラエル工科大学は賢い人ばかりだ。他の学生たちと競っていい成績を取るために、彼女はいっそう必死に勉強しないといけなかった。彼女ほどやる気のない学生たちはそのうち脱落し、競争がそれほど厳しくない分野に移っていった。でもイーラはよくやっていた。こつこつ勉強し、睡眠時間は4時間、バレーの練習も止めた。私はやれる、彼女にはそれがわかっていた。

周りの女学生たちと違って、イーラは科学技術の道に進むのにためらいを感じなかった。[10] それでもぼくたちは、女性であることが賞金のかかった競争でのやる気に影響するかどうかを知りたかった。インセンティヴがからんだら、彼女は全力でゲームを戦うだろうか？

実験では参加者のグループ1つに、15分間で迷路をできるだけたくさん解いてください、解いた迷路1つあたり1ドル賞金を払いますと伝えた。そのうえで参加者たちの成績を測ってみると、女性たちは男性たちと同じぐらいいい成績を上げていた。他のグループには競争によるインセンティヴを与えた。一番たくさん迷路を解いた人には大きい割合で払いますと伝えた。戦いに熱くなって、イーラはさらにがんばるだろうか？

やってみると、男性の参加者は競争によるインセンティヴを与えられると15分間で解けた迷路の数が大幅に増えた。でもイーラや他の女性の参加者はあまり成績がよくなかった。競争がある場合に女性たちが解いた迷路の数は、平均では、競争がない場合と同じだった。イーラたちイスラエル工科大学の賢い女性たちの場合でも、女性は男性ほど負けず嫌いではないという仮説が成り立っているようにも見える。

イスラエルの小学校で

その後行った実験では、あなたも子どものころにやったのを覚えてそうなことを真似してみた[11]。出来るだけ速く走るとして、1人で走るのと誰かと並んで走るのを思い浮かべてみよう。負けず嫌いなら、誰かが隣で走っているだけで俄然やる気が出て、もっと速く走って「競争」に勝ってやるという気になるかもしれない。つまり、なんのことはない状況を競争に変えてしまうのだ。一方、争うのがそれほど好きでないなら、隣で誰が走っていようがどうでもいいかもしれない。とにかく速く走る、それだけだ。

あなたもそう思っただろうけど、ぼくたちは若い子たちは男の子と女の子で競争に向かう姿勢が違っているものかどうかを調べたいと思った。そこで、イスラエルの小学校に行って4年生の子たちに会った。体育の授業で、まず子どもたちに、運動場で1人ずつ40メートル走ってもらった。先生がそれぞれの生徒のタイムを計って、次に、同じようなタイムの子同士で競わさせた。ぼくたちは子どもたちにインセンティヴを提供しなかったし、そもそもこれは競争だよとも言わなかった。彼らはただ、並んで走らされただけだ。

イスラエル工科大学の迷路の実験と同じように、男の子たちは競争の環境に強く反応し、1人で走ったときよりタイムが上がった。女の子たちのほうは、やっぱり競争の色合いが強くなってもあまり気にしてはいないようだった。女の子たちのタイムは——女の子同士で競争させた場合でも——1人で走ったときと変わらなかった。やはり、女の子は競争が得意ではなさそうだ。

そうして研究を続けるうちに、ぼくたちは、世界でもっとも父系の強い社会ともっとも母系の強い社会に行ってみようということになった。そういうやり方で、負けず嫌いになるかどうかに文化がどう影響するか、とりあえずなにかわかるんじゃないかということだ。

——•——

マサイ族とカーシ族

何年か前の、ある凍るような寒い晩、男同士の付き合いにどっぷり漬かったぼくたちは、メリーランド州のカレッジパークで野郎どもの一団と一緒にポーカー卓を囲んでいた。咥えた葉巻とぐい飲みのウィスキーに囲まれて、ぼくたちは、まったく女どもときた日にゃなんであいつらこういうめっちゃおもろいことをオレらみたいに楽しもうとせんのだろう、なんて思っていた。でもそのときぼくたちはもっと大事なことも考えていて、それは、イスラエル工科大学や小学校でやった実験の結果のことだった。女性は単純に生まれつき競争が嫌いなようにできているんだろうか？　それとも社会が彼女たちの好みや選好を型にはめているんだろうか？　つまり、女性たちが競争力に欠けるのは生まれのせいなんだろうか、それとも育ちのせいなんだろうか？　後者だとすると、育ち方、つまり文化は、競争に向かう姿勢に、具体的にどんなかかわりがあるんだろう？　そしても し、そうしてできる男女の差が社会に定着しているなら、ぼくたちの娘たちは競争社会で成功できる可能性が十分にあるんだろうか？

それを知る方法は1つしかなかった。西側の世界から飛び出すのだ。アメリカ国立科学財団の援助を得て、ぼくたちは競争力の差は生物学的なものだという仮説を検証するべく、地上で一番文化のかけ離れた場所へと乗り込んだ。女性が実質的にまったく力を持っていない社会と、女性がすべてを仕切る社会で実験を行ったのだ。文字どおり地球の果てまで行って、フロイト、ダーウィン、そして彼らに続くその他たくさんの心理学者、社会学者、人類学者が仮説を立てたがなかなか実証できなかった疑問を検証するのだ。

その過程でぼくたちは、科学的実験を構築することができた。この実験のおかげで、女性が正反対の役割を担う、互いにまったく異なる社会で、市場における女性の行動を独自の切り口で垣間見ることができた。彼女たちの行動を後押ししているものを追求する中で、ぼくたちはこんな疑問に対する理解も深めることができた。女性はどんな世界へ行っても男性より競争力が弱いんだろうか？

人類学者の友だち何人かの力を借りて、ぼくたちは両極端な2つの社会を見つけた。ものすごく父系の強いタンザニアのマサイ族と、ものすごく母系の強いインド北東部のカーシ族だ（カーシ族のほうは次の章で訪れる）。この2つの部族で同じ実験を行って、男性と女性の競争に向かう姿勢を比べたらどうなるだろう？[12]

タンザニアへの旅

キリマンジャロはアフリカで一番高い山だ。そのふもとの平原で、誇り高きマサイの男たちは、極彩色のローブを纏い、槍を携え、先祖代々、牛を飼う。飼う牛が多いほど男の財産は大きい。マサイの男にとって、牛は奥さんたちよりも大事だ。牛をたくさん抱えたマサイの男は奥さんを10人も抱えていたりする。

マサイ族の文化は女性に優しくない。男は30歳ぐらいまで結婚しないことが多い。そして彼らが結婚する相手は10代のはじめであることが多い。男を捕まえて「子どもは何人いますか？」と聞くと、男の子だけを数に入れて答える。女性は生まれてからずっと、服従するように教えられる。奥さんたちは家と村の仕事に縛りつけられている。だんなさんがいないときに外出したり医者に行ったり何か大事な判断をしたりするには、長老の許可が必要だ。

ある明るい日曜の朝、その週の実験の下準備をしに、ぼくたちはマサイ族の村の1つに出かけた。10マイル以上も向こうにある市場まで徒歩で向かうたくさんの家族とすれ違った。どの集団も、男性が前を歩く。持っているのは杖だけだ。10フィートほど後ろから奥さんがついていく。ものすごく大きくてたくさん荷物を入れたかごを頭に載せて、うまくバランスを取って歩いている。女性は典型的に背中に赤ん坊を背負っている。そしてあいた手で年上の子どもたちを連れている。奥さんたちや子どもたちがどうしているかなんて、男性たちは振り返りもしない。

要は、マサイ族では女は家財道具なのである。「男は女をロバみたいに扱う」。あるマサイ族の女性が他の研究者に言った言葉だ。[13]

マサイ族の村にたどり着くと、女性たちのすばらしい掛け合いの歌声に迎えられた（マサイ族の人たちはなんだかいつもそんなふうに歌っている気がする）。族長のコイネ・サンカレがあいさつしに来た。ファースト・ネームは「背の高い者」という意味だそうだ。ハンサムで太い眉毛をしている。誉れ高き戦士である彼は、思春期のころ、ライオンを槍で仕留めて勇者として名を挙げた。ライオンは彼の顔と胸、そして両腕にくっきりと噛み跡を残した。彼は長い脚で大股で歩いてこっちへやってきて、ぼくたちの手を握った。それから振り返って、ぼくたちをいぶかしげににらんでいる部族の人たち30人にぼくたちを紹介してくれた。男たちは華やかな色でゆったりした格子縞か単色のマントみたいな服を肩からかけている。耳にはイヤリングがぶら下がり、首にはキラキラしたビーズのネックレスがかかっている。腕や顔には赤土で筋が入れられている。そしてだいたいみんな、歯が何本か抜けていた。

紹介してもらってからぼくたちは、平らな屋根が環を描いて並んだ集落の真ん中で、一緒に直火焼きのヤギをごはんにいただいた。こういう集落のことをボマという。牛がモウモウいう声が聞こえた。マサイ族は牛と共生しているみたいだ。

バケツに球入れ

ステキとはいいがたい地元のホテルで寝て、翌日起きてみると悪いニュースが入った。ぼくたちがタンザニアくんだりまでやって来たのは、イーラにやってもらったのと同じ迷路の実験を、ただしコンピュータはなしで、テストしてみるためだった。参加してくれるマサイ族の人たちには迷路を紙とペンで解いてもらう手はずだった。でもそんな最大限に単純な道具を見せられた村の女性たちは頭をかいた。彼女たちはペンなんて手にしたこともなかったし、これから手にする気もなかった。

どう見てもぼくたちは問題にぶち当たっていた。

木で迷路を作れば村の人たちも小さな木片を使って迷路をたどれるんじゃないかと誰かが言い出した。このプロジェクトで一緒に仕事をしているケン・レナードはマサイ族に関する専門家で、町で工場をやっている人を知っているという。翌日、アフリカの焼け付く日差しの下、地元の自動車整備工、それに大工さんに手伝ってもらって、ぼくたちは12時間にわたって働き続け、木材で迷路を作った。村の人たちが働くぼくたちを見物していた。バカなシロいやつらが、どう見てもガキのおもちゃだろってシロモノを作ってるのを見てゲラゲラ笑っていた。丸一日汗水たらして働いて、ぼくたちはやっと迷路を1つ作り上げた。それは、ぼくたちの大工さんとしての残念な才能の証だった。できた迷路は解けなかった。そんなわけで、ぼくたちの問題はいっそう大きくなった。明日には村の人たちが集まってくれるっていうのに、どの面下げて手ぶらで現れればいいんだ?

そしてエウレカの瞬間が訪れた。ホテルに向かう道すがら、ウリはテニスのボールとバケツを売っている店を見かけた。そこでぼくたちはこんな課題を使うことにした(その後の実験でもよく使っている)。単純な課題だ。ぼくたちは参加者に、テニスボールをバケツに放り込んでくれと頼んだ。

村の人たちはバケツで球入れなんてやったことがなかった。だから経験とか性別とかで有利不利が起きることはない。それに、この課題なら人がどれだけ競争好きかが手っ取り早くわかると思った。ボールをバケツに入れるのに必要なのは、よくよく狙うことだけだ。

朝になってぼくたちのチームは、テニスボールの缶をいくつか、おもちゃの小さなバケツ、それにお金をたくさん抱えて村に戻った。行ってみると、村の人たちはぼくたちを待っていた。ぼくたちは彼らを2つのグループに分けた。それから参加者たちに——両グループから1人ずつ——物陰に来てもらう。そこに調査チームのメンバーが待っている。参加者は3メートル、つまり約10フィート離れたところからバケツを狙ってテニスボールを放ってくれと言われる。参加者はそれぞれ、そこに置いたバケツに向かってボールを投げる試行を10回行う。

村の人たちは、賞金の支払い方を2つのうちから1つ選んでもらった。1つ目の選択肢では、参加者はバケツに入ったボール1個あたり1・50ドル相当——まる1日分の日給とだいたい同じ——を受け取れる。2つ目の選択肢では、1個あたり4・50ドル相当だが、競争相手より入ったボールの数が多くないと賞金は受け取れない。競合する2人の参加者が同じ数だったときは入ったボール1個あたり1・50ドルをそれぞれ受け取る。競争相手のほうが数が多かったときは、実験の報酬はまったく受け取れない。つまりぼくたちは参加者に自分が成功した回数だけに基づいて報酬を受け取るか、誰かと競争するかのどちらかを選ばせたのだ。

父系社会の男女差

若い人たち、とくに男性の若者はこの話を聞いて大喜びしているようだった。一方、年長の人たちは、性別に関係なく、ちょっと怪しんでいるようだった（あなただってたぶん怪しいと思うだろうと思う。あなたが住んでいる緑深き郊外の界隈に誰だかがやってきて、あなたやご近所の人たちに、バカバカしいゲームにしか思えないことをやってくれたらお給料にして1週間分にもなる額を

競争を選んだ人の男女別の割合

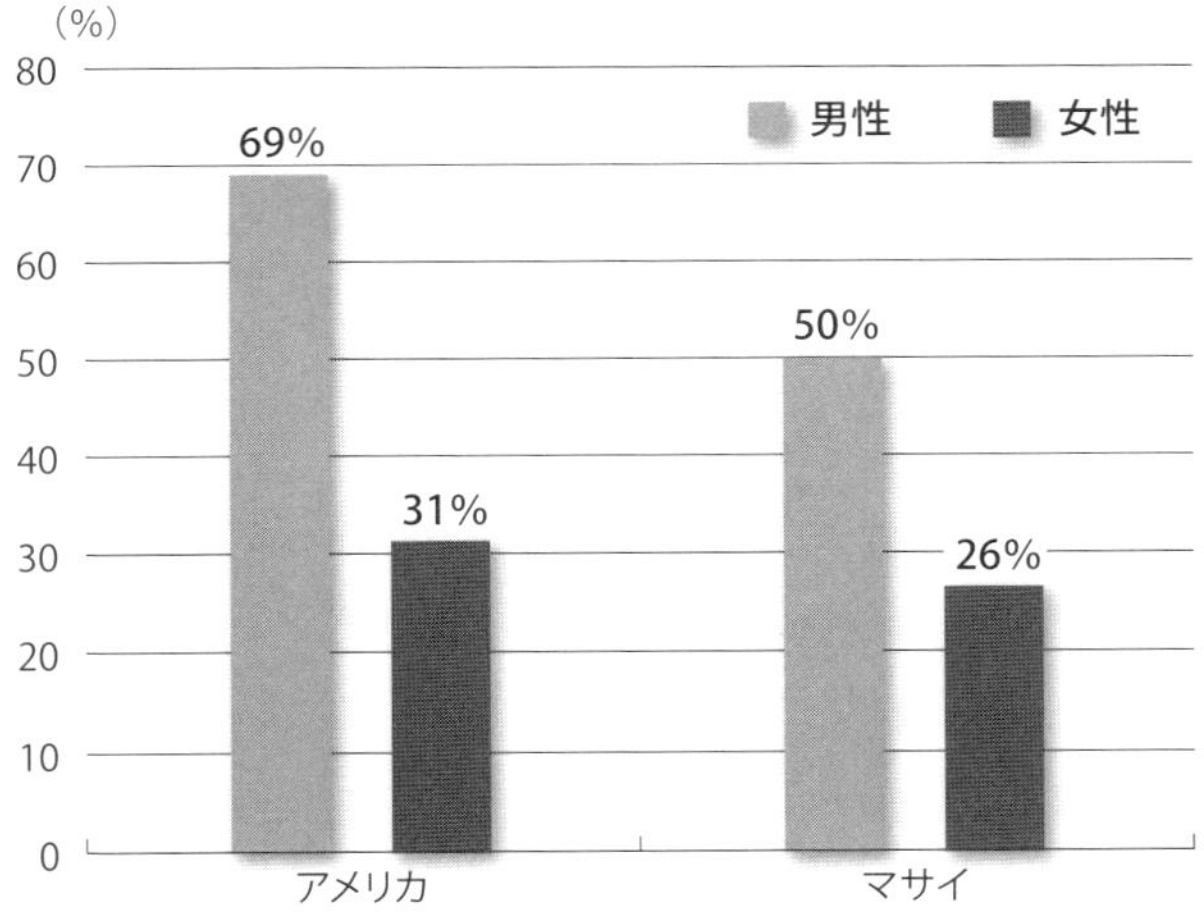

このグラフはアメリカとマサイ族の男女のうち、同じゲームで競争を選んだ人の割合を比較している。

払いますよと言うのを想像してみてください)。

最初に進み出たのはムルンガという大きくたくましい男だった。50代後半だろうか。ムルンガは部族の本物の長老で、奥さんは6人、子どもは30人、そして孫にいたっては何人いるかわからない。彼は競争するほうを選んだ。1回目、腕を引き、バケツに向かってボールを投げたが、ちょっと強く投げすぎて、バケツに入らなかった。彼は悔しがってうなった。2回目はバケツの縁に当たってやっぱり入らなかったが、3回目は成功し、彼は耳から耳まで届くぐらい大きく口をあけて笑った。その後も残った7個のボールを投げ続け、いくつか成功した。競争相手よりたくさん成功しましたよと伝えると、彼はお金を受け取り、喜んだ様子で立ち去った。

バカなアメリカ人がお金の束をばら撒いてるぞといううわさが広まるのにそう長くはかからなかった。最終的に、あらかじめ選んでいた155人の人たちがゲームに参加しにやってきてくれた。日が暮れるころ、村の人たちに帰らないでくれと言われるようになっていた。残りのお金——他の村で同じ実験をするために必要だった——を抱えて車に飛び乗り、なんとかその場を逃れた。逃げるぼくたちのすぐ後ろに村の人たちが迫っていた。

数週間にわたってあちこちの村でそういう実験をやった後、ぼくたちはデータを集計した。彼ら父系社会の男たちは、アメリカやイスラエルなどの先進国の人たちよりも競争好きだろうか？ 父系社会の女たちはより競争嫌いだろうか？

67ページの図を見ればそれがわかる。短く言うと、タンザニアの男女は先進国で調べた男女とあまり違わない。マサイの男性の50％が競争するほうを選び、一方女性で競争を選んだのは26％だけだった。

タンザニアでもやはり、だいたいの女性は競争が好きでないようだった。でも、西欧文化で暮らす女性に比べてずっと競争嫌いというわけではないのが、ちょっと驚きだったかもしれない。

この仕事にうってつけの人

一方、アメリカではリズがなんとか仕事を見つけようとがんばっていた。

リズは42歳の女性でニューヨークに本拠を置くダイレクト・マーケティング会社で製作部門のボスの仕事に応募していた。リズは長年にわたって製作部門を率いていた経験があり、必要な条件を満たし、必要な能力を備えていた。でも採用のプロセスは長く、競争は厳しかった。何百人もの人が応募していた。

籾殻から麦粒をより分けるべく、採用担当者と人事部は、リズを含む最有力の候補数人を呼んで、何度も面接を行った。競争はいっそう厳しくなり、候補者たちは、ダイレクトメールの外装の封筒を1時間でデザインしてくれと言われた。ちゃんとやるなら実際にはもっと時間がかかる仕事だし、社内で抱えるデザイナー20人のチームを率いる仕事とはほとんど関係のないことだった。これは、人に封筒を開けさせることを考える実際の仕事よりも、競い合いの環境ですばやく仕事をこなす能力を見るためのテストだった。たとえばトレーディング・フロアでの仕事なんか向きのテストだろう。

1日が終わり、会社は競い合いでいい結果を出した男を雇った。具体的な能力を省みることもなく、会社はよりよい候補者をふるい落としてしまった。リズにとって、それは自分が、自分よりも能力の低い人に「負けた」ということだった。会社にとって、それは彼らが、より能力のある候補者の代わりに、より競争に強い候補者を雇ったということだった。

―•―

実は、採用担当者には、直感やそれまでのやり方（典型的には以前のボスのやり方）に基づいて人材の採用を決めている人がたくさんいる。そういう昔からの採用の決め方は、何か間違った考えか、あるいは昔と違って今は通用しない考え方に基づいていることが多い。そしてそういう決め方は、だいたい男性の候補者に有利だ。男性ばかりの取締役会が新しい取締役やCEOを選ぶ場合、だいたいは自分たちと似たような人を選んでいることが度重なる調査で繰り返し示されている。(14)2012年にデイトン大学法学部で発表された論文はこう述べている。「近年の報告や研究は実質的にいずれも、企業の取締役会に占める女性の割合の上昇について、『失速した』あるいは同様の言葉で表現している」。(15)取締役会に女性がいる企業の株価は高くなるにもかかわらず、(16)そんな状態なのである。

でも市場では、最高の人材をいつまでもくすぶらせておくことはできない。女性が企業の舵取りとしてふさわしい地位を手に入れられる時代が来るのはそんなに先ではないだろう。少しでも早くそんな行動に出た会社はその分いい目を見られるだろう。

次の章では、それがどんな時代なのかを究明する。

THE WHY AXIS

第3章

母系社会は女性と競争について何を教えてくれるだろう?

[カーシ族を訪ねる]

母系社会をたずねて

前の章で見たように、ぼくたちの実験はどれも——オンライン上のクレイグズリストでやったものからイスラエル工科大学でやったもの、それに小学校でのかけっこに、マサイ族の村へ行ってやったものまで——女性は男性ほど競争が好きでない、競争のある環境に男性とは違った反応をすると示していた。これ自体、男女格差の説明としてとても興味深い。

でもぼくたちは、ど、う、し、てそんなふうになっているのかが知りたい。男女の間には、生まれついての決定的な違いがあって、そのせいで育ちがどうだろうがああいうふうに振る舞うんだろうか？それとも、ぼくたちの競争に向かう姿勢には社会が大きな影響を与えているんだろうか？

カーシ族の母系社会を訪れて、この根本的な疑問の答えが見えた。ぼくたちとはまるっきり違うカーシ族の暮らしを見てみよう。シートベルトを着用してくださいね。途方もない道行きになりますんで。

―•―

女性が財布のひもを握る文化

ミノット（皆さんは彼とは「はじめに」で出会っている。インドの地に降り立ったぼくたちを空港で拾ってくれた運転手だ）は、カーシの人たちの母系社会へとぼくたちを案内してくれた。ぼくたちは彼に連れられて、逆性差別のけったいな世界に足を踏み入れたのだ。ぼくたちの基準からすると、ミノットが仮にお金を十分持っていても家を持てないし、人としてのチャンスも限られているなんて、もちろん間違ってるよと思う。でも同時に、女性が経済的に財布のひもを握っている文化だとものごとがどうなるかを覗き見られるすばらしい垣間がここにある。

ミノットはまず、ぼくたちをグワーハーティ空港からシロンの街へと連れて行った。道は芋の子を洗うような混みようで、極彩色のサリーを着た女性、綿のシャツを着た黒髪の男性、半裸の物乞い、子どもたち、みんなうだるような暑さの中で押し合いへし合いしていた。翌日、ウリは地元の銀行に出向いて実験に必要な現金を下ろそうとした。彼の後ろに並んだ人たちが、彼の肩越しに、電車にでも乗り込もうかという勢いで覗き込んでいた（このときもやっぱり、彼は異文化に降り立った金満西欧人だったのだ）。ウリがトラベラーズ・チェックを6万ドル分出して現金にしてくれと言うと、出納係は上司に相談しに行った。それから何時間も交渉し、議論を重ねて、ウリは大きな鞄いっぱいのルピーを手に入れ、みんなが見ている前でお金を勘定した。

後ろから押してきていた人たちに鞄を奪われるのを恐れた彼は、人込みをかき分け、全力でその場を逃げ出した（有名な銀行強盗のボニーとクライドが一仕事終えた後にはこんな感じだったに違いないというぐらいの興奮を味わった）。

ミノットはありえない道を走ってぼくたちを目的の地へ連れて行ってくれた。緑の丘と豊かな畑に囲まれた平和な村だ。村は自然には恵まれていたが、経済的には貧しかった。ぼくたちは荷物を降ろし、お金を全部入れた例の鞄も降ろし、鍵のついていない貸家に置いた。それからぼくたちは村の人たちにあいさつに出かけた。いぶかしげににらむ、赤いローブを着たマサイ族の戦士の代わりにぼくたちを迎えてくれたのは、暖かい歓迎の笑みを浮かべた人たちだった。

カーシ族の女性たちの暮らしぶりはマサイ族の女性たちよりずっとよかった。カーシ族の社会は世界でも数少ない、母系社会の1つである。一族の財産は母から一番年下の娘へと受け継がれていく。結婚した女性は夫の家に入らず、男性が（母親の家を出て）妻の家に入る。だから一族の中心になるのは母親の家であり、一族の頂点に立つのはおばあさんだ。カーシ族の女性はたいして農業にも携わらないが、経済力を握る者として、彼女たちは男性に対し、大きな権力をふるっている。

―•―

バケツに球入れの実験、ふたたび

その後何週間か、ぼくたちは、タンザニアでやったのと同じボール投げの実験を行った。

村にある学校の、校舎の一方の側で、カーシ族の男たちは、言われたとおりに列を作っていた。研究者たちはタンザニアでやったのと同じように調査データを記録していた。キラームという若い男は競争を選ばなかった。この人はシンプルな白シャツとジーンズに身を包んでいた。やさしく微笑み、1個目のテニスボールを手にする。最初はちょっとためらっていたみたいで、1回目はバケツを何フィートも外れた。2回目はもっと気合が入ったが、ボールはバケツの反対側に外れた。彼は明らかにがっかりして唇をかんだ。3回目はなんとかボールをバケツのど真ん中に放り込んだ。

校舎の反対側では、1人の女性が列に入っていた。とても自己主張が強いのが印象的だった。彼女、シャイフーンは迷わず競争するほうを選んだ。腕まくりをしてテニスボールを掴み、戦いに向けて、目の前10フィートにあるプラスティック製のおもちゃのバケツをにらみつけた。腕輪をつけ

競争を選んだ人の男女別の割合

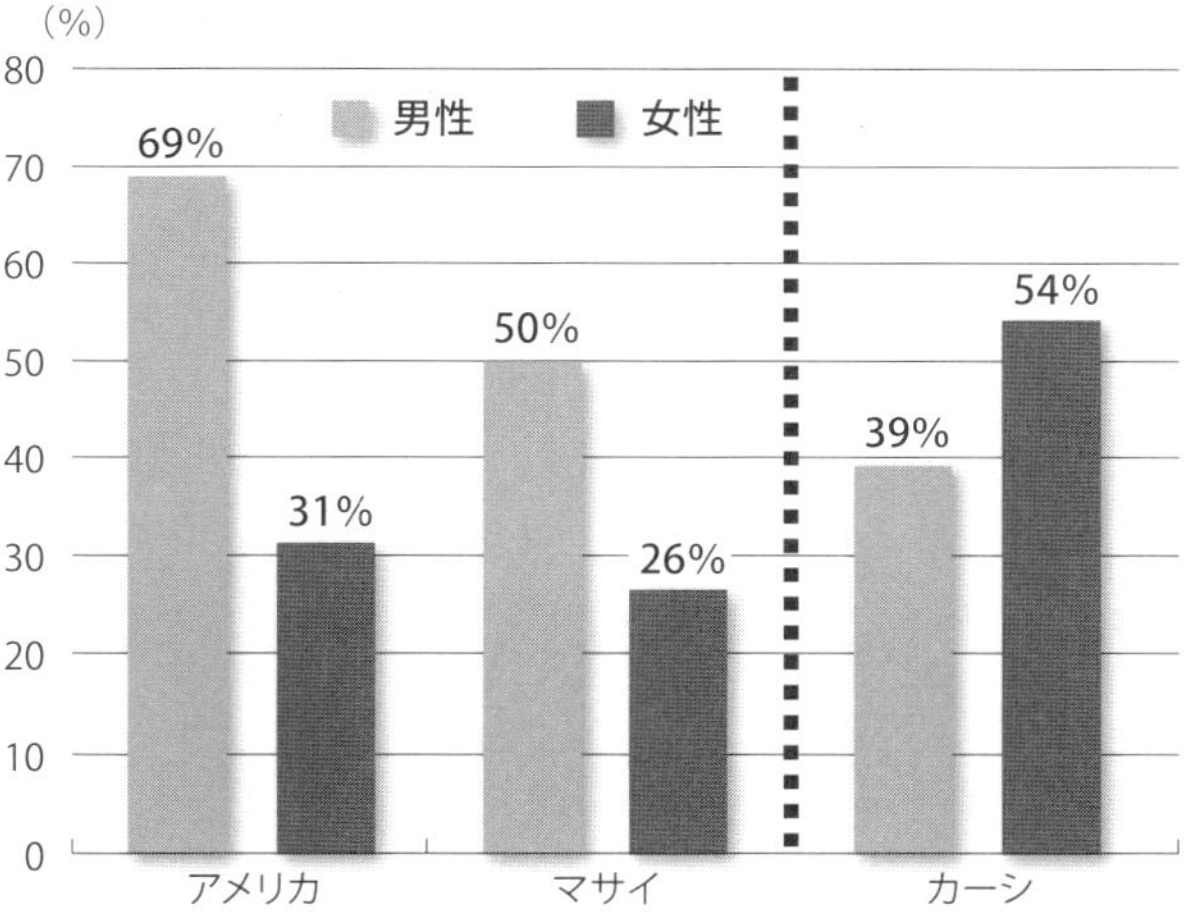

競争を選んだ人の割合を社会ごとに見れば文化の影響がわかる。競争を選んだカーシ族の女性は、アメリカやマサイ族の女性よりも高い割合であるにとどまらず、マサイ族の戦士よりもさらに高い割合になっている。

た腕を自信たっぷりに伸ばし、彼女はボールをバケツに向けて投げた。外れたが彼女の気持ちは折れない。2回目、ボールはバケツの中に落ち、彼女は喜びの雄叫びをあげた。最終的に成功は5回に及び、彼女はほんの数分間のゲームでお金をたっぷり稼いだ。まったくすばらしい腕だった。自信にあふれ、主導権を握っていた。振り回されるのは競争相手のほうだった。

　ぼくたちは性別を軸にひっくり返った世界にやってきたのだ。ぼくたちが得た結果は上の図に要約してある。カーシ族の女性の54％が競争のあるほうを選び、一方カーシ族の男性で競争のあるほうを選んだのは

39％だけだった。カーシ族の女性は、超父系社会であるマサイ族の男性たちよりも、さらに競争を選ぶ割合が高かった。一般的にいって、カーシ族の女性はマサイ族の（あるいはアメリカの）男性みたいに振る舞っていた。

カーシの人たちとの実験で、性差に関する長年の争点についていくつかわかったことがある。もちろんぼくたちがそうやって女性の振る舞いを調べたのは世界のほとんどとは違う社会だ。でもそこがミソなのだ。父系社会の文化的な影響を可能な限り引っぺがせる。カーシ族の場合でいうと、女性は平均で、男性の平均よりずっと高い割合で競争を選んでいる。もっと簡単に言うと、狂言回しは生まれだけじゃないってことだ。カーシ族では育ちは王様——というかこの場合女王様——なのである。

ぼくたちの調査によると、適当な文化の下では女性は男性と同じぐらい負けず嫌いになるし、女性のほうが男性より競争を好む、そういう状況がたくさんある。それなら、仮に男性が女性より自然と競争を好むのは進化によるものだとしても、競争力があるかないかを決めているのはそんな進化だけではないということになる。文化的なインセンティヴがそうなっていれば、普通の女性のほうが普通の男性より競争を好むだろう。

女性はうまく交渉できるか？

さて、それじゃ、競争に前向きなことで、経済的インセンティヴが支配する市場におけるカーシ族の女性の振る舞いはどうなっているだろう？　それを知るべく、ぼくたちはシロンの青空市場にやってきた。シロンはカーシ族の人たちとそうでない人たちが軒を並べて暮らす町だ。

シロンの青空市場は世界で一番大きな青空市場の1つで、いつも活気に満ちている。人込みをかき分けて歩くと、腐った肉や血の匂い、新鮮なトマトや玉ねぎ、トウガラシの香り、花、麦わら帽子、綿シャツの匂いが漂ってくる。安っぽい家電や靴が売店にあふれている。

文化が交渉の流儀にどんな影響を与えるか見るために、ぼくたちはカーシ族の男女とカーシ族でない男女にお金を渡して、市場でトマトを2キロ買ってくれと頼んだ。価格は1キロあたり20ルピーから40ルピーであり、その範囲のどこになるかは交渉次第だ。実験参加者がトマトを安く買えれば安く買えるほど、彼らの得る賞金は大きくなる。トマトを買う交渉それぞれについて、ぼくたちは最初の値段、交渉時間の長さ、そして最後の値段を記録した。

ぼくたちは2つ、重要なことを発見した。第一に、カーシ族の女性は生まれてからずっと、積極的になれ、自信を持てと教えられるのをすでに見たが、そういう彼女たちは交渉がうまいことが示された。ボール投げの実験の成績を見ると、実生活におけるこうした市場での振る舞いをとてもよく予測できる。第二の発見のほうも興味深い。価格の決まる仕組みを仕切るのが母系社会の部族の女性かそうでないかで、市場の仕組みは大きく異なっていた。

市場の中でもカーシ族でない人たちが価格を決め、男女が入り乱れてモノを売り、価格を交渉する界隈にカーシ族の女性が足を踏み入れた場合、カーシ族の女性は大自然の猛威のごとき無双の力を発揮する。シャイフーンはそんな女性の1人だ。彼女の交渉術はすばらしく、トマトや息子たちの綿シャツを絶妙な価格で手に入れる。面白いのは、シャイフーンや同じような人は、カーシ族の人だけが価格を決め、女性だけがモノを売ったり買ったりする場では、あんまり値段の交渉をしない点だ。モノの値段は、西側世界と同じように、交渉で決まるよりもむしろあらかじめ決まっているように思えた。どうやら、周りの環境や社会化は人の振る舞いを決める大きな要素であるようだ。

観察されたこれら2つの現象は関係しあっている。女性は男性と同じようにインセンティヴに反応するよう育てられているし、男性と同じようにうまく交渉するように育っている。でも選べるなら、カーシの女性は市場での自分たちのインセンティヴを男性とは違った形に設定する。基準になる価格を決めることで、彼女たちはあまり競争的でも攻撃的でもない環境を作り、そうして自分たちで決めた社会的インセンティヴに反応する。

女性は人類を自滅から救えるか？

カーシ族からぼくたちが学んだことがもう1つある。女性が力を握っていると、誰もが得をするみたいだ。

1968年、生態学者のギャレット・ハーディンが「共有地の悲劇」という論文を出し、公共の資源がたくさんの人に使われすぎて枯渇する状況を描き出した。[1] この論文で彼は、牛の放牧をする人たちが1区画の土地を共有していて、誰もがそこで牛に草を食わせることができる中世ヨーロッパの状況を例に使った。牛飼いたちが一度にあまりたくさんの牛を放牧しない決まりになっていれば、みんなうまくいく。でも、欲の深い人が牛をたくさん連れてきて草を食べさせると、牧草地に加わるダメージが高まり、そのうち牛をまったく放牧できないところまで牧草地が荒れてしまう（勘定を割り勘にするときに起きる負の外部性の議論を覚えてますか？）。

たとえば海岸地域の漁業権をめぐる争いを考えてみればいい。いろんなところで、魚の捕りすぎで漁業資源が大幅に減少し、将来たくさんの魚類が絶滅するのではないかと危惧されている。魚の需要は大きく、だから漁師の人たちは捕れる限りの魚を捕るようインセンティヴが働いている。でもみんながそうすれば、将来の世代には何も残らない。そのうち、もう回復できないところまで数が減ってしまう。

よくある仮定によると、女性は男性よりも、漁業資源や牧草地といった公共財に配慮ができる。ぼくたちはカーシ族と近くに住むアッサム族の村でこの仮定を検証した。アッサム族の村は父系社会だ。検証には経済学の標準的なゲームである「公共財ゲーム」を使った（この呼び名は、人びとが全体のために、手入れの行き届いた国立公園やきれいな空気といった公共財を提供できるようお金を出し合うときに起きることを模しているところから来ている）。

それぞれのグループに次のような同じ指示を与える。「このゲームでは、コミュニティのために投資を行うか、それとも自分に投資を行うかを選択してもらいます」。参加者の一部には次のように伝える。「自分に投資したお金は1ルピーあたり1ルピーの報酬を投資した人にもたらします。グループ交換に投資したお金は1ルピーあたり1・5ルピーの報酬を、投資した人ではなく、グループ全体にもたらします(2)」

カーシ族の社会についてここまででわかっていることから推測して、カーシ族の人たちのほうがグループ全体のためによりたくさん投資する傾向があるのではないか、そう思った皆さん、正解です。カーシ族は男性も女性も、アッサム族の人たちより、グループにたくさんお金を投資している。基本的に、カーシ族のほうが男性も女性も、身勝手な人が少ないことがわかった。この結果からこんな疑問が湧く。女性が「仕切る」社会はぼくたちがこんにち生きている社会と大きく違っているのだろうか？

ぼくたちはどうすればいいんだろう？

切れ味鋭いテレビのドラマ、『マッドメン』は、１９６０年代以来でアメリカ社会の性別間の関係がどれだけ進歩したかを描き出している。１９６０年代当時、女性は容姿も振る舞いもマリリン・モンローみたいであるべきで、男性のほうは容姿も振る舞いもラット・パック［訳注：ハンフリー・ボガートを中心にした男優の集団］みたいでないといけない、それが世間の常識だった。ドラマを見ると、女性解放運動やブラック・パワー、ゲイ解放運動なんて誰も夢にも見なかった時代に、社会が男性や女性の行動をどう支配していたかがよくわかる。人によっては自分が何者だかわかっていなかったかもしれない。でも、何者ではないほうが身のためであるかはみんなよくわかっていた。

話は一気に21世紀まで飛ぶ。いまやぼくたちには、男性と女性では競争によるインセンティヴに対する反応が違っているのがわかっている。そしてそうしたインセンティヴに対する反応の違いは文化に強く影響されている。そういう社会的要因を合わせると、男性と女性の仕事での地位や収入の差が説明できる。カーシ族の人たちが教えてくれたように、ひとたび経済力をその手に握り、自分の好みをあらわにしても世間から非難される恐れがなければ、女性たちは競争によるインセンティヴにどう対応すれば経済的に大きな利益を手に入れ、社会の本物のリーダーになれるかを学び取る。

（a）女性も男性と同じだけ、あるいは男性以上に競争好きになれる、そして（b）女性の経済的影響力のほうが大きい場合、社会はより共感に基づき、より公共の精神をもった場になる、というぼくたちの2つの重要な発見が意味するものは大きい。女性たちがトマトを値切るのを眺めているとき、ぼくたちはアメリカの女性たちが競争の厳しい仕事に応募したり昇給を求めたりしないことに思いをはせていた。女性にはできることを全部やらせない西側社会の構造的問題のことを考えていた。そして女性が仕切る市場には揉め事が少ないのを見ながら、ののしりあいとスタンドプレイが定番になっているアメリカの国会が頭に浮かんでいた。

それでは、女性や女の子にもっと競争力を身につけ、稼ぐ力を高めてほしいと思っているとして、それを実現するにはぼくたちは何を変えればいいんだろう？　そしてそれはぼくたちの娘たちやあなたのお嬢さんにとってどんな意味を持つんだろう？

たとえばウリの19歳のお嬢さんは、自分は将来、仕事で成功できると信じている。両親も、あなたに限界はないよ、やりたいことはなんだってできるよと彼女を励ましている。しかし同時に、少なくとも今のサンディエゴの文化では、社会に出て男の子たちと同じように自由に競ってはいけないと感じている。では、男の子の真似をせずに彼女が頂点に立つにはどうしたらいいんだろう？

一方、シカゴのサウスサイドに住むジョンのお嬢さんたちも同じように、ジムにいる男の子たちが目いっぱい力を出していないと、前に書いたように、コーチにこう言って怒られるのに気づいている。「女みたいにやってんじゃねぇぞ」とか「オレたち、女みたいにプレイすんのがいいか？　それとも男みたいにプレイすんのがいいか？」。ジョンのお嬢さんたちはこう尋ねるのだ。「あたしたち、いい子でいるのがいい？　それとも手当たり次第にがっつくのがいい？」

この章のはじめに書いたように、女性は賃上げの交渉を避けがちだ。たとえば実験室での研究によると、架空の仕事に応募するとき、男性は女性の9倍以上ももっと高い給料を求めて交渉する割合が大きい。でもそういう傾向は現実の世界でも見られるのだろうか？　もし見られるなら、なぜそうなんだろう？[3]

それを調べるために、ぼくたちは第2章で説明したクレイグズリストでの実験と似た実地実験を行った。2011年11月から2012年2月にかけて、ぼくたちはアメリカ国内の9つの主要な都市圏で働く総務秘書の求人広告を、オンラインで18ヵ所に出した。仕事は性別不問の募金活動関係か、またはスポーツ関係だ。後者には男性からの応募が多かった。広告の1つにはお給料は17・60ドルで応談と書き、もう1つには17・60ドルで固定と書いた。[4]

全部で2422件の応募があった。さてどうだっただろう？

第一に、お給料は応談だとはっきり書いていない——つまりあいまいにしてある——場合、男性は女性よりも、より高いお給料を求めて交渉してくる可能性がずっと高い。しかし、お給料は応談だとはっきり書いてある場合、差は消えてなくなり、むしろ逆だった。つまり、女性のほうが男性よりも少しだけお給料を交渉してくる可能性が高かった。

言い換えると、雇い主がはっきりとお給料は応談だと言えば女性も交渉の席につく。でも、雇い主がそう言わず、お給料を決めるルールがはっきりしないと、より高いお給料を求めて交渉してくる割合は男性のほうが高い。

では、そういう仕事に応募するのはどんな人たちだろう？　お給料は「応談」という情報を付け加えるだけで、応募者に占める各性別の割合の差は45％ほども縮まった。男性からの応募が多い、いわゆるマッチョ系の仕事（ぼくたちの求人広告ではスポーツ関係の仕事）でも事情は同じだった。

こうした結果は、女性はゲームのルールをはっきり言わない求人広告を避け、一方男性はそういう求人広告をむしろ好むことを示している。明らかに、男性と女性の両方を含むまともな候補の中から採用を決めたければ、雇い主は仕事の説明もお給料や待遇についてもはっきりさせたほうがいいということだ。この考えに基づいてさらに議論を推し進めよう。

雇い主はどうすればいいんだろう？

ぼくたちの「給料応談」実験は仕事の内容の説明に対する反応を見るためのものだった。実験では求人側と求職側が直接に会う機会は設けなかった。それでも、求人広告を見て、お給料は交渉できるのかどうかがはっきりしなくても、女性たちは「勝負に出る」べきである。それをわかっておくのは重要だ。

女性は最初に提案された条件をそのまま呑むべきではない。条件を逆提案してみるべきであり、怖がらずに「もっとお金がほしいです」と言うべきだ。なんで、なんて説明しなくていい。男性たちだってそんなこと説明したりはしないわけだし。(5)

また採用責任者は、リスクを避けるように文化的に仕込まれている女性がたくさんいること、そのせいで彼女たちは出世の階段から降ろされてしまう場合があることを、知っておくべきだ。女性たちは昇給を求めたり、新しい仕事に手を出したりしないことがとてもよくある。でもそれは、彼女たちに能力がないからではなくて、文化に根差す世界観が彼女たちに、ガツガツするのは「女らしくない」と刷り込んだからなのだ。企業はトップを目指すよう女性を後押しする必要がある。いい例の1つはコンサルティング会社のデロイトで、同社は女性社員も幹部候補になるよう努めていて、経営陣の少なくとも23%が女性だ。(6) デロイトみたいな会社はすぐに、そういうやり方をするといいことがあるのがわかるだろう。社内にいる最高の人材を発掘できるし、それで業績にもいい影響が及ぶからだ。

加えて、採用担当者も話に乗ってもらわないといけない。採用担当者が典型的にやることといえば、直感に頼った候補者の選別であり、候補者が実際に何ができて何ができないかを見てはいない。ときどき、応募者が仕事に「合っている」と思ったから、なんて理由で採用を決めたりもする。そういうとき採用担当者たちは、自分たちの感覚が男性に有利なほうに偏っているなんて思いもしない。

そういう偏りを自覚している企業なら、偏りを修正できるプロセスを持ち込めばいいだろう。たとえばキャンベル・スープ（CEOのデニス・モリスンは女性だ）では、性別の多様化は会社の強みの1つであり、大事な売り文句である。製品を買ってくれるお客の大部分は女性だからだ。そういうわけで、同社は意識して、経営の陣容にお客さんたちと同じような人たちの姿がちゃんと反映されるようにしている。

女性は競争によるインセンティヴに対する反応が薄いのを理解していれば、企業はそれを自分たちの利益のために使うこともできる。たとえば、価格交渉のないカーシ族の市場を見て、ぼくたちは別の市場を連想した。アメリカの車の販売店での光景だ。車を買いに行くとだいたいゴリゴリの交渉と「上司に相談してきます」の決まり文句を経験することになるが、あれが嫌いな女性は多い。それをなんとかするべく、ホンダなどの会社はゼネラル・モーターズがサターン系列の販売店で始めた、値段の交渉には応じません、というのを売り文句にするやり方に追随しようとしている。サターン系列の販売店はもうなくなってしまったが、当時、この系列の販売店で売られる同社の車は女性にとても人気が高く、サターンを持っている人の63%は女性だった。

政策当局、先生、ご両親

政策当局にも男女格差を埋めるためにやれることがある。もしあなたが政策当局の人なら、古傷を早く矯正手術をしないと、というときにツバつけて済ますみたいなまねはよしたほうがいい。たとえば、女性スポーツ選手に公平な土俵を用意しようと作られた男女教育機会均等法で、男女間の不平等を正せるとは思えない。むしろ、こう自問してみてほしい。「もっと公平な社会を作ろうと思ったら、どこで介入するのが正しいだろう?」。競争に向かう姿勢に違いがあるのは文化の影響もあることを考えると、男女の平等を実現するための投資は、たぶん初期の幼児教育や社会化の段階で行うべきだ。女性のバスケットボール・チームが男性のチームと同じだけ予算をつけてもらえるようにしても効果は小さいだろう。

もしあなたが親御さんなら、ぼくたちの研究はあなたのお子さんの育て方に大いに関係がある。今ではぼくたちは、娘たちに自信をつけさせるための投資は引退後のための投資ととてもよく似ていると考えている。大きくなる間に早くからもっと競争のある環境に慣れ親しんでおくのが大事だ。とくに思春期のころにはそういう慣れがとても大事である。

一所懸命に子育てに力を入れていても、子どもたちが学校に行けば、男女差別は露骨に現れる。ぼくたちの研究によれば、男女差別はとても根が深く、とても幼い年代から始まっている。(7)教育に携わる人たちも親御さんたちも、とても幼い子どもたちを性別のステレオタイプにはめ込まないよう、高い意識を持って注意を払い、手を打たないといけない。子ども、とくに女の子を、競争に加わるよう励ますのをためらってはいけない。親御さんたち、先生たち、あるいは子どもを相手にする人は誰でも、競争での成績を決めるのは生物としての特性だけではなく、社会の影響もあるのを本当によく理解しておくべきだ。数学が得意だったりピンクのおにんぎょさんで遊ぶのが好きだったり黒のトラックで遊ぶのが好きだったり、勉強が人よりできたりスポーツが人より得意だったり、それこそなんでも、生まれつき決まっていたりするものなんて何もない。子どもたちが社会化の過程で身につける、インセンティヴに対するあるべき反応を変えることができれば、子どもたちの未来を変えることができる。

問題を一発で解決できる銀の弾丸があって、それを撃てば男の子と女の子の社会化のあり方を完全に変えてしまえる。男女別学の学校制度に立ち戻ればいい。女性たちが競争に参加するのを後押しするために、清教徒の伝統に立ち返るなんておかしな話に聞こえるかもしれない。でも、直観的にはこのやり方は理にかなっている。研究によれば、今でも学校で先生の関心は、やはり女の子よりも男の子に向いている。

—•—

最後に、うまく競争する能力は大事だが、それが幸せになれるカギだとはとてもいえないのをわかってないといけない。財産や肩書きでは心の平安は得られない。市民として、親として、あるいは隣人としてどう生きるかにこそ幸せになれるカギがある。ぼくたち自身、何を差し置いても、娘たち（やすべての人）がこの教訓を学んでほしいと思っている。

続く2つの章では、不公平にまつわる話をもっと大きな——教育全般の——話に広げる。インセンティヴを適切に使えば、お金持ちの生徒と貧乏な生徒の格差を縮めることができるのを見てもらいましょう。

THE WHY AXIS

第4章

惜しくも銀のメダリストと大健闘で銅のメダリストが成績格差を埋めてくれる、とは？

［公的教育：6270億ドルの問題］

学校で実験する

　ここまでで、人びとの振る舞いについて、なぜ人びとがそう振る舞うのかを理解するのが大事であることを学んだ。また、インセンティヴはややこしいもので、人の動機を理解しないとインセンティヴは逆効果にもなりうることを見た。さらに、競争によるインセンティヴに対し、女性は、周りからそうするなと指示されていなければ、あらゆる点で男性と同じぐらい強く反応することも知った。

この章と次の章では、社会最大の難問の1つである、子どもの教育について、実地実験で理解を深められることを見る。アメリカだけをとっても、公立の小学校と中学、高校での教育に、毎年6000億ドルを超える額を費やしている。生徒数は5470万人だから、平均で生徒1人あたり毎年1万1467ドルを遣っている計算になる。でも結果は華々しいとは言い難い。

学校を改革のための実験室に変えることで、教育システムの数十年来続く凋落のトレンドを逆転させることができる。このやり方では、子どもたちの隣でぼくたちも学ぶ。ぼくたちは何がうまくいって何がうまくいかないか、そしてそれはなぜかを学び、子どもたちは人生で成功を勝ち取るために必要な道具の使い方を身につける。実地実験というレンズを通して見ると、子どもたちをうまく教育し、同時に教育に関心のある大人たちに学ぶ機会を与える実り多い場所として、学校が使えることがわかる。

持てる子向けの制度、持たざる子向けの制度

ある秋のはじめの午後、ぼくたちのリサーチ・アシスタントであるジョー・サイデルは、シカゴのサウスサイドにあるウェントワース小学校を訪れた。彼は、ぼくたちが学校の理事たちとやって

いるプロジェクトの話を詰めに来たのだった。階段を降りていると、バン、という音が聞こえた。誰かが本の束を落としたみたいな音だとジョーは思った。でも音は何度も聞こえた。彼は立ち止まり、階段にいた先生の顔を見た。先生の眼は大きく開き、表情は空っぽだった。ジョーは銃声を聞いたことがなかったが、明らかに先生は聞いたことがあった。

一瞬後、校内放送が学校は封鎖されますと発表した。その後1時間、学校の外には警官が集まり、目撃者に聞き込みをし、一方学校の中では先生たちがいつもどおりにやっていた。発砲があろうがなかろうが、先生たちは、南北戦争以前の歴史や代数入門、パラグラフの構造について教えないといけない。こんな状況で、生徒たちは先生の話なんて聞いてくれるんだろうか?

アメリカの低所得地域では何はさておき運がよくないといい公的教育を受けられない、という生徒があまりにもたくさんいる。これは悲劇的であるばかりかひどい皮肉であり、というのも、アメリカは世界で一番栄えている国の1つだからだ。2008年の金融危機とそれに続く不況で打撃を受けたが、それでもアメリカは、一般的な経済指標で見る限りトップ近くにいる。平均寿命、所得、医療の質、それに定形の仕事をより簡単に、より面白くしてくれる科学技術の数、どれで見てもアメリカは最上位だ。

この歴史的な繁栄が公的教育の空前の成功と同時に起きたのは偶然ではない。建国の昔から、トーマス・ジェファソンは公的教育制度を支持していた。彼は全アメリカ国民に質の高い高等教育を提供することを目指していた。19世紀の後半に公的教育制度ができるころには、アメリカの政策当局は、国の教育水準を引き上げるのに成功していた。何十年もアメリカの初等教育は大学同様に目覚しい成果をあげてきた。実際、大学は現在も世界から羨望のまなざしで見られている。こんにち、外国からたくさんの人たちが学士、修士、博士を目指してアメリカの大学の門を叩いている。

でもここ数十年で、アメリカには大学進学前までの教育制度が2つできた。1つは持てる子向け、もう1つは持たざる子向けだ。両親がお金持ちで寄付金をたっぷり取られる高校に行ける子たちは、幅広い教育を受けられる（持てる子向け）。そんなふうに幸運でない子たちは、おうおうにして発砲があったり生徒の半分が中退したりする学校に行くことになる（持たざる子向け）。アメリカの低所得層の中退率は高所得層の4倍から5倍も高い。たとえば2008年、高所得層の生徒の2％、一方、低所得層の生徒は9％が中退した。都市部では、学校の中退率が50％を超えることさえ珍しくない。

アメリカの納税者は莫大な資金を公的教育制度につぎ込んでいる。生徒1人あたりの支出額でアメリカは世界第5位だ。そんなにも投資しているのに、初等教育制度は多くの子どもたちをがっかりさせてきた。シカゴやニューヨークの公立校の平均的な中学3年生は、寄付金でずっと潤っている学校の平均的な小学3年生や4年生と同じぐらいしか文章が読めない。アメリカの学生の読解、数学、科学の成績は、世界のトップ10から滑り落ちた。実際、基礎の文法や高校数学の教育に関しては、アメリカはひいき目に見てもそこそこぐらいだ。教育体制は本当にろくでもなくて、アメリカの学生の高校卒業率は、若い人たちの教育につぎ込むお金がずっと少ないメキシコやトルコと、あまり変わらないところまで落ち込んでいる。

アメリカの都市部の教育体制は、明らかに何かがものすごく間違っている。問題を解決しようという膨大な努力が政策を通じてなされてきた。でも１９５４年のブラウン対教育委員会裁判での最高裁判決から２００１年「子どもを１人も落ちこぼれさせない」法に至るまで、いずれも問題をほんの少しましにするにとどまっている。この上、政策としてどんな手が残っているというのだろう？　そして、お金の遣い方を変えれば、教育制度の中に潜むインセンティヴの形をよりよい結果に結びつくように作り変えることができるんだろうか？

教育では何がうまくいく？

ぼくたちがこれらの問題に取り組んだのは、当時シカゴ公立学校のＣＥＯになって数年のロン・フーバーマン（この人に関しては第８章でもっと詳しく書く）に招かれて昼ごはんを食べに行ってからだった。子どもの暴力やティーンエイジャーの妊娠を減らすにはどうしたらいいか話していると、彼は、シカゴの学校を改善するために国が数百万ドルを提供しようとしてくれていると言う。そこで彼は単純な疑問をぶつけてきた。「お金を貰ったらなんに使うのがいいだろう？」

ぼくたちには答えられなかった。もちろんぼくたち自身、公的教育制度のお世話になっている子どもを持つ親であるわけで、お金は全部、先生を訓練する費用や先生たちのお給料を増やすのに回せばいい、なんて当たり障りのないことも言えただろう。まあ、放課後のいろんな活動にいくらか回してもいい。あるいは個人指導のための教員や生活指導担当者を増やすのにいくらか遣ってもいいだろう。そういう選択肢もいくつかはすでに試されていて、中には学生の成績を改善する効果があると示す証拠が得られたものもあった。

でもフーバーマンはもっと抜本的で包括的な解決策を求めていた。確かなデータに基づいてシカゴ公立学校が直面する深刻な問題に取り組める解決策だ。国からお金を受け取ったら、市と交わした賢く遣いますとの約束を必ず守りたいと考えていた。実際の政策がもたらす重要な効果を目に見える形でちゃんと示したかった。

これはとてもうれしい話だった。ぼくたちはフーバーマンにルイ・パスツールの実験の話をした。予防接種の価値を証明した実験だ。1882年、パスツールは羊を50匹集めて半分を対照グループとし、残りの半分に予防接種を行った。羊たちを菌に感染させると、対照グループは2日で25匹全部が死に、予防接種を行った25匹は全部が生き延びて全快した。パスツールの仮説は証明された。フーバーマンはもっとつつましいことを思い描いていたが、都市部に住む子どもたちに暴力や無知、貧困でいろんなものを失うことに対する「予防接種」を提供するのが自分の仕事だとすぐに認識した。

教育を研究するとき、経済学者はまず、いろんな「インプット」つまり原因がどう組み合わさって特定の「アウトプット」つまり結果をもたらすのかを考える（専門用語ではこの関係を「教育生産関数」と呼ぶ)。たとえば、いい成績という望ましいアウトプットを実現するためにはどんなインプットが必要だろう？ 第一に、いろんな登場人物が考えられる。生徒自身の努力(インプットの1つ)はどう考えても欠かせないが、先生や学校を運営する人たち、親御さんたちの努力(その他のインプット)もやっぱり大事だ。教育についても疑問を挙げることで考えていきたい。生徒と先生と親御さんたちそれぞれの努力がどう結びつけば、いい成績を取るなんていい結果を、生徒が出せるようになるんだろう？ インプットをどう組み合わせれば生徒たちは、テストの成績がよくなり、卒業率が改善し、いい仕事に就けるようになるんだろう？ そして生徒や親御さんたちや先生たちがもっと頑張らないといけないのはいつだろう？ 幼稚園に入る前、小学校時代、あるいは高校時代の、いつの段階でもっと労力をつぎ込むと一番効果があがるんだろう？

教育を研究している人たちなら、こうした疑問に対する答えをもう見つけているんだろう、あなたはそう思うかもしれない。なにせ、教育にまつわる議論はアリストテレス以来続いているし、アメリカは100年以上前から正式な公的教育を子どもたちに提供してきた。でも実際は、ぼくたちは教育では本当は何がうまくいくのか、どれだけうまくいくのか、なんでうまくいくのかを調べるのに、実地実験を体系的に利用しては来なかった。短く言えば、アメリカ中に数千ある学区を実験場として使い、憶測だの逸話だのではなく、科学の上に立った教育政策を、ぼくたちは作ってこなかったのだ。

縮図

かつては製造業で栄えたが、海外への移転や失業、あるいは失望の犠牲になった街がアメリカにはたくさんある。そういう街を車で通ると、さびついた給水塔や閉鎖された工場、草が伸び放題の庭とつぎはぎだらけの割れた窓の家が道に立ち並んでいるのが見える。鉄道の向こうには、張られた木の板が落書きでいっぱいの店や差し押さえにあった家が見える。大通りから脇道に入ると、牛乳ケースに腰を下ろした中年男が2人、それぞれ手に持った茶色の袋に隠したなんだか得体の知れないものの助けを借りて、日がな一日、そこで過ごしている。いいときには彼らだっていい仕事に就いてけっこう稼いでいたんだろうな、そんな考えが浮かぶ。奥さんにバラを買って帰ったこともあったかもしれない。

3万人が暮らすシカゴハイツはそんな光景があちこちに見られる街だ。この街自体がアメリカ最悪の教育問題の縮図である。シカゴの南30マイルにあるこの街では、1人あたりの所得が貧困ラインを大幅に下回っている。こういう街の子どもだと、おなかをすかせたまま寝ることがよくあり、自分も、親あるいは両親、ひょっとすると里親も、いつも払えていない請求書で心がざわつき、周りにいる人はみんな怒っている、そういうことがよくある。トム・アマーディオはビジネスマンからシカゴハイツ第170学区の教育長に転身した人だ。自分が切り盛りしているのは、学生の50%

がヒスパニック、40％がアフリカ系アメリカ人である、そんな学区だと彼は言う。90％以上は食糧配給券を受け取る貧しい家の子で、児童養護施設の子も多い。生徒の大部分は食糧配給券で食事は無料か、あるいは割引になる生活保護を受けている。他の都市部の学校と同じように、中高生の50％は卒業前に中退する。だいたいは中学3年から高校1年の間だ。

アマーディオは熱心で正直な人だ。ビジネス勘もいい。以前は株のトレーダーとしていい生活を送っていた。そういう人で教育長になった人なんて国中探しても彼だけかもしれない。でも、金融業界に巣食う、いかにもなトレーダーと違って、アマーディオは恵まれない人たちの苦しみをとても気にかけている。こういう育ちの子どもたちを、失敗するに決まっているという目で見るような人たちに、彼は怒りを隠さない。「この子たちは成功できないし成功しない、世間はそんなふうに決めつけてる」と彼は言う。「そういう連中に、ぼくはこう言ってやりたいね。『んなもなぁテメエのケツの穴に突っ込んどけ』。お金持ちの学区と同じ資源をぼくにくれって思う。追いつくチャンスをウチの子どもたちにくれって思う」

2006年にこの仕事に就いたとき、アマーディオは教育委員たちにはっきりとこう言った。この学区で都市部の貧しい子たちにもっと裕福な学区の子たちとの成績格差を埋めさせるには、何か過激なことをやらないといけない。「ぼくは連中にこう言ったんだ。『いいですか、ウチの試験の成績はなんとかしないといけないレベルです。何か劇的なことをやる必要があります。ここはアメリカです。ウチの学区の子どもたちは、落ちこぼれないといけないわけはありませんし、大きくなってもドブさらい以外になれないわけもありません。確かに壁はあります。でも今のままじゃ絶対ダメです』」

アマーディオの訴えに耳を傾けた人がちゃんといた。シカゴハイツに住む整形外科医、セント・ジェイムズ病院のウィリアム・ペイン先生は、なんとかしないといけないと感じた1人だ。ペイン先生は地元の誇りという感覚を心に深く刻みつけている。「ぼくは自分のオフィスで高校生に会うと、夢はなんですか、希望はなんですかって聞くんだ」と彼は言う。「ある生徒のお父さんは、家族を養って、同時に息子さんを大学に行かせるお金を貯めるために、仕事を3つも掛け持ちしている。その生徒は学校の成績がいいのに、お父さんはまだ彼をいい学校に入れられるだけ稼げてなくて、だから子どもは短大にしか行けないし、高校の補習みたいな勉強しかできない。彼はもっと勉強できるのに、他にどうしようもないんだ。奨学金を貰うにはどうしたらいいか、教育システムをどうすれば使いこなせるか、お父さんがまったく知らないからなんだよ。そんなとき、ぼくらの街じゃ中退率が大変な高さだって読んで、それを変えるにはどうすればいいだろうって思ったんだ」

2007年の秋、ペイン先生はぼくたちに連絡をくれた。シカゴハイツの子どもたちを助けてくれと言う。具体的には、生徒たちに学校を続けさせるにはどうしたらいいか聞かせてくれと言われた。彼はぼくたちを地域の顔役たちに紹介して、学校運営について一緒に働けるようにしてくれた。ぼくたちは目標を1つに決めて働き出した。シカゴハイツの高校生の卒業率を改善することだ。

宝くじは当たったけれど

中退率が高いのが本当によくわからない理由の1つは、中退するなんて当たった宝くじを捨てるようなものだからだ。データによると、学校に通う年が1年減るだけで、生徒の将来の稼ぎはだいたい12％減る。実際、高校を中退した人の2009年の年収は1万9540ドル、一方高卒の人は2万7380ドルだ。[1] それに20年をかけると、稼ぎの差は15万6800ドルにもなる。本物の宝くじの大当たりだ。国中だいたいどこへ行っても、家が十分に買えるだけのお金である。

もちろん話はもう少し複雑だ。中退するか、家を買えるだけのお金を手にするかのどっちを選ぶか、みたいなことだけでは済まない。1つには、教育がお金の形で報われるのは何年も後になってからだからである。一所懸命に勉強しても、ご褒美が貰えるのはずっと先のことなのだ。ぼくたちはだいたい、ずっと先にご褒美が貰えるからなんて理由で何かをしたりすることはあまりない。すぐに貰えるご褒美のほうがずっと好きだ。だからこそぼくたちはものごとを先延ばしにしたり、引退後のためのお金をなかなか貯められなかったり、がつがつ食べすぎたり、運動をサボったりするのだ。

子どもには明らかにそんな傾向がある。子どものころに病気になったとき、お父さんやお母さんに、頼むからスプーンですくったひどい味の薬を飲んでくれと言われたことあるのを覚えてますか？　ああいうのでも飲めば将来いいことがあるのに、ぜんぜん飲む気にならなかったでしょう？でも、スプーンを口に入れたとたん、どんなひどいことになるのかはとてもよくわかっていたでしょう？　だからこそ製薬会社は子ども向けの薬を飲みやすくしようと必死なのだ（バブルガム味のタイレノールなんかがそう）。

将来得られるはずの報いをちゃんと考えられない傾向は、子どもが青年期になるといっそうひどくなる。他の世代に比べてティーンエイジャーはこの傾向がとくに強い。1つには、まだ脳の神経経路が中途半端にしかつながってないからだろう。[2]別の言い方をすると、ティーンエイジャーはすぐに手に入るご褒美の中毒だ。彼らにとって、将来のために投資をするなんて、なんにもありがたくない。そういう目で見ると、高校を中退するのはなんだかいい考えみたいに思えることがある。

問題をさらに複雑にしているのが、子どもに認知的技能以外のことを教えるのをあまり評価しない親御さんが多いという事実だ。将来のために投資をしたり、辛抱強い人になったり信頼できる人でいたり、あるいは他の人とうまく一緒に働けたりすることの大事さが彼らには十分にわからない。そういう技能は人生のもっと先の段階になると計り知れない価値を持つ。でもほとんどの親御さんがそれを過小評価している。

自分が、貧しくてにきび面でホルモン満タンで、脳みそはまだ出来上がっていないティーンエイジャーだと想像してみよう。シカゴハイツみたいな都市部に住んでいて、刺激たっぷりなことが目に入るとすかさず寄っていく、そんな毎日を送っている。頭はすぐに手に入る満足のことでいっぱいだ。高校を出た後の人生なんて遠い先のことで、火星での暮らしと同じぐらいしか実感がない。あなたは自分の衝動を今すぐ満たしたいのだ。そんな今の心持ちと、将来の報いを結びつける方法なんてあるんだろうか？

―•―

賄賂は効く？

ユーレイル・キングは14歳、シカゴハイツのブルームトレイル中学に通う黒人の3年生だ。ママのテレサは学校を中退している。ユーレイルは元気いっぱいで気さくで賢い子で、でも学校はぜんぜん好きじゃない。ユーレイルの成績はDやCばっかりだ。露骨なズルはしないが手抜きはする。宿題が出れば、『アラバマ物語』を全部読む代わりに、ページをぱらぱらめくって答えを探そうとする。ユーレイルはがけっぷちだ。学校で成績をよくするか、転落の軌跡をたどるかのどちらかを、彼はまだ選べるところにいる。

別の中学3年生でケヴィン・マンチーという子がいる。白人で短い髪は黒く、耳にはラインストーンのピアスが光る。スケートボードにビデオゲーム、それに何かを創り出すのが好きだ。彼は賢く、創造力がある。電動歯ブラシと短く切ったギターの弦で作った道具を使い、自分でタトゥーを彫って女の子の気を引く。ママはスーパーのパンのコーナーで働いている。ケヴィンは学校のことをあれこれ考えるより、友だちと出歩くほうがずっと好きだ。授業中は机の下に隠した小さなゲーム機で遊んだり、カンニングを手伝ってくれるクラスメイトを探したりしている。学校は卒業したいが成績がひどいのでたいしたことはできないだろうと考えている。そして卒業できなければ軍に入り、下士官を務めながら一般教育修了検定でも受けようと思っている。

どんなインセンティヴがあれば、この2人みたいな劣等生に、学校でいい成績を出させることができるだろう？　ユーレイルやケヴィン、あるいは2人の親御さんに、成績に応じてお金でもあげればいいんだろうか？　この考えを投げ出す前に、自分がやってほしいことを他人にやらせようというとき、ぼくたちは普通、どんなことをするか考えてみよう。人にもっとリサイクルさせたり環境にやさしい車を買わせたりするために、ぼくたちはお金の形でインセンティヴを提供している。生徒もお金をあげたらもっと勉強するだろうか？

やっぱりお金がものを言う？

成績のいい生徒にお金を払うというアイディアをシカゴハイツの教育委員会に持っていくと、ほとんどあざ笑われているに近い反応に迎えられた。結局のところ、大人ならだいたいは、学生は勉強そのものを目的に勉強するべきだと言うだろう。でも現実は残酷で、公立校に通う何百万人もの子どもたちはそんなふうには思わない。教育委員会でもそう言ったのだが、子どもは自分の部屋を掃除するのが当たり前だとぼくたちなら思うけれど、彼らは掃除なんかしない。子どもはクッキーよりも果物を食べるべきだけれど、彼らはそうはしない。そして彼らは勉強が好きであってしかるべきだけれど、彼らはそんなもの好きじゃないのである。

ぼくたちの言っていることがどれだけ本当かを心底わかってもらえたのは、教育委員の1人が、お金なんかの外部から与えられるインセンティヴは、勉強の楽しさや学校でいい成績を上げるみたいな内的なインセンティヴを押しのけることがあると示した研究を口にしたときだった（どっかで聞いたことがあるような気がするって？　彼が言及したのは、第1章で論じた心理学や経済学による研究のいくつかで、その中にはぼくたちがやったものも含まれていた）。内的なインセンティヴが大事なのはまったくそのとおりですし、おっしゃった研究もそう言っていますとぼくたちは答えた。でも続けてこう言った。押しのけるものが何もなければお金がものを言うでしょう？　教育委員の人たちから返ってきたのは深いため息だった。結局彼らは、自分たちの学区がどうしようもなく行き詰っているのがよくわかっているのだ。彼らはしぶしぶ、成功する可能性が半分でもあるならなんだって試してみる気があると認めた。

成績を上げるアイディア3つ

教育でお金のインセンティヴを使うのは大きな物議を醸す。だからいまだに、どう使うのが一番いいか、よくわかっていない。(3)ぼくたちの最初のアイディアは、インセンティヴをすぐに手にできるところに移すことだった。学期や年度の終わりになっていい成績だった生徒に賞金を払うのでなく、成果を出した瞬間にもっと近い時点で払うことにした。そうすればご褒美はすぐにほしいという彼らの欲求に応じられる（先ほど書いたとおり、行動経済学者たちは、だいたいの人はインセンティヴを後で貰うよりすぐに貰うほうがずっと劇的に反応すると示している）。

行動に基づくぼくたちの２つ目のアイディアは、生徒にお金を支払うのに宝くじを使うことだった。宝くじは行動を検証するならとてもステキな道具だ。人間は可能性の低い事象を過大評価する傾向があるからだ。たとえば、州の宝くじのパワーボールが当たる確率は典型的に１００万に１つを下回る。それなのにこの宝くじを買う人はたくさんいる。実際よりも当たる確率を過大評価しているというのが理由の１つだ（実際はどれぐらいかというと、だいたいの州ではパワーボールで当たりを出すより雷に当たる可能性のほうが高い）。それなら、当たればすごいものが当たるけれど、当たる確率は低い宝くじでご褒美を出せば、みんなご褒美にとても注目してくれるとぼくたちは思った。生徒たちは宝くじに当たる可能性を過大評価してくれるかもしれない。それでいっそう一所懸命に勉強してくれるかもしれない。

アイディアはさらにもう1つあって、これは頭をガツンとぶん殴るみたいなやり方だ。このやり方は教育「生産関数」にはどんな要素が入っているかを調べようとして生まれた。インセンティヴを使って親御さんが積極的にかかわるように仕向け、彼らの関与が子どもの成績にどんな影響を与えるかを調べたのである。ぼくたちの発見によると、親御さんにお金を払えばうまくいくだけでなく、成績を上げるのにもっとも効果的な方法について、さらに深く理解できるようになる。親御さんが子どもの勉強を手助けすれば、その子の兄弟にとっても手助けになるかもしれない。子どもの1人の勉強を手伝うようになったなら、他の子の勉強だってたぶん手伝うでしょう?

ぼくたちには問題が1つだけ残った。大きな問題だ。こういうアイディアを実地実験にかけるのは簡単ではない。ぼくたちではまかなえないような大きなお金がいる。

グリフィンさんの贈り物

ちょうどそんなとき——2008年の春のことだ——志の高い人2人からとても運のいい電話を貰った。ケネスとアンのグリフィン夫妻だ。ケネス・グリフィンは世界最大のヘッジファンドの1つ、シタデルの創業者で、夫妻はぼくたちの研究に興味を持ってくれた。2人は慈善団体を創設するのを手助けしてくれる人を探していて、ぼくたちのやっていることについて話し合えるだろうかと連絡をくれたのだった。この電話でぼくたちの人生が変わるなんて、そのときは思いもしなかった。

ぼくたちは車でシカゴの繁華街にあるシタデルのビルに向かった。鋼鉄とガラスの外装の大きなビルがそびえ立っていた。オフィス・スペースは140万平方フィートにも及び、シカゴ経済の中心地にある。ぼくたちは壁が大理石のロビーを抜け、エレベータに乗って37階を押した。耳がちょっと痛くなり、ちょっとそわそわしてきた。エレベータのドアが開き、感じのいい受付の人がぼくたちを趣味のいい装飾を施した会議室へと案内してくれた。コーヒーが出て、ぼくたちはそこで待っていた。

グリフィン夫妻が入ってきたときに最初に思ったのは、ニューヨーク・タイムズ日曜版のスタイル面に結婚式の写真で出てきそうな、華麗なカップルだなあ、だった。ケネスはハンサムで単刀直入、華々しい起業家タイプだ。公的教育で育った人であり、トレーディングのやり方は全部、大学の寮の部屋に閉じこもって勉強した。アンはフランス出身で5カ国語を操る。ご主人と同じく、彼女も公的教育で育っている。お母さんは先生だ。

いったいこれからどうなるのか、ぼくたちにはほとんど何もわからなかった。ぼくたちの知っている徳の高いお金持ちといえば、ぼくたちの研究にお金を提供してくれようと巨額の小切手にペンを走らせながら、「こんどうちでやるパーティで、君たちが出した研究成果の話をしてくれてもいいよ」なんて言ったりする、そんな人たちだ。でもグリフィン夫妻は違っていた。

ぼくたちは、行動経済学の理論をいくらか説明し、ぼくたちの研究を要約し、シカゴハイツの生徒たちに勉強させるにはどんなインセンティヴならうまくいきそうか、考えをひととおり語った。話すうちに、2人の目が輝きだした。

グリフィン夫妻の時間を数時間というのは、たぶん何万ドルもの価値を持つのだろうが、それでも彼らは長い時間を費やしてぼくたちの実験のアイディアを検討した。彼らの知識と洞察には驚かされた。「人が小さい確率を過大評価すると思うのはどうして?」。彼らはそう尋ねた。「卒業なんてどうでもいい、そう思う若い子がこんなにたくさんいるのはどうしてだと思う?」。ケネスもアンも次々と質問を投げかけ、同時に、自分たちの考えをぶつけてきて、ぼくたちのアイディアは研ぎ澄まされていった。ぼくたちと同じように、2人も、ぼくたちが講じる策は、必ず結果が計測できて、理論にしっかり基づいており、そしてコストの面でも効率的でないといけないと考えていた。

グリフィン夫妻はすぐに、ぼくたちの研究の全面的なパートナーになった。彼らはアメリカの公的教育の体制を改善しなければならないと心から信じ、そうすることではじめて人びとの生活や経済全般を改善できると理解していた。都市部に住む子どもたちを手助けして教育格差を克服させ、アメリカの教育水準全般を引き上げられる施策に、自ら手を貸したかったのだ。

会議室を出るころには、ぼくたちは1つ、はっきり確信したことがあった。彼らが学術の世界に進んでいたら、ぼくたちの共同研究者として「みんな平等だが、一部はもっと平等」の類になっていただろう。ぼくたちはデザインのはっきり固まった実験を手にシタデルを離れた。そして24時間以内にグリフィン夫妻は実験に必要な最初の40万ドルを送ってくれた。

その日ぼくたちが会議室に入るより前から、ケンとアンは心から世界を変えたいと思っていた。ぼくたちはとても運がよく、いいときにいい場所にやってきたのだ。急に、イザベラ女王に謁見して、新世界を探求するための資金を提供されたときのコロンブスの気持ちがわかった気になった。ぼくたちは、寄付をしてくれる人に出会えただけでなく、新しい仲間も2人できた。この2人の新しい仲間は、こんにちのアメリカが直面する一番重要な問題の1つに取り組むぼくたちを手助けしてくれた。

公立学校への航海

ある日、細身で赤毛の穏やかな先生が、中学校のいいカウンセラーらしい優しいしぐさでケヴィン・マンチーをオフィスに呼んだ。名前はサリー・セイダフ、そのころはぼくたちが教える大学院生で、ぼくたちの実験を取り仕切っていた。(4) ケヴィンがやってきたのを見てサリーは満面の笑みを浮かべた。「新学期だね！　調子はどう？」

「いい感じだな。ほんと簡単だし」

「ほんと簡単？　それじゃ成績表を見てみよっか」

サリーはケヴィンのひどい成績表を眺めた。「それじゃケヴィン」とサリーは優しく尋ねた。「どの分野をもっとがんばらないといけないと思う？」

「全部だね」

「じゃ、たぶん君は、理由なく授業を休まない、1日を超える停学を食らわない、全部の授業で

C以上の成績を取るっていう、新しい毎月の目標を達成したら何が貰えるか知りたいよね。でしょ?」。そう言って彼女は書類挟みを取り出してケヴィンに手渡した。

ケヴィンは書類挟みを開けた。「50ドルだって?」

サリーは微笑んだ。「で、そういう成績を取り続けてる間は毎月50ドル貰えるんだよ!」

「そういうことなら宿題やり始めるやつがたくさんいると思うな」

「君はどうなの?」

ケヴィンはちょっと想像を始めた。「月に50ドルあったら何ができるかな? スケートボードが買えるな。スポンサーがついたらウェアとかいろいろ卒業まで面倒見てもらえる」。このインセンティヴの話を聞いて、ケヴィンのママはレートを2倍に引き上げた。毎月の目標を達成したら、彼女が出す50ドルも合わせて月に100ドルだ。

でもインセンティヴはまだまだあった。サリーはそれを存分に売り込んだ。実際のところ、ぼくたちは考え付く限りの手を繰り出した。8ヵ月のプログラムの間、毎月末に子どもたちはみんな、学校のカフェテリアに列を作る。タダでピッツァが振る舞われ、大きな賞金が支払われるのだ。彼らはそれぞれ、サリーや他の研究者がいるテーブルに呼ばれ、成績表を見ながら面談をする。賞金を勝ち取った子どもたち(実験の設定によっては親御さんたち)は顔中笑顔で自分の席に戻っていく。そして彼らが手にするのはお金だけではないのだ。

リムジンでお家に帰る

もっと楽しいのは、ワクワク、ドキドキのビンゴ・スタイルで行われる大がかりなくじ引きだ。ぼくたちは毎月10人の当選者を選んだ。月の目標を全部達成した生徒の中から当選者を選ぶ。大当たりを出した生徒（実験の設定によっては親御さん）は現金で500ドル貰って帰ることになる。そのうえ、白くて長い車体、運転手付き、座り心地最高の革製のシートにテレビと冷蔵庫とその他もろもろを取りそろえた車内には青と緑の照明が光る、ハマー社のリムジンでお家まで送ってもらえる。ユーレイル・キングはこのリムジンを見て大はしゃぎだった。「なんてこった！」。彼は叫んだ。「すっげー！　ああああうんうんうんまかせといて。オールA取るぞ。ジェンキンス、家まで頼む！」[5]

月の目標を達成できなかった生徒にも、サリーたち研究者が追いつくための提案をする。月の半ばに生徒に中押しの電話までかけて、勉強の調子はどうだと尋ねたりする。そしてもちろん、親御さんも子どもを励まし、勉強を手伝う。だって子どもに大当たりを出してほしくない親なんていないでしょう？

ではあれやこれやの高額なご褒美に、生徒や親御さんはどう反応しただろう？　ティーンエイジャーの脳が未発達であることを考えると（「ほしいものは今すぐほしい」）、1カ月も経たないとご褒美が貰えないんじゃ、あんまり多くを期待してはいけないんだろうか？

ぼくたちが得た結果を全体として眺めると、なかなか興味深い進歩が見られた[6]。ぼくたちの推定によると、このプログラムは、参加した４００人中、がけっぷちの生徒約50人を中３で受ける標準検定試験に合格させることができた。落第寸前の生徒たちでみると、プログラムの効果で合格者は約40％増えている。とてもよかったのは、彼らはプログラムが終わった後の高校1年生になっても、インセンティヴを与えられなかった同級生に比べていい成績を上げ続けたことだ。実のところ、ぼくたちの推定では、約40人はプログラムに参加したからこそ卒業できた、つまり参加していなければ学校を中退していただろうという結果が出ている（加えて、生徒自身よりも親御さんに賞金を出すほうが、生徒の成績の改善はほんの少しだけ大きいという結果も得られた）。

高等教育を1年追加で受けるごとに、期待できる生涯所得が12％ずつ増えていくことを考えると、こういう生徒が1年生の間にインセンティヴを与えるのが、明快でコスト効率のいい作戦でありそうだ。加えて、子どもたちが学校を中退して街でぶらぶらするよりも学校で過ごすようになるという事実を考えれば、プログラムはいっそう大きなものを達成したといえる。ぼくたちはがけっぷちの子どもたちに、ほんの少し手が届く道を見つけたのだ。ほんの少しではあるけれど。

成果の見た目を工夫する

トム・アマーディオはこうした結果に感銘を受けた。でも彼は別の疑問の答えを強く求めた。子どもたちに学校を続けさせるだけではだめだ。試験の成績を改善できないだろうか？　なんといっても、彼らが未来への扉を開こうというときに大事な役割を果たすのが試験の成績だし、何年間教育を受けるかとか実入りのいい仕事に就けるかとかといった、彼らが将来行き着く先は試験の成績しだいなのである。それに、学区が市や州の政府から受け取る資金も彼らの試験の成績で決まる。残念ながら今のところ、少数民族の生徒たちは、試験の成績に関する限り白人の生徒についていけてはいないようだ。人種間の成績の格差は大きく、なかなか縮まらない。都会の学校の多くが格差をなくすという使命を果たせずにいる。

アマーディオの求めに応えるべく、ぼくたちはもう1つ実地実験を行うことにした。シカゴとシカゴハイツでさまざまな学校に通う、小学校から高校までの7000人に及ぶ生徒がかかわった。実験は学校のコンピュータ・ルームで行われ、生徒たちにはそこで1年の間に3回の標準試験を受けてもらった。(7)

実験の前提をわかってもらうために、2008年夏のオリンピックで競い合った体操選手の若い女の子2人を思い出してほしい。どちらも勝利者だった。表彰台に立った2人はそれぞれ、強烈な感情に圧倒されていた。無理もない。この瞬間を目指して何年も練習を積み、体操の技で頂点を極めるべく、普通の女の子の生活を捨ててきたのだ。彼女たちがそれぞれメダルを受け取るところが写真に残っている。1人は銀メダル、もう1人は銅メダルを首にかけている。新聞に載った写真を見ると、一方は誇らしげだが、もう一方は悔し涙をこらえているようだ。

どっちが銀メダルでどっちが銅メダルだと思いますか?

銅より銀のほうが上なのはみんな知っている。でも文脈がすべてだ。金メダルを逃した銀メダリストはがっくりしてしまい、酸っぱいレモンをかじったみたいな顔になっている。一方、ギリギリのところでなんとか表彰台に手が届いた銅メダリストは、一目でわかるぐらいの有頂天だ。(8)

過去40年、心理学者のダニエル・カーネマンとエイモス・トヴァースキーの2人が革命を起こし、ぼくたちが下す日ごろの判断は感情に大きく左右されるのがよくわかってきた。考えが状況に振り回されてしまうのなんかがそうだ。彼ら行動経済学の2人の「生みの父」が証明したことの1つによると、ぼくたちのこの世の理解は、ぼくたちがものごとをどう解釈するか(つまり「枠組み《フレイム》」)に強く影響される。何かについて語るとして、どんな枠組みに基づいて語っているかで、ぼくたちは他人の行動にさまざまな形で影響を与えることになる。親御さんが子どもに「お豆を食べないと大きい強い人になれないよ」と言ったとする(行動科学者はこれを「損失フレイミング」と呼ぶ。損や罰の形で命題を形作っているからだ)。逆に、同じことをもっと前向きに明るく言うこともできる。「お豆を食べると大きい強い人になれるよ」(こっちは「利得フレイミング」と呼ぶ。

利益やご褒美の形で命題を形作っているからだ)。

――•――

目の前の20ドルで何をする?

自分は13歳の子どもで、コンピュータ・ルームに標準試験を受けに来たんだと思ってもらいたい。ステキな秋の日で、あなたはそわそわし、ちょっとおなかが減っていて、頭に浮かぶことといったらさっきまでやってたお気に入りのビデオゲームのことと後ろの席に座ったかわいい女の子のことばっかりだ。くだらないコンピュータ・ルームでまたしてもくだらない試験受けるなんて最悪、そんな気分だ。

学校の試験主任、ベルヴィル先生が入ってきてみんなに、注目、と言った(ベルヴィル先生は学校の国語主任でもあり、テクノロジー主任でもある。この仕事をするにはできすぎの人であり、そのうえ熱意が有り余っていて、1人で学校をなんとかもたせていた)。生徒たちを静かにさせるだけで1分かかったが、やっとみんな落ち着いた。

「今日は」とベルヴィル先生が発表する。「春に受けた標準試験の、次のレベルの試験を受けてもらいます。でも今回はちょっと違ったやり方をします。今日の試験で前回よりもいい点を取ったら20ドルあげます」

あなたは目がまんまるになった。みんなもだ。「すっげー！」。誰かがわめいた。急にみんながいっせいにおしゃべりを始めた。ベルヴィル先生はすぐにみんなを静かにさせた。

「さて、試験を始める前に、皆さん1人1人に20ドル渡します」。彼は続けてこう言った。「この領収書に必要事項を記入してください。お金を渡したという証明です。領収書に、受け取ったお金で何をしようと思うか書いてください。試験を受けている間は、お金を机の上、自分の目の前に置いておいてください。もう1度言いますよ、試験の点が前回より上がったら20ドルはそのまま持って帰ってください。でも上がらなければ、その20ドルは返してもらいます」。彼は領収書と20ドルを配って回った。

あなたはうやうやしく領収書に必要事項を記入しながら、20ドルで何をしようかと思いをはせた。新しいスケートボードだな、とあなたは決めた。自分の思い描いたことを書類に書き込み、20ドルをキーボードの右側に置いた。マウスのすぐ向こうだ。お金を眺めてあなたはニコニコした。「オレのスケボ」、あなたは思った。スケートボード屋へ足を踏み入れ、お金をひょいと出すところを想像した。

ベルヴィル先生は部屋の前に戻り、あなたの楽しい空想をさえぎった。「2分後に試験を始めます。コンピュータにログインしてください」

ログインして時計が進むのを待つ。あなたは秒針をじっと見つめる。始まるのが待ち遠しい。

「いいですか？　では始め！」

さて、あなたはこれまでもこういう試験を受けてきた。普段のあなたは、さっさと試験を終わらせてしまう。実際のところどうでもよかったからだ。試験なんて意味がないと思っていた。だから答えないままの問題をたくさん残していた。でも今回は目の前に20ドルが鎮座している。たっぷり時間をかけた。ちょっと途方にくれた問題もあったが、放っておいて次の問題に移る代わりに、あなたは本当によく考えて一番よさそうな答えを書いた。

1時間が過ぎ、ベルヴィル先生は試験の終わりを宣言した。まだ問題を解いているのはあなただけだった。あなたは最後の問題の答えを書いて「提出」ボタンをクリックした。ほとんど一瞬であなたの点が先生のコンピュータの画面に現れる。全員が提出をし終わると、この前の春に比べてあなたの点がどうだったかがあなたのコンピュータに現れる。

さて、あなたの成績は?

何が生徒をやる気にさせるか?

この実地実験では、実際には生徒たちを5つのグループに分けた。グループの1つでは子どもたちにまず20ドルを渡し、前回よりも点が上がらなければお金は取り上げると伝えた。先ほど描いたのがこの「損失」グループだ。子どもたちは20ドルを最初に受け取っていて、点がよくならなければそれを失う立場にある。

対照的に「利得フレイミング」グループの生徒たちには、前回より試験の点が上がったら試験が終わってすぐに20ドル貰えると伝えた。でも20ドルは試験の前には受け取れない。お金は彼らの目の前にないわけだから、彼らは点がよくなれば20ドルを得る立場にある。

3つ目のグループの生徒たちには、前回より点が上がった人にはそれぞれ20ドルあげるけれど、1カ月後だと伝える。4つ目のグループでは点が上がった人は3ドルのトロフィを授与される。ぼくたちは実験では必ず対照グループを設定している。このグループにはご褒美はあげない。ただ、がんばって前回よりいい点を取ろうと励ますだけだ。

ぼくたちの設定したインセンティヴはものすごい効果を上げた。全体の成績は100点満点で5点から10点の改善を見せ、郊外のお金持ちの子弟に迫るところまで行った。ご褒美が出るなんて、生徒たちは試験が始まる直前まで知らなかった。なのに成績は目に見えてよくなった。ということはつまり、人種間の成績格差は知識や能力の差ではなく、単に、試験を受けるに当たっての生徒のやる気が原因の大きな1つだということになる。

この結果から、何が生徒をやる気にさせるかを理解するのがとても大事なのがわかる。彼らは試験なんてあんまり興味がない。でも、お金によるインセンティヴを与えられると成績は跳ね上がった（ああいうインセンティヴだけじゃなく、勉強して準備する時間も与えたらどんなことになっていたか考えてみてほしい）。この実験の目的は他の学校でも使えるインセンティヴの仕組みを設計することではなかった。ぼくたちが求めていたのは、成績格差の原因は知識の違いなのか、試験自体を受けるときのがんばりの違いなのかを区別できる分析用具だった。この疑問の答えがわかれば、格差を埋めるために打つべき手を考えられるはずだ。

そのうえで、インセンティヴはそれぞれのグループで違った働きをした。具体的には、年上の生徒たちはお金にとてもよく反応したが、年下の子たちはむしろトロフィのほうがお気に召していた。2年生、3年生、そして4年生の子たちは、試験の前に3ドルのトロフィを見せられて、成績が12%もよくなった。とても大きな反応だ。実のところ、これは学年の人数を3分の1減らすとか、先生の質を大幅に改善するとか、それぐらいのことをやらないと期待できない反応の大きさなのである。第1章で見たように、これはとても大事なところだ。インセンティヴはお金の姿を取らなくても構わない。場合によっては、そして人によっては、トロフィ（あるいはお花、あるいはチョコレート――それこそなんでも）が、大きな力を発揮する。

ぼくたちの予想したとおり、生徒に事前にご褒美を渡したほうが――そのうえで成績が上がらなければそれを取り上げると脅したほうが――事後にお金を渡すと約束するよりも、試験の成績はずっと大幅に改善した。実は、1カ月後に20ドルあげると約束しても成績はまったく改善しなかった。ここでもやはり、インセンティヴは「負けたら取り上げる」みたいな形のほうが「勝ったらご褒美、後であげる」みたいな形よりうまくいくようだ。それがどうしてだか考えるために、生徒の立場に立ってみよう。成績が上がったらお金をあげると言われた場合、新しいスケートボードを買おうなんてことを、試験を受ける前から考えていれば成績は大幅に上がるだろう。幼い子やティーンエイジャーだと、この世は今がすべてだ。ぼくたちの実験で、彼らをやる気にさせるのは本当はどんなことかがわかった。

―・―

ご褒美をやめたらどうなるか？

あきらかにここでぼくたちは、生徒たちをほんの少し一所懸命に頑張らせることができた。でもぼくたちは心配だった。インセンティヴが彼らの行動に与える効果が時とともに失われたら？　つまり、生徒たちを何度か頑張らせることはできたと思うけれど、いつしかインセンティヴが彼らの行動に与える影響は失われてしまうのではないかと心配だったのだ。あるいは、子どもたちはインセンティヴを与えられないと頑張らなかったらどうしよう？　20ドル札のニンジンをぶら下げてもらわないと放り出してしまうようになったら？

お金のインセンティヴは、短期的には事態を改善するかもしれないが、長期的には子どもたちに害をなす、ご褒美が貰えないと勉強しなくなるかもしれない、先生や親御さんや政治家たちがそんな心配を口にするのをよく耳にする。[9] 実際には、一度ご褒美を出すとその後の成績が悪くなるという証拠は見つからなかった。ぼくたちの思ったとおり、いっときだけインセンティヴを与えても、そのおかげで生徒たちがその後もずっとお勉強をするようになったりはしなかった。でも単純で短期的な実験で、試験結果を普通に見た限りでは、子どもたちはぼくたちが思っていたよりもずっと高い能力を持っていることがちゃんとわかった。

次の一手はもちろん、行動経済学に基づくぼくたちの作戦をさらに拡げることだ。自主的な読書みたいなことに対して、1学期を通じて毎週ご褒美を出し続けたらどうなるだろう？　そこでぼくたちは7つの学校で新たに実験を立ち上げ、生徒たちに、1学期の間に読んだ本1冊あたり2ドル（または2ドル相当のお金以外のインセンティヴ）のご褒美をあげるよと発表した。彼らの読書履歴はアクセラレイティド・リーダーというオンライン・プログラムで追跡した。このプログラムを使えば、生徒たちが読める本のほとんどどれについても短いクイズが出せる。クイズは難しくないけれど、ほんとに本を読んでないといい点はなかなか取れない。ぼくたちは、それぞれの本について生徒がクイズで80点以上取ったらご褒美を支払うことにした。ご褒美の支払いは毎週だ。テストにおけるインセンティヴの研究と同じように、ご褒美は週のはじめに払う場合と終わりに払う場合の両方を実行して比較した。どちらの場合も、生徒の読書は37％増えたが、読書量が増えても試験の成績には変化がなかった。

先生にも同じ手が通用するか？

もちろん、生徒たちは自分ひとりで勉強するわけではない。先生にもインセンティヴという手が通用するかを確かめてみる必要がある。生徒の態度が悪かったり無関心だったり怖がっていたり腹ペコだったり、そもそも授業に出てこなかったりすると、まっとうに授業をするのは難しい。そのうえ、中学3年生の多くが小学4年生レベルの本しか読めず、必死になって教えた子どもたちの半分もちゃんと卒業しないという現実に直面すると、一所懸命に教えるのはなおさら難しい。

公的教育（やその他の公的機関）に向けられる最大の批判の1つは、インセンティヴに基づく報酬体系があまり見られないことだ。民間企業の多くでは、報酬は実績に基づいて決まる。ビジネス専攻で大学を出て、営業の仕事に就きたいとしよう。仕事が見つかったら、だいたい基本給に加えて、ボーナスのインセンティヴが支払われる。1年働いていい仕事をすればボーナスが貰えるし、昇進だってできるかもしれない。インセンティヴは他にもある。あなたが営業部門の一員で、あなたたちがチームとしてノルマを果たせば、チームに対してもボーナスが与えられるかもしれない。会社全体の業績がよければボーナスはさらに上乗せされるかもしれない。

でもあなたが公立校の先生（あるいは一般的な公的機関の職員）だと、そんなインセンティヴはほとんど与えられない。あなたが先生なら、報酬を決める要素は3つある。資格、学歴、年功だ。それだけなのである。長くやっていればやっているだけお給料は増える。熱血だろうが手抜きだろうが関係ない。

インセンティヴを使った施策がうまくいくかどうかまだよくわかっていない理由の1つは、先生たちの組合が実績に基づく報酬体系を導入するのをとても嫌がっているからだ。この問題が大きく立ちふさがったのは、ぼくたちが自分たちの最初のアイディアを持ってロン・フーバーマンを訪れたときだった。シカゴの公立学校の先生たちにインセンティヴを与えるというアイディアを彼に説明した。実績に応じて、お給料に加えて最大８０００ドルのボーナスを払うというアイディアだ。でも教職員組合は頑として動かない。「だめだ。ぜったいにだめだ」と言う。「こんなのがうまくいくなんてまったく夢にも思わない」。ロン・フーバーマンが間に入って実験だけでもやらせてみようと説得を試みたが拒絶された。

でもぼくたちにはまだ、トム・アマーディオという切り札があった。シカゴハイツの一匹狼はぼくたちの味方だったのだ。彼が説得に回ってくれて、ぼくたちはシカゴハイツの教職員組合と合意にたどり着くことができた。幸運にも、ここの先生たちは生徒の手助けになるならどんなことでもやってみる気だった。

ぼくたちは、シカゴハイツの先生１５０人以上に追加のボーナスを稼ぐチャンスを提供した。[10] 取り決めの１つでは、先生たちは８０００ドルのボーナスを目指して競い合う。別の１つでは、先生たちはそれぞれ２人でチームを作り、勝ち取ったボーナスは２人で分け合う（チームで働けば２人で授業の計画やうまい教え方を共有できるという発想である）。また、コンピュータ・ルームでの実験で生徒たちに使った、利得フレイミング対損失フレイミング、アメの誘因とムチの誘因という方法も試した。一部の先生にはそれぞれ４０００ドル（平均の報酬）を年度が始まる前に渡し、生徒たちの成績が改善しなければ全部あるいは一部を返してもらうという取り決めにした。また、２

人のチームで働く先生たちにも、同じ取り決めをしてそれぞれ4000ドルを渡した。（シカゴハイツの先生たちのお給料は平均で6万4000ドルぐらい[11]だから、4000ドル追加で貰えるというのはけっこう大きい。ご自分が9月に4000ドル追加で受け取って、それを6月に返さないといけないのを想像してほしい。もちろん無理やりそんなことをやらされるのではないとして、だ）。

ぼくたちが得た結果によると、先生たちがいったん手にした報酬を取り上げられるかもしれない可能性に直面すると、生徒たちの成績は数学で約6％。国語で約2％跳ね上がった。この手のインセンティヴは、先生たちがチームで働くととくにうまくいくようだ。全体として、生徒たちの成績は4％から6％改善した。

この結果は驚異的というほかない。大きな絵図の中にこの結果を当てはめてみよう。シカゴハイツに住む、所得の低い少数民族の家の子が小学校の間、毎年これぐらいの得点を追加で稼げていれば、郊外に住む裕福な白人の家の子との成績格差を、十分に完全に埋められる。

環《ザ・ループ》をつなぐ：登場人物みんなにインセンティヴを

親御さん、生徒、そして先生をそれぞれ別々にやる気にさせる方法は見つかった。そこで今度は3つの関係者——親御さん、生徒、先生——が一緒になって、生徒の成績を上げるべく努力するとどうなるかを調べようということになった。力を合わせて頑張れば、生徒の成績が上がったり卒業率が上がったり、いい仕事に就けるようになったりするんだろうか？　そうした協働で成績はうなぎのぼりになるんだろうか？　そう思う人がいてもおかしくないし、少なくとも直感的にはそう思える。でも実証による証拠はほとんど得られていない。

もっと理解を深めるべく、ぼくたちはシカゴハイツでもう1つ実験を行った。こんどの実験は州の基準を満たせない可能性のある子どもたちが対象だ。[12]　国語と算数のチューター23人に、少人数のグループに分けた幼稚園から中学2年生までの生徒581人を100日間にわたって指導してもらった。5つの実験グループはそれぞれインセンティヴを、チューターだけ、生徒だけ、親だけ、生徒と親、そして3者みんな、つまり生徒と親とチューターに提供する。

生徒の成績は2ヵ月ごとに評価し、ぼくたちの決めた成績の基準を全部満たしたら、それぞれに90ドル支払う。別の設定では、生徒と親と先生がご褒美を30ドルずつ分け合う。生徒と親で分け合う場合は45ドルずつだ。生徒が基準を満たした場合、ご褒美は試験が終わったらすぐに支払う。

学校での他の実験はいずれもそうだったが、このときも生徒たちは大喜びで実験に参加した。でも、対象になるのは落第しかかっている生徒だけだから、他の生徒たちはがっかりしていた。（実験に参加できるよう、試験でわざとひどい点を取ろうかなんて企んでいる子もいた、なんて話も聞いた。そういうのは問題だったが、そんな話も、インセンティヴが生徒の行動をどれだけ大きく左右するか、なにごとかを語ってくれている）。

またぼくたちは、子どもたちの成績の向上を後押しする術を親御さんたちに提供したかった。そこでチューターたちには、毎週の終わりに、子どもたちが親御さんと一緒にやれる宿題を出してもらった。成績を評価するための試験が終わると、ぼくたちは学校でピッツァ・パーティを開いて親御さんたちを招いた。子どもたちの成績をそれぞれの親御さんと一緒に評価し、基準を満たした人たちにはご褒美を支払い、インセンティヴ・プログラムがまだ続いているのが間違いなく伝わるようにした。

インセンティヴを3つに分け、各関係者に30ドルずつ支払った場合、成績の改善の幅は相対的に小さかった。関係者それぞれがもっと頑張るようにインセンティヴを与えられてはいたものの、効果は表れていなかった。でも、1人に90ドルを全部提供する手にはとても大きな効果があった。興味深いのは、90ドルのご褒美を支払う相手が生徒だろうがチューターだろうが親御さんだろうが関係なかった点だ。関係者のうちだれか1人に90ドルという水準のインセンティヴを与えるととてもうまくいった。子ども1人を教育するには、明らかに何人もの人手が必要だが、役者の誰か1人に大きなインセンティヴを提供するのが、出したお金で一番大きな効果が上げられる。

で、生徒たちの成績はどうなっただろう？　インセンティヴをつけない場合に比べて試験の成績は50％から100％も跳ね上がった。過激な結果だと思ったなら、それは結果が実際に過激だからだ。そういうインセンティヴは、シカゴハイツでありふれた成績を取っていた生徒の点を、典型的にはお金持ちの住む郊外の学区でしか見られない類の成績に変貌させるのに十分だということだ。

―•―

やる気になる子、ならない子

公的教育の世界を探索してみてわかったのは、実地実験と経済学の論理を組み合わせれば、とても大きな力になるということだった。子どもたちは即座に貰えるご褒美には強く反応する。それから、一度上げたご褒美を取り上げられるかもしれないという脅しは、後でご褒美を上げるよという約束よりも、ずっと強力であるのもわかった。親御さんたちが子どもの教育に参加してくれればとても助けになる。それは読んだり計算したりという認知的技能の学習に限ったことではなく、慎重さやなんかの非認知的技能の学習についてもいえるし、加えて、今行う投資がどうやって将来より大きな報いにつながるかを学ばせることについても同じことがいえる。

悪いニュースとしては、一部の子どもの行動、とくに中高生の行動はなかなか変えられないものだということもわかった。たとえばケヴィン・マンチーがそうだ。ブルームトレイル中学に入るころ、ケヴィンはすでに手遅れになっていた。結局彼は、どの授業も全部落第した。一方、ユーレイル・キングの成績はずっとよくなった。ユーレイルみたいながけっぷちの生徒は、お金とくじ引きでずっと容易にやる気を出させることができた。中学校で成績の改善が見られたことに、ぼくたちは希望を持った。中退していたかもしれない子どもたちをそれなりにたくさん卒業させることができた。でも、そういう子が劇的に増えたわけではなかった。中学生の子どもたちは、ぼくたちが願ったほど、簡単にやる気になってはくれないようだ。

そんな洞察を得たことで、1つとても大事なことがはっきりした。たとえ100万ドル渡したって、ケヴィンみたいな子に難しい数学の問題が解けたりはしないってことだ。どうして？　14歳にもなると、もう行きつく先が決まりかけているからである。一部の科目では高い能力を身に着けるのは容易ではなく、そのためにはやらなければいけない重要な投資がいくつかあるわけだが、彼らはそれをやってこなかった。彼らには小さいころからの経験が刷り込まれている。親御さんたちももう、彼らになにごとかを無理にでもやらせる術を失っている。そんな段階まで来て、まだ小学3年生レベルの国語しか学べていないなら、学習ペースを上げさせるのはとても難しい。

中学3年生にもなって、授業に集中し、問題を自分で解き、トラブルを避けることが身についていないなら、今後成功できる可能性は低い。ケヴィンみたいにやる気を失った生徒には、たぶんもっと強烈な対策が必要なのだろう。

こんなふうに考えてみよう。ぼくたちが、2階の線形偏微分方程式の問題を出します、それが解けたら100万ドルあげますとあなたに言ったとして、解けますか？　この手の数学の問題を解く練習を積んでいないと、たとえ100万ドルのインセンティヴが付いてもなんの意味もないでしょう？　何年も学校でちゃんと勉強して、もっとレベルの高い問題が解けるようになっていないと、人生のもっと後になってからではインセンティヴを提供されてもなんの効果も得られないのだ。

だからといって、そういう子どもたちを見捨てるということではない。まったく正反対だ。世界経済は活気に満ちている。どんな人にでも活躍の場はある。でも明らかに、子どもがもっと幼いときに策を講じるとどうなるのかを見てみるべきだ。幼児教育の段階なら、誰にでも社会の階層の一番高いところへ行けるチャンスがあるだろう。

そこでぼくたちが何をやったかは次の章で。

THE WHY AXIS

第5章 貧しい子がお金持ちの子にほんの数ヵ月でどうすれば追いつける？

［保育園への旅］

中学3年生では遅すぎる

アメリカで一番長く続いている貧困対策制度の1つにヘッドスタートがある。リンドン・ジョンソン大統領の「貧困との戦い」の一部として1965年に創設されて以来、この制度は何百万人もの子どもたちを後押ししてきた。ヘッドスタートのもともとの意図は讃えられてしかるべきだ。でも、このプログラムは、もともと期待されていたのに比べると、恵まれない境遇の4歳児が早くから認知的技能や社会的技能を身につけるのを、まったく効果的に後押しできてはいない。これまでにヘッドスタート・プログラムを詳しく分析した研究者が何人かいて、いくつかの欠陥を指摘している。中でも大きいのは、先生たちの大部分は学がなくお給料も安いお母さんたちである点だ。大学を出ているのはヘッドスタートの先生の30％にも満たない[1]。問題はまだある。ヘッドスタート・プログラムを運営しているのは教育省ではなく保健福祉省だ。不十分な教育を改善することより、不十分な教育の後始末をすることのほうにかかわる機会の多い役所である。証拠をひととおり見れば、道理のわかる人はヘッドスタートが果たして子どもの役に立っているのだろうかと考え込んでしまうだろう。

これはとても残念なことだ。かかっている費用を考えればなおさらである。子どもを1人ヘッドスタートに1年通わせると2万2600ドルの費用がかかる。保育園ならたったの9500ドルだ。タイム誌のコラムニスト、ジョー・クラインはヘッドスタートを批判してこう書いている。「収益を生まないなにごとか——石油会社の補助金でもヘッドスタートでも——にお金をつぎ込むなら、もういい加減にやっている余裕はない[2]」。いや、まったくご説ごもっとも。で、問題はというと、どうすればもっとうまくいくんだろうということだ。

前の章で説明した実地実験の結果を集め、ぼくたちは——シカゴ大学のスティーヴン・レヴィット、それにハーヴァード大学のローランド・フライヤーと一緒に——トム・アマーディオ、そしてグリフィン夫妻と、本音で話をした。ぼくたちが相手にした幼稚園から高校までの子どもたちには成績の大幅な向上が見られたが、まだホームランをかっ飛ばせてはいない。たとえば子どもが中学3年生のときになんらかの手を打てば、高校を卒業するのを後押しすることはできるかもしれない。でもそういう子たちがその後エンジニアとして成功する可能性は低い。そういうレベルの影響を及ぼそうにも、中学3年生ではもう遅すぎるのだ。

実験用の学校を作る

もっと子どもが幼いうちに対策を打つという考えもある。それなら教育課程の早い段階で必要な後押しをしてあげられるかもしれない。科学的手法に則りながらそういう対策を打つ一番いいやり方は、ぼくたち自身で実験用の学校を作り、教育課程について研究することだ。そこで、何がうまくいき、いつやるのが一番うまくいき、そしてそれはなぜかを研究するのである。

ぼくたちみたいな学者にとって、研究のために自分で学校を作るのは自分の実験室を一から作るのと変わらない。大事な問題に立ち向かうにはこれが一番適切なやり方だという結論にぼくたちは達したわけだが、(3) そういう目的で学校を作るのは新たな難問だった。何よりもまず、同時に、たぶん一番大きな難問として、どうやって資金を調達するかの問題があった。シカゴハイツ学区に手助けしてもらえないことはすぐにわかった。彼らは今いる幼稚園前の子どもたちの先生を雇うお金さえほとんどないし、ましてや手を広げて学区内の子どもたちと周りの地域社会の子どもたち（実験に必要な大きさのサンプルを作るには、周りの学区の子どもたちも必要だった）の両方の面倒を見るなんてとうてい無理だった。

ここで再び、グリフィン財団が懐の深さを発揮してくれた。幼い子どもたちとその親御さんたちに手を差し伸べるべく、今度は驚くなかれ１０００万ドルを提供してくれた。そうやってグリフィン幼児期センター（ＧＥＣＣ、Griffin Early Childhood Center）は生まれた。ＧＥＣＣはシカゴでもっとも貧しい地域の１つに作った保育園２つからなり、教育の分野では史上もっとも大規模な対照付き実験の１つの脈打つ心臓部である。

ＧＥＣＣの保育園は包括的で長期的な実地実験の場であり、とても若い子どもにはどんな方法がうまくいき、そしてそれはなぜかを研究する場だ。加えて、カリキュラムやその他、ありとあらゆる学習経験を統制してやれば、目に見える結果がどうして起きたのか、もっとよくわかるように、小さい規模でいくつも実験を行うことができる。保育園は「教育生産関数」がとても若い子にどんな働きをするかをぼくたちが学ぶ実験室なのだ。

ＧＥＣＣの保育園

最先端の私立の保育園を２つ思い浮かべてほしい。それぞれの施設に入ると、色とりどりのサインやきれいに刈り揃えられた芝生、花壇に迎えてもらえる。建物の中は日の光みたいな黄色の壁で、家や花の陽気な絵が描かれている。本棚には子ども向けの本が並び、プラスティックの棚や箱にはオモチャやゲーム、画材が溢れている。保育園にはそれぞれ教室が5つあり、先生が5人、アシスタントの先生が5人いる。だいたい子ども7人あたり先生が1人の割合だ。

でも2つが同じなのはそこまでだ。外見よりも中身を見ると、すぐに大きな違いに気づく。GECCの保育園のうち1つでは、いわゆる「心の道具箱」のカリキュラムに基づく社会的技能の学習や構造化された遊びが行われている。この保育園では、子どもたちはご褒美を貰うのを先延ばしにすることを学ぶ（ご褒美を我慢して先延ばしにできる子は、おそらくもっと課題に集中してよりよい結果を出すことができるようになると考えられている）。この保育園の子どもたちは保育園という「まち」で、それぞれ異なる役割を持ってなにごとかに取り組んだりウロウロしたりしている。「パンやさん」の一角へ行くと、小さい女の子が、お客さんの役を選んだ小さい男の子に、カップケーキを売る真似をしている。別の小さい男の子がオモチャのかまどでパイやケーキを焼く真似をしている。「がっこう」の一角では、1人の子どもが先生、他の子たちが生徒をやっている。「おいしゃさん」では、若い看護師さんとお医者の先生が患者である別の小さい子を診察している。その後、子どもたちはゲームをする。誰がバレリーナみたいに一本足で立っていられるか、あるいは物静かな警備員みたいに振る舞えるか、試してみるのだ。

こうやって子どもたちは、ちゃんと生きていくためにとても大事な非認知的技能――人付き合いを学ぶこと、辛抱すること、判断したり指示に従ったりすること、人の話を聞くこと――を育む。

幼いころにそうした技能を学ぶと将来にどんな影響が及ぶだろう？　それを特定するべく、調査は彼らが大人になっても続く。

近くにある別の保育園は――もっと大きな学校の仕切られた一角に作られていて――子どもたちと親御さんたちを、やはり同じような色とりどりで温かい環境で迎えるけれど、カリキュラムはもっと伝統に沿っていて、勉強中心に作られている。この保育園では、子どもたちは数字や文字をセサミ・ストリート風に学び、初歩の読書にも触れる。子どもたちは少人数のグループになって、先生と一緒にテーブルを囲んで座る。大きくて色とりどりのポスターを見ながら、お互いに助け合って、形や色の名前を言い当てている。子どもたちの中には、居心地のいい読書コーナーで、先生に手伝ってもらいながらお互いに本を読み聞かせている子もいる。先生は歩き回ってあちこちで助け舟を出す。ある週のテーマは絵本作家のエリック・カールで、子どもたちが自分で色とりどりに描いた『はらぺこあおむし』の絵が壁に並んでいる。

この保育園で実験に参加する子どもたちは、「読み書き速習」と呼ばれるカリキュラムを通じて教育を受ける。どちらのカリキュラムの子どもも大人になるまで追跡調査を行い、保育園での教育課程が人生に違いをもたらすかを調べることになっている。

それから、ぼくたちが親の学校と呼んでいるものがある。ここでは、親御さんたちが月に2回のグループ・ミーティングに出席し、保育園のカリキュラム2つのうち1つについて学ぶ。加えて親御さんたちはミーティングなどへの出席や参加と、子どもの発達度合いに応じた（年7000ドルまでの）お金のインセンティヴを受け取る。このお金のインセンティヴは短期間のうちに払われるものと長期間の後に払われるものがある。たとえば、「現金」型の親たちは、定期的に行われる評価の結果が出るたびに現金の報酬を受け取る。「大学」型の親たちは、子どもの大学資金口座への入金の形で報酬を受け取る。つまり、子どもが大学に通うことになったら、このときに稼いだ報酬を授業料などの費用に充てられる。子どもが大学に入らなければお金は没収だ。長期間に及ぶインセンティヴを提供すれば、親御さんたちを、今子どもを手助けするだけでなく、将来子どもが大きくなってからも後押しするよう仕向けられるのではないか、ぼくたちはそう思ったのだ。

今も継続中のこの実験で、ぼくたちは親御さんや子どもたちに振る舞いを変えるよう促すことができるかどうか、検証できる。公的教育が自由放任の子守りに堕していることがあまりにも多い。昼間は子どもを学校に送り出し、自分は仕事に出る。疲れ切って帰宅し、電子レンジでチンするだけのごはんを子どもと一緒にテレビを見ながらつつく。そういう親が多すぎる。実質的に、学習という荒波を渡るための水先案内人の役割を、先生と子ども自身に委ねてしまっているのだ。なんだか親御さんたちは、親としての自分の果たすべき役割と、学校の果たすべき役割を、教会と国家みたいに別々のものだと思っているかのようである。

ぼくたちは別々ではいけないと思う。でもほんとにそうだろうか？　教育が本当に、先生と親御さんと生徒たちの共同作業であるならば、教育で子どもの人生がどれだけ違うものだろう？　この疑問の答えを探すには、親御さんたちにも加わってもらい、子どもの成長の過程で積極的な役割を果たすよう、彼らを説得しないといけない。

一発大勝負

2010年の春、ぼくたちはとても厳しい日程の下、いくつかの課題をやり遂げようと仕事に手をつけた。都市部の学区が人材を探すときと同じやり方で、職員や教員を雇わなければならなかった。2つの保育園それぞれにふさわしい器具やオモチャ、教材もそろえた。GECCの教育プログラムに親御さんたちや子どもたちを惹きつける方法も見つけた。そしてぼくらは実地実験を始めた。トム・アマーディオは完璧な立地と園長先生、それに先生たちを見つけるのを助けてくれた。ぼくたちは候補の人たちが教えるのを見させてもらって「オーディション」にかけた。

生徒を呼び寄せるために、シカゴハイツの新聞に2ヵ国語で広告を打ち、食料品店にビラを貼り、膨大な告知メールを送った。あちこちの親御さんと先生のカンファレンスを訪ね歩き、教会にパンフレットを置かせてもらった。2010年の夏、1回目の会合には500人を超える親御さんがやってきた。彼らにはそれぞれ抽選番号を渡した。運よく抽選に当たれば子どもはぼくたちの保育園のどちらかに入れる（そうしておそらく、子どもが将来たどりそうな軌跡も決まる）。一方、運悪く抽選に外れると、子どもは対照グループに入り、ぼくたちの保育園には入れないが、祭日に開く何度かのパーティには招待する。

会合の冒頭、ぼくたちは集まった親御さんたちにこう伝えた。「子どもたちが落ちこぼれていくのに手をこまねいている、そんなのはもう我慢できません。グリフィン幼児期センターは皆さんのお子さんの人生、そして皆さん自身の人生を変えられる幼児教育を無料で提供するための組織です。これは皆さんにとっても皆さんのお子さんにとっても大きなチャンスです。今晩の抽選にご参加くださって本当にありがとうございます。では幸運を祈ります!」

ビンゴ・マシンのカゴが回り始め、親御さんたちはドキドキした面持ちでそれを見つめている。

「52番の方! 親の学校!」

「当たった!」。後ろのほうで声が2つした。ロリータとドウェインのマッキニー夫妻が3人の男の子を連れて部屋の前のほうに走ってきて、一番下のお子さんで4歳になるガブリエルを入園させる手続きをした。ガブリエルは親の学校に当選した運のいい120人の1人だ。当たった人たちはとても喜んでいた。

――•――

親の意識が変わった

ドウェインとロリータは2人ともシカゴの荒れた界隈の出身だ。ロリータは運よく、厳格なカソリックのミッション・スクールに入学できた。でもドウェインは、若い黒人の男性にはよくあることだが、頼れるものをほとんど持っていなかった。ローズランドの荒れた界隈で、働いているお母さんとおばあさんに育てられた。ローズランドではいつも、いつ撃たれるかとびくびくしながら暮らしていたそうだ。「10歳とか11歳とかになるまで外で遊べなかった」と彼は言う。学校でなにごとかを成し遂げたいなんて思いもしなかった。ただただ生き延びたかった。

今日、ドウェインとロリータは子どもたちの人生をよりよいものにしようと熱心に取り組んでいる。2週に1度、土曜日に親の学校に通って子育ての技術を話し合い、また家で子どもに勉強を教える方法を学ぶことで、年に最大7000ドルが稼げる。稼ぎの額はガブリエルの宿題や保育園への出席状況、成績がどれぐらいよかったかで決まる。「お金のインセンティヴを貰えるようになるまで、こういうことはやれなかった」とドウェイン。「それで宿題をやらせなきゃってとても思うようになったんだ」。大学型を選んだ他の親御さんの多くも、宝くじに当たったような気持ちになっていた。

ビンゴ・マシンがまた回り、20番を吐き出した。終日保育の保育園の1つだ。

「大当たりだ!」。タマラが叫んだ。5歳のレジーを抱える20歳のシングル・マザーだ。タマラは教育はとても大事だと考えているが、15歳で妊娠して学校を中退し、自分は夢を諦めてしまった。レジーは他の149人の幼児と一緒に保育園に通うことになる。

抽選の3つ目の行き先は対照グループだ。それに当たった親御さんたちはがっかりしていた。ぼくたちは、今回は運がなかったですね、でも来年もまたチャンスがありますから、と言って慰めようとした。それでも彼らは大きな魚を逃した気になっていた。実のところ、ぼくたちも彼らが逃した魚は大きいと思っていた。でも、子どもたち全員に実験を通じてなんらかの施策を講じるだけの資金が、ぼくらにはなかったのである。

実地実験が危ないとは

ある親御さんがとても大事に思うものでも、別の親御さんはそう大事に思わないことがある。そりゃそうだろう。ただただ生き永らえる、それだけで必死なら、子どもの教育がどうのなんて話の優先順位は低くなるだろう。ガブリエルを保育園に誘い込むのは簡単だった。両親がとても熱心に教育に力を注いでいるからだ。でも、ぼくたちがあれだけの熱意を呼び起こせたのに、そして抽選に当たらなかった親御さんたちはあれだけがっかりしていたのに、抽選に当たった人たちを全員参加させるのはとても難しい仕事だった。

保育園に当選した150人の子どものうち、22人はプログラムが始まる3週間前に消えてしまったようだった。ちょうどぼくたちが新しい保育園の開園に向けた最後の仕上げに忙しく動き回っているころだ。それ以外の子どもたちは全員親御さんから必要な書類を提出してもらえた。ぼくたちはとても心配していた。いなくなってしまった子どもはみんなそれぞれ、一生もののチャンスをみすみす逃そうとしている、ぼくたちは本気でそう思っていた。「いなくなった」子どもたちこそ、一番教育面で手助けが必要な家族の子どもたちである可能性が高かった。そのうえ、そういう子がみんなぼくたちのプログラムに参加してくれれば、統計的検証の信頼性は高くなる。だから問題を解決する方法は1つしかなかった。地上軍を投入するのだ。

ぼくたちは総決起集会を開き、開園が間近に迫ったぼくたちの保育園にかかわるすべての人に、あの子どもたちを見つけないといけない、子どもたちがどこにいようが見つけ出さないといけない、なんとしてでもあの子どもたちを保育園に入園させようと呼びかけた。子どもたちがぼくらの助けを待っている！

召集した兵力の中に、ぼくたちの保育園の健康管理コーディネイターがいた。体育の先生だ。ジェフは背の高い、がっしりした強靭な24歳で、荒れた界隈で危ない目にもあうかもしれないとわかっている状況に対処しようというとき、手助けをしてくれる人として完璧な人材だった。ジェフなら、危険にさらされている子どもたちに手を差し伸べられる完璧な人だ。頭がまともなら彼をとめようなんて誰も思わない。はずだった。

―・―

警察も避ける地域で

さて、ご自分はジェフだと思ってもらいたい。中産階級の白人で、愛情ある家族と友だちに恵まれ、関心を持たれ、大学教育を受けるという恵まれた育ちをしている。ウィスコンシン州のサンプレイリーで大きくなった。マディスン近くの田舎町だ。そんな育ち方をするのがどれだけ恵まれていることかあなたにはまったくわからない。危ない界隈でそうそう長く過ごしたこともない。

うだるような夏の午後、シカゴハイツでのことだった。あなたは実験で作られた保育園での仕事に就いていた。あなたのボス（ジョン・リストという人で、あなたの奥さんの叔父さんでもある）は、車であなたを、行方不明の子どもの1人が住むという住所に連れて行く。そしてあなたにスペイン語で書かれた入園書類の封筒を手渡す。「ドアの所へ行ってノックして」とジョン。「誰かが応えたら、ガブリエラの入園手続きをしたいんですがって言うんだ」

あなたは、シカゴハイツでもこのあたりはあんまり楽しいところじゃないよと聞かされた。銃を持ったあぶない人がものすごくたくさん暮らしている。警察でさえ、ときどきこの界隈は避けて通ることがあるそうだ。住民の大部分は少数民族で定住していない。家賃を払えなくて引越しをする家族がよくいる。英語ができない家族も多く、親あるいは両親が働きに出ている間、放っておかれて自分あるいは自分たちだけでなんとかせざるを得ない子どももたくさんいる。お酒か麻薬を常用している尾羽打ち枯らした親戚や他の誰かと一緒だったりもする。あなたにとってここは見知らぬ国だ。

どうする？　かぶとの緒を締めなおして車から出るか、それとも行くのはやだと言い張るか？後者ならジョンを見てこう言うのだ。「ムリ」

数分間見つめあった後、ジョンは車のドアを開ける。「ビビリがよ」。車を出ながら彼はそう言って鼻を鳴らす。

「あんた頭おかしいって。わかってる?」。建物に向かって歩いていく彼の後姿に、あなたはそう叫ぶ。車のドアは大急ぎで閉じる。

ジョンはドアの前まで歩いていってノックする。誰も答えない。それから彼は恐ろしげな風貌のお隣さんを訪ねる。クリント・イーストウッドの『荒野のストレンジャー』にそのまま出てきそうな白髪頭のキャラクターだ。破れた窓からじっとジョンを覗き見ている。「ガブリエラを探してるんですが」とジョン。「どこにいるか、ご存知ですか?」。お隣さんはただジョンを見つめている。あなたは指を携帯電話に延ばしている。何かあったらいつでも通報できるようにだ。そのとき中年の女の人が窓のところに現れた。「この人、英語わからないから」と彼女。

「私は保育園をやっている者です。ガブリエラがうちの保育園に通うことになりまして」とジョン。「彼女のお母さんにそのお話をしないといけないもので」

「家の裏を見てみてよ」と女の人は言う。「青い車が止まってたら家にいるよ。止まってなかったら……」。彼女は肩をすくめる。

その後数週間、あなたとジョンはこの家を10回訪れ、それでやっと、止まっている青い車に出くわした。ジョンはドアをノックしてガブリエラのお母さんに書類を渡した。

一丁上がり。あと21件。

別の家でも、あなたは車から出るのをかたくなに拒否し、ジョンはさっさとドアまで歩いていってノックした。向こうから、テレビで『ドーラといっしょに大冒険』〔訳注：ヒスパニック系の幼児向け英語学習番組〕を大音量でつけているのが聞こえてくる。誰かが家にいるに違いない。ジョンが家の裏に回ったので姿が見えなくなる。そこであなたは少なくとも彼についていったほうがよかったという気になる。あなたが完全にパニックを起こすより早く、ジョンは家の正面に戻ってくる。あなたが見ていると、彼はもう一度ノックした。「カーメラ、ドアのところにおいで」と彼。「紙を何枚か、ドアの下から入れるから、お母さんに渡してちょうだい」。彼はそのまま長いこと立っていた。それからゆっくり、ゆっくり、ドアの下に置いた書類が中へと消えた。

後になってジョンは、裏の窓の枠によじ登って中を覗いてみたという。ご近所の人たちが集まってきて、彼を見てゲラゲラ笑っていたそうだ。「カーメラがいるのはわかってるんですが」と彼はご近所さんたちに言ったそうだ。「ウチの子もあの番組見てるんでね。どうして出てきてくれないんでしょうね？」。ご近所さんの1人が、たぶんカーメラは1人なんだろ、と言う。

あと20件。

「保育園に行きたいわ」

翌日、あなたはリリアナの住んでいるところへ車を走らせた。赤いレンガの公営団地で、暴力沙汰や人殺しがそんなに珍しくないところだ。どの建物だろうと思って車でウロウロ走っていると、デカい男が車であとをつけてきているのが見えた。目当ての建物が見つかって車を停めると、その人も車を停める。車を離れるのは怖いが、今回は1人で取り残されるのはもっと怖い。だからジョンが車のドアを開けたとき、あなたは彼についていくことに決める。2人でアパートの部屋まで行ってノックする。後ろを振り返ると、後をつけてきていた男は、今度は庭に立っていた。あなたとジョンをいぶかしげな、ネコみたいな目で見つめている。

ドアが開いて子どもがわらわらと出てくる。誰だろうと見に来たのだ。お互いぶつかり合ったりしている。そのうち、黄疸の出た目のおばあさんがドアのところへやってくる。

「リリアナはいますか？」とあなたが尋ねる。後をつけてきた男の視線が背中に突き刺さるのを感じながら、あなたはそう尋ねる。

「この子がリリアナだけど」。10代はじめで、頭に血のにじんだ大きな包帯を巻いている黒人の女の子が言う。どうしてそんな怪我をしたんだろうとあなたは思う。どっかから落ちたんだろうか？　それとも叩かれたんだろうか？　子どもたちの海が割れ、きれいで大きな目をした3歳の女の子がドアのほうへやってくる。あなたはリリアナを見下ろして、それからしゃがみこみ、彼女の眼を覗き込む。「保育園に行きたい？」。あなたは尋ねる。

「うん」。小さい女の子は迷わずそう答える。「保育園に行きたいわ」

「あたしが申し込んだの」。包帯を巻いたティーンエイジャーの子が胸を張ってそう言う。「あたし、彼女のお姉さんなの。彼女、賢いんだよ。あたしはだめだったけど、彼女にはチャンスをあげたいの。彼女なら大丈夫だよ」

あなたはティーンエイジャーのお姉さんに書類を渡して踵を返し、建物から何歩か出たところで、20人ほどの黒人の男たちが怖い顔をしてあなたとあなたの叔父さんを睨みつけているのに出くわす。「おまえらここでなにやってんだ?」。1人がそう口にする。

「リリアナにとてもいいことがあったんでやってきたんです」とジョン。「彼女、すばらしい教育プログラムに入ることになったんです。公立の学校に行く前にタダで保育園に通えるんですよ」

「あの子にゃなんにもいらねぇよ。いるもなぁみんなもう持ってる」。他の誰かがそう言う。でも彼らは手を出すことなくあなたとジョンを通してくれる。

車にたどり着いて安全になってから、あなたはジョンの奥さんにメールを送る。「お宅のだんなさん、完全に頭おかしいですって。わかってます?」

どこまで来られたか

今、GECCの保育園2つも親の学校も、順調にやっている。前に書いたように、将来成功するためには子どもたちは幼いときにどんな技能を身につけないといけないかを解き明かすのがぼくたちの目標だ。グリフィンが継続してお金の面倒を見てくれているので、生徒たちが本当に人生を終えるまで、彼らの学歴や職歴を追跡できる。経済学者がこれだけの規模のプロジェクトを手がけるのは、1960年代から1970年代の社会実験の黄金時代以来のことだ。

みんながどうしているか知るために、それぞれいろんな施策を講じた子どもたち全員に、年に3回、評価のための試験を受けてもらっている。プログラムが始まる前に1回、学年の途中(1月)に1回、そして学年の終わりに1回だ。そこで子どもたちは、学力と認識力の試験(ボキャブラリに基礎の作文やつづり方、基礎の問題解決、数の数え方、パターン認識など)、それに実行機能の試験(つまり衝動性など、非認知的技能の試験)を受ける。

加えてぼくたちは、シカゴハイツのとても幼い子どもたちに幼稚園に向けてどれだけうまく準備させることができるかも知りたいと思っている。この子たちは、集団として、全国平均よりも認知的技能の発達が遅れがちである。入園前の試験では、彼らは平均で下から30%から34%の水準である。ぼくたちの実験のプログラムをちゃんとやれば、子どもたちは遅れを取り戻し、格差を埋めることができるだろうか? この疑問はとても重要だ。幼稚園に入るときに平均を下回る水準だと、幼稚園から高校までの成績に悪影響が及ぶかもしれないからだ。

GECCの実験はまだ初期の段階だが、これまでの結果を見る限り、とても有望である。子どもたちの多くが保育園に来る前や保育園から帰った後に、不安定でひどい環境で過ごしているにもかかわらずそういう結果が得られている。(4) プログラムに参加してから数ヵ月でリリアナは、お姉さんによれば、本を読んで自分でお話を作れるようになった。言語能力が伸びてきているのだ。ガブリエラもカーメラもガブリエルも、みんなとてもよくやっている。

全体として、どちらの保育園のカリキュラムも、惚れ惚れするほどうまくいっている。プログラムが始まって最初の10ヵ月で、読み書き速習プログラムの生徒たちは認知的技能の試験で19ヵ月分以上の進歩を見せた。つまり平均的な保育園の子どもたちの2倍近い進歩だ。彼らは毎月2ヵ月分近い学習内容を身につけられたのである。ぼくたちは彼らの出した実績を誇りに思っている。また、心の道具箱プログラムのほうでも、認知的技能の試験で生徒たちが出した成績は大幅に上昇した。彼らの認知的技能の成績はだいたい全国平均と同じところまで来たし、自制心などの非認知的技能の試験ではとてもいい成績をあげている。2つの保育園の生徒たちは、今では認知的技能の面でも非認知的技能の面でも、試験の点は全国平均よりも上だ。

まとめると、科学的な方法に基づいて正しいインセンティヴを与えれば、貧乏な子どもたちは10ヵ月でお金持ちの子どもたちに負けない能力を身につけられるのだ。

―•―

親の学校と「幼稚園の準備」プログラム

それじゃ親の学校のほうはどうだろう？　ガブリエルみたいに、親御さんがこのプログラムに参加した子どもたちにも改善が見られ、全国平均に追いつこうとしている。でも、保育園に入園した子どもたちほどの成績にはたどりつけていない。それでも、短期的なインセンティヴの力はとても大きいようだ。親御さんが現金型のインセンティヴを選んだ子どもたちは、親御さんが大学型を選んだ子どもたちよりもずっといい成績を上げている。

1つとても嬉しかったのは、親の学校に親御さんが参加している子どもたちが、プログラムが終わった後もまっとうな道を順調に進んでいたことだ。つまり、保育園に来ない夏休みの間も、彼らはやすやすと元に戻ってしまったりはしていない。だから、親御さんが親の学校に参加した子どもたちは、確かに保育園に通った子どもたちほどには成績が改善していないが、長い目で見れば保育園の子たちに勝てる可能性があるように思える。親の学校に参加した大人たちは、今では子どもたちをちゃんと育てていく方法を手に入れたわけで、ぼくたちが直接に働きかける期間が終わってからもずっと、子どもの教育を続けられるからだ。実は、夏休みの間に一番子どものために手を尽くしていたのは、大学の奨学金の形で長期に及ぶインセンティヴを受け取った親たちだった。

思いもよらずデータに現れたパターンの1つは、プログラム全体を通じた改善の大部分が、プログラムの最初の数カ月の間に実現していることだ。つまり、初年度の9月から1月の間に成績が改善しているのである。この結果はもどかしい。幼稚園前の教育はこれまで考えられていたよりもずっと短期間のほうが効率よく効果が上がるということかもしれないからだ。幼稚園が始まる直前の夏の数カ月で完結する「幼稚園への準備」プログラムが可能性として考えられる。この期間なら先生や学校の場所も容易に確保できる(ここ1年で、ぼくたちはこの仮説の実証を始めた)。

幼年期の数年間の教育にグリフィン夫妻が投資してくれたおかげで、かつてはずっとランキングのどん底にとどまっていた子どもたちが、平均を飛び越えて上位に入れるようになった。この効果は持続するのだろうか？　親御さんが積極的に関与していれば、いつかその影響が幼児教育での投資の影響に追いつけるのだろうか？　幼稚園への準備プログラムは、ぼくらの子どもたちに、今日のグローバルな経済で競争していくのに必要な、もう一段の後押しを提供してくれるのだろうか？　それはまだわからない。でもグリフィン夫妻のおかげで、いつかそれが判明することになる。

公立校を救う

次に挙げる人たちに共通する特徴はなんでしょう？　アルバート・アインシュタイン、ビル・クリントン、マーティン・ルーサー・キングJr.、スティーヴ・ジョブズ、マーク・ザッカーバーグ、スティーヴン・スピルバーグ、シャキール・オニール、マイケル・ジョーダン、そしてオプラ・ウィンフリー。

この人たちはみんな、公立校出身なのだ。

１８４０年代まで、教育を受けられるのは裕福なお家の子どもたちだけだった。そんな状態が今日まで続いていたら、アメリカ人口の大部分はたぶん読み書きができていないだろう。そして、今名前を挙げた人たちも、全員と言って悪ければほとんどは肉体労働以外の仕事には就けなかっただろう。でも19世紀、すばらしいことが起きた。アメリカでは公的教育がすべての子どもたちに無償で提供されるようになったのだ。今日、人口の85％は読み書きができる。この文脈で考えれば、公的教育は本当に驚くべき大成功だったとわかるだろう。

でも、貧しい界隈の子どもたちが大昔の人たちと同じような低い割合でしか学校を卒業できていないのを知ったら、ぼくたちはもっと、ずっとうまくやれるはずだし、うまくやらないといけないこともわかるだろう。公的教育は彼らにとって、貧しさから抜け出して経済的地位の階段を登る、たった1つの道なのだ。公立の学校がなければ、都市部の子どもたちの多くにはチャンスが転がってくることすらないだろう。でも残念なことに、公立学校の多くはできるはずのことの足許にすらほとんど届いていない。そして何百万人もの子どもたちが爪に火をともすような貧しさを強いられて日々を無為に過ごすことになる。

ぼくたちは何を学んだのだろう？

何十年もの間、公的教育は選挙の公約に出てくる決まり文句になり、現状にとらわれた考え方のぬかるみにはまっていた。あらゆる大統領候補が公的教育を立て直すアイディアを山ほど掲げ、画期的な政策案を発明したという賢いアドヴァイザーを何人も雇っていたのに、何1つうまくいきはしなかった。ここ数十年の教育改革は、発明のための発明ではアメリカの成績格差は埋まらないことを証明している。

でも、薄汚れたシカゴハイツが、この泥沼から抜け出せる道があると希望を見せてくれている。

保育園から中学3年生の生徒やその親御さん、先生がやる気になれば、彼らはちゃんといい結果を出す。ぼくたちは、文脈に合わせた行動科学的によりよい枠組みにはめ込んで正しいインセンティヴを提供すれば、大きな違いを生み出せるのを発見した。

今では、教育の世界では単純なインセンティヴがどうすればうまく機能するかがわかっている。たとえばインセンティヴを損失の形で提供すれば成績は上がる。子どもたちはご褒美に反応する。でも、行動科学に基づく手口を使えばより大きな反応が得られる。テストでいい成績を取りなさいと20ドル渡し、成績が上がらなかったら返してもらうからねと脅すほうが、生徒たちの成績はずっとよくなる。

同じように、先生たちが（a）チームを組んで働き、かつ（b）一度は手渡したボーナスを返してもらうかもしれないと脅されると、生徒たちの成績は大きく改善し、実質的に教育格差は埋まってしまった。生徒や親御さん、先生にどんな形で報酬を提供するのがいいかわかれば、試験の成績は50％から100％も上昇する。恵まれない子どもたちを、郊外に住むお金持ちの白人の子どもたちと同じレベルにまで押し上げることができるのだ。

―•―

学校でも、もっと実験を

こういうやり方はどれもパブロフの犬みたいだなと思ったあなた、おっしゃるとおりです。でもそれでうまくいくんです。そしてもしシカゴハイツで教育格差を埋められるなら、アメリカのどの町へ行っても間違いなくうまくいくでしょう。

グリフィン夫妻はそれをよくわかったうえでお金を出してくれている。シカゴハイツの子どもたちに、足場となるしっかりした教育の土台を間違いなく提供できるよう、あらゆる手を尽くしてくれている。彼らの支援——加えて、希望的観測としては保育園や小学校のレベルでのよりよい策——があれば、都市部に住むより多くの子どもたちに高校を卒業させ、さらに勉強を最初から楽しく活発なものにできる。

では、ぼくたちが国全体としてさらに先へ進むにはどうすればいいだろう？　学校は子どもが勉強を習うだけの場所ではないのをわからないといけない。学校は、何がうまくいくのかをぼくたち自身が学ぶ場なのだ。これまで、ぼくたちはこのとても大事な方程式の一方の辺だけに関心を持ってきた。ぼくたちはみんな、公立学校は知識を詰め込むだけの（もっと悪くすると子守りの）場じゃないのをわからないといけない。学校は子どもたちにどうしたらちゃんとした人になれるかを教えるためだけに作られた制度ではないのである。現実には、学校はすべての人——研究者や親御さん、先生、理事会、そして生徒——が学べる実験室なのである。

実地実験をやったり実地実験に参加したりして、何がうまくいくか調べてみようという人がもっと出てきたらどれだけのことがわかるか考えてみてほしい。公的教育に関心を持つ人がみんなこういう実験をやり始めれば、膨大な時間とお金と心の痛みを節約できる。どの発明が一番有望か、どうやればその発明を実用できるか、国全体に適用する前に実験で確かめられるのだ。幼稚園から高校までの教育制度がうまく機能するようになれば、ぼくたちの子どもにとってだけでなく、国全体にとって、得られるものはものすごく大きい。

今後の章では、他にもある社会の不公正の背後に何があるかを特定するのに、実地実験がどう役に立つかをさらに見ていく。

THE WHY AXIS

第6章 いまどきの差別を終わらせるカンタンな一言とは?

[君が嫌いってわけじゃないんだ、ただお金が愛しいってだけさ]

面接で家庭のことを聞かれたら

マーケティング業界で何年か働いた後、あなたはちょっと仕事人生を中断して、MBAになるべく学校に戻った。さて、あなたは国際的大企業のマーケティング部門の重要なポジションに応募し、一流大学で学位を取ったおかげもあって、最終選考までたどり着いた。あなたも他の候補2人も、最後の面接としてCEOに相対することになった。あなたはこの仕事に精通しているし、経験も積んでいる。自分が採用される可能性はとても高そうだ。

勝負スーツを身に纏い、自信を漲せたあなたはエレベータに乗り、20階のボタンを押した。「いよいよだな」。あなたは独り言を言った。

エレベータのドアがすっと開き、あなたは秘書のデスクへ行って名乗りを上げた。秘書に案内されて、あなたはバカでかいオフィスに入った。本棚と銀のフレイムに入った家族の写真が部屋をきれいに飾っている。CEOはあなたに歩み寄り、肉付きのいい手を差し出した。「かけなさい」。彼は微笑んでそう言った。

「さて」。自分のアーロンチェアに座り、背もたれに体を預けながら彼はそう切り出した。「すでに聞いていると思うが、このポジションは当社の新製品を国際的に売り出すのが仕事だ。その点、君の履歴書はなかなかのものだ。中東とヨーロッパで仕事をしていたことがあるのだね」

「はい」。勇気が湧くのを感じながらあなたはそう答えた。「外国語もいくつかできます。オランダ語、それにフランス語なんかもできますよ」

「ああ、書いてあるね」とCEO。「どうやら君はとても有望なようだな。だが、まずは君自身のことを聞きたい。君は結婚していて小さい子どもが2人いるそうだね。正社員になって忙しい仕事に就いたら、仕事ではなくて家庭にどれだけ時間を割く必要があると思う？　この仕事に就けば頻繁に海外出張することになるぞ」

あなたはこの質問になんて答えるだろう？　夫として、父親として、なんと答えるだろう？　あるいは妻として、母親として、なんと答えるだろう？

差別の背後にあるもの

質問と答えはともに、あなたの性別によって違うかもしれない。男性よりも女性のほうが、こういう質問を投げかけられる機会は多いだろう。そしてあなたが女性で、家族の時間を守るべく立ち上がれば、仕事に対する「熱意がない」というレッテルを貼られてしまうだろう。ウリの奥さん、アイエレット（ここのおはなしのモデルです）が思い知らされたとおりだ(1)。

第2章と第3章では、性別による格差は社会に深く根ざしていて、競争に対する姿勢の違いが女性の手にするチャンスに影響しているのを見た。第4章と第5章では、貧しい界隈の子どもたちは不公平な教育に苦しめられているのを見た。

さて、差別が性別や貧困以外にどんなところに影響しているかを、もっと幅広く見てみよう。人種による差別や同性愛に対する偏見はどうだろう？　どうしてそんなことが起きるのだろう？　差別はどれも、他人に対する反感が原因で起きるんだろうか？　それとも何か他の原因があるんだろうか？

この章と次の章では、差別の原因を探るための一連の実地実験を見ていく。差別一般をもっとよく調べるのだ。差別はさまざまな市場にどんな影響を与えるか、そしてあなたにどんな影響を与えるか、調べるのである。世界中にあるいろんな差別を分類するのに実地実験が役に立つのを説明する。分類は大事だ。従来のやり方で原データをそのまま分析すれば、ある市場にどれだけ差別が起きているかを測ることはできる。でも、そういうやり方ではどんな差別が起きているか、そしてどんな種類のインセンティヴがその背後で働いているかを調べることはできない。差別の背後にあるインセンティヴがわからないと、社会全体の差別をなくすことはできない。

差別の顔、いろいろ

こんな状況を考えてみよう。

●黒人の男性が車を買いに行ったら白人の男性よりも高い値段を示される。
●販売担当が同性愛のカップルを無視する。
●身体の不自由な人が車を修理に出したら不自由でない人よりも高い値段を示される。
●人通りの多い交差点で黒人の男性が道を尋ねたら嘘を教えられ、一方、白人の女性が尋ねたら正しいことを教えられる。
●妊娠中の女性が昇進しようと手を尽くしたら、同じ能力の男性は昇進したのに、彼女のほうは見送られる。

こういう状況に直面したら、たぶんあなたは腹を立て、苛立ち、ひょっとするとブチ切れるかもしれない。でもそういう差別をなくすために、ぼくたちには何ができるだろう？　何をするべきだろう？

最初にやるべきは、どうして人は差別をするのかを知ることだ。差別をするやつらはどんなインセンティヴに従っているんだろう？　この疑問に対する答えがわかれば、それに基づく自分自身の行動や法律の制定で、差別と戦うことができるだろう。

―•―

ユダヤ人差別

ユダヤ人差別を考えてみよう。この差別は、アメリカも含め、世界中で長く醜い歴史を持つ。たとえば南北戦争のとき、ユリシーズ・S・グラントはこんな命令を出し――てエイブラハム・リンカーンに撤回され――た。いわく、ユダヤ人をテネシー、ケンタッキー、およびミシシッピから排除せよ。(2)　20世紀の前半、ユダヤ人にはなかなか就けない仕事がたくさんあった。ユダヤ人はニューヨーク・アスレティック・クラブやなんかの上流社交クラブには入れなかった。アイヴィ・リーグの大学は入学させるユダヤ人学生の数を制限していた。ク・クラックス・クラン や、カソリックの司祭であるカフリン神父がラジオの人気番組で行う演説が、ユダヤ人を攻撃しろと煽り立てていた。入国できるユダヤ人の数も制限されていた。ホロコーストの時代、アメリカはナチから逃れてきた人たちを乗せた船を追い返した。ヘンリー・フォードは「ユダヤの脅威」を公に口にし、第一次世界大戦が起きたのはユダヤ人のせいだと言った。右翼の思想家たちは、フランクリン・ローズベルトの政権はユダヤ人に牛耳られていると主張した。[3]

この手の差別に振り回されるのは、もちろんユダヤ人や移民だけではない。文化史や世界全体を通じて、こういう差別はいろんなところに深く根を下ろしている。南アフリカのアパルトヘイト、ルワンダの大虐殺、オーストラリアとアメリカで先住民がどんな扱いを受けてきたか、あるいはアメリカで元奴隷（やその子孫）がどんな目にあってきたかを考えてみればいい。屈辱と残虐行為のリストは果てしなく続く。

―•―

ベッカー登場

ユダヤ人でゲイリー・ベッカーという名の人が登場したのは、まさしくそんな反ユダヤの時代だった。現代の差別に対するぼくたちの理解が進んだのは、大部分この人のおかげだと言っていい。

ゲイリー・ベッカーは1930年にペンシルヴァニア州の炭鉱町、ポッツヴィルで生まれ、ニューヨーク市で育った。父親のルイスは起業家で、ニューヨークで音楽にかかわる卸売りと小売りの会社を持っていた。両親はどちらも、中学2年生より先の教育を受けてはいない。家にはあまり本はなかったが、いつも時事問題について活発に議論が行われていた。「父は独立した精神の持ち主で、ローズベルトを熱心に支持していた」とベッカーは語っている。「家では、政治や社会正義の問題なんかをよく話し合っていた。家賃規制、税金、南部での黒人の待遇、貧しい人たちをどうすれば助けられるか、そんな問題だ」

当時、ニューヨークは国中で一番大きなユダヤ人社会がある町だったがそれでも彼の家族は差別を受けた。ベッカーのお兄さんはMITで化学工学の学位を取って、化学会社に就職したが、昇進できないので自分の会社を作った。ユダヤ人が差別のせいで昇進できないことはときどきあったが、ベッカーはこう語っている。「一所懸命に働けば差別に勝てる、父はよくそう言っていた」

ベッカーは学校で一所懸命に勉強し、プリンストン大学に合格した。数学を研究しようと思っていたが、社会に貢献したいとも強く思っていた。1年生のときにたまたま取った経済学の授業にハマった。彼は経済学と社会問題に対する自分の関心をなんとか結び付けてやろうなんて、無茶で突飛なことを考えた。卒業してからはシカゴ大学に進み、ミルトン・フリードマンの弟子になった。フリードマンはベッカーに天才を感じた。

ベッカーは差別の経済学を研究し始めた。「差別といえば単純でどれも同じだったりはしない、そう感じていた」とベッカーは語る。「所得や雇用など、差別はさまざまな形で現れる。たとえば雇い主が黒人に対して偏見を持っていたら、同じぐらいの能力を持つ白人の働き手に比べて黒人の働き手にはどんなことが起きるだろう?」

ベッカーは働き手、雇い主、お客、その他ありとあらゆる集団の差別を特定する方法を見つけ、それを経済分析のミキサーにかけた。ある意味、ベッカーがやったのは人に差別をさせるインセンティヴを特定するというやり方だ。「でも真っ暗闇の中での研究だった」と彼は言う。「こんなに重要な問題なのに、研究なんてされてなかった」。経済学の先生たちは彼の研究に懐疑的で、博士論文の審査委員会に社会学者を加えたが、その社会学者はベッカーがやっていることにまったく興味がなかった。

もちろんベッカーの研究はまごうかたなき経済学だった。ただ、経済学者たちのほうはまだそれがわからなかったのだ。経済学と社会学を組み合わせようという彼の考えは、経済学思想の伝統の中で、小さくない一歩だった。まったく新しい方向へ進む一歩だった。彼の研究で、人が差別を行うとき、市場や経済のやり取りに何が起きるかがわかった。たとえば、企業がある人よりも別の人を雇いがちである(ある種の仕事では女性を雇うが他の仕事だとそうでもない)なら、労働市場はどんなことになるだろう? この疑問に対していい答えが出せるなら、経済を動かす重要な要因を理解できているといえるだろう。でも経済学者たちは、差別という文脈では、そういういい答えを持ってはいなかった。

疑問視する声はあったが、フリードマンなどの十分な支持もあって、ベッカーは完全に信念を失わずに済んだ。博士号を取った彼はコロンビア大学で教職に就いた。１９５７年、27歳で博士論文に基づく本を出した。『差別の経済学』だ。この本でベッカーは、「差別嗜好」と彼が呼ぶ概念を説明している。これは他人に対する憎しみや「悪意」から来る偏見だ。この手の差別は、ある人が別の人を、その人の人種や宗教、性的嗜好が嫌いだから、というだけで避けたり攻撃したりするときに起きる。

『差別の経済学』

ベッカーの研究では、インセンティヴはお金だけではなかった。誰かが嫌い、というのは、その人を差別する強い動機になりうる。ベッカーの仮説によれば、この手の悪意を抱く人たちはただ単に「他人」を嫌うにとどまらず、自分の偏見の命じるところに従うためならお金まで――利益やお給料や稼ぎの形で――喜んで投げ出す。たとえば黒人に悪意を抱く白人は、時給10ドルで黒人と肩を並べて働くぐらいなら時給8ドルで同じ白人と一緒に働くほうを選んだりする。この場合、「悪意というインセンティヴ」がお金というインセンティヴを上回っているわけだ。

それでも、『差別の経済学』での研究を講演して世界中を初めて回ったとき、他の経済学者がよく口にする不満は「こんなの経済学じゃないでしょ」だった。煎じ詰めると、彼らのベッカーに対する異論はこんなふうだった。「この研究がどうでもいいとかつまらないとか言ってるんじゃない。言ってるのは、こういうのは心理学とか社会学とか、そういうのをやる連中にやらせとけってこと」。それが変わりだしたのは1960年代に公民権運動が起きたときだった。すぐに世の人たちは差別と経済学という問題にものすごく興味を持ち始め、真剣にこの問題を扱った本といえば、ベッカーが書いたものしかなかった。

「急に、影響力の大きい人たちがぼくの本を読み始めた。それからは雪だるま式だった」とベッカーは言う。1971年に同書は2回目の改訂とともに再版され、今では古典的著作に数えられている。この本でぼくたちの差別に関する認識が完全に変わったからだ。1992年にノーベル委員会がベッカーにノーベル記念経済学賞を授与したとき、委員たちは『差別の経済学』をとくに誉めそやしていた。「ゲイリー・ベッカーの分析はおうおうにして物議をかもし、最初は懐疑や不信を持って迎えられた」。ベッカーの受賞を発表するプレス・リリースで、ノーベル委員会はそう述べている。「それでもベッカーはくじけず、自分の研究を貫き通し、経済学者にも彼の考えや手法を受け入れる人がだんだん増えていった[4]」

憎しみは消えた

悪意による差別は、どう見てもまだ大きな害毒を放っていて、ときどきおおっぴらに顔を出す。

「ヘイト・ラジオ」のDJが煽るのを1度でも聞いたことがあるならわかるだろう。白人と黒人は世界中で仲良くやっているとはいまだに言いがたい。そして同性愛の人たちはいまだにいじめられたり殴られたり撃たれたりしている。

そんなあれこれはあるにしても、ぼくたちはずいぶんと長く歩みを進めてきた。1957年に気を失ったアメリカ人が今になって目を覚ましたら、社会全体の態度が大きく変わったのに、間違いなく目を見張るだろう。文化の面でいえば、日常生活はかつてとはまるで違っている。社会全体の傾向や好みは時とともに変わってきた。たとえば、女は男に劣るとか、女は夫や子どもや家の中のことだけ気にしていればいいとか、そんな思い込みはもう蔓延してはいない。また、家の外で働く女性たちは、もういわゆるピンクカラーの仕事である教職や看護ばかりに押し込められてはいない。2013年にハーヴァードでMBAになった人の約39％は女性で、これは史上最高の割合だ。2011年、修士号を得た人の数で、女性は男性を追い越した。[5] 実際、今では、能力のある女性を雇おうと躍起になっている雇い主がたくさんいるし、そういう雇い主は、女性が子どもを授かってからも会社に残ってもらおうと、喜んで有給の育児休暇を提供している。

加えて、白人の黒人に対する根強い悪意は、全体としては消えかかっているようだ。[6]『USAトゥデイ』とギャラップが2011年に行ったアンケート調査によると、人種をまたいだ結婚を受け容れる人の割合はかつてない高さだ。アンケートによると、アメリカ人の43％は異人種間の結婚は社会にとっていいことだと考えている。44％はそういう結婚が何か違っていたりはしないと言っている。アンケートに答えた人の3分の1以上が、違う人種の人と結婚した親戚がいると回答している。そして3分の2近くが、自分の家族の誰かが違う人種や民族の人と結婚することになってもいっこうにかまわないと言っている。[7]

アフリカ系アメリカ人の大部分は、公の政策に関する限り、もう軽んじられていたりはしない。政策当局は今では白人の子どもと少数民族の子どもの成績格差を縮めることに焦点を当てている。そしてアメリカ国民は大統領に黒人を選ぶところまできた。2回もだ。要は、ぼくたちが生きているのはもう20世紀ではないってことだ。憎しみは消えた、という点でこれはとてもいいことである。

経済的差別：膨らむ問題

悪意による差別をするインセンティヴが文化の面からそんなふうに変化しているのはいい話だが、今は別の種類の差別が広まっている。この差別はベッカーが若いころにあった悪意とは大きく異なっている。経済学者たちはこの手の差別を「経済的」差別と呼んでいる。[8] 経済的差別はかたくなな偏見や同性愛嫌い、あるいは性差別に比べて見えにくいがどんどん広まっており、同時にさまざまな側面を持っている。解析は難しく、おうおうにしてとても非道だ。そしてこの種の差別は完全にお金の形での私利私欲と「オレがオレがの我」に根差している。悪意だって私利私欲に基づいているのだが、憎む側はお金に興味があるわけではなく、むしろ他の人を傷つけたいという欲望を満たすことに興味があるのである。

経済的差別のことは、たぶんあなたももう知っているだろうと思う。いろんな請求書に現れるからだ。あなたがタバコを吸うなら、医療保険の保険料は高めになっているかもしれない。経済的にいって、あなたが治療費のかさむ病気に罹るリスクは高いからだ。あなたの返済能力の評価があまり高くないなら、あなたが銀行からお金を借りてかかる利息は高めになるだろう。あなたが借金を返せなくなるリスクは比較的高いからだ。

とても単純な例をもう1つあげよう。自動車保険だ。あなたが男性で車に乗るなら、同じ内容の保険を掛けても女性より保険料は最大で20％ぐらい高い。こんな不平等な扱いは法に反するんじゃないかと思うかもしれない。人権に関する法律には、人種や性別といった恣意的な特徴に基づいて差別をしてはいけないとはっきり書いてある。でも平均で見ると、女性は男性ほど車を運転していて交通事故を起こさない。保険を引き受けるコストは男性より女性のほうが低い。だから裁判所は、女性の保険料を安く――あるいは男性の保険料を高く――するのは法に反しないと判決を出している。

このように、（保険などの）サービスを提供するためにかかるコストの差に基づいて差別をするのは、社会に受け容れられている行いのようである。でも、他の国では、こういう経済的差別を抑制しようという動きもある。たとえばヨーロッパ連合では、自動車保険での経済的差別を禁止するかどうかが話し合われている。自動車保険の会社は、禁止されれば男性の保険料は10％ぐらい安くなると言う（もちろん禁止されれば女性の保険料は高くなるだろう。保険会社にとっては失うものはない）。

経済的差別は、他人の懐具合について、自分は何らかの情報を――正しいにせよ間違っているにせよ――持っていると思い込むことからも起きている。いろんな理由で、人も企業も、他人をいろいろに区別したほうがお金が儲かると信じている。たとえば建築会社は、億万長者のＣＥＯの豪勢な家の屋根を直すときは、つつましい家の屋根を直すときより、代金を20％増しにしているかもしれない。億万長者なら、そういう家に住んでいるわけだし、普通の人よりたくさん払えるに違いないと思うからだ。あるいは、株主の期待する利益の水準を満たすため、企業が一部のお客に対しては高い値段を課さないといけないと考えるかもしれない。この手の差別は悪意から生じているのではない。冷たい頭と厳しい計算に基づくお金のインセンティヴから生じているのだ。

こういうあからさまな不公平は、割高に買わされる側に立つととくに気分が悪い。でも、高い値段をふっかける側は、なにも相手が憎くてそんなことをするわけじゃない。単に、もっと儲けたくてそうするのだ。ふっかけた建築会社（でも保険会社でも）のインセンティヴから考えれば、経済的差別は儲けを増やす方法なのである。単純な話でしょう？

――•――

インターネットが助長する経済的差別

表面だけ見ると、取引に基づいて成り立つぼくたちの経済では、経済的差別はまったく問題のないもののようにも思える。でも、この手の差別はとても醜いことにもなりかねない。犠牲者はおうおうにして自分が差別されていることに気づかないからなおのことそうだ。経済的差別はインターネットのせいで、あろうことか広がっている。ぼくたちそれぞれに関するデータがたっぷり蓄積されている。インターネット企業が毎日のように、ぼくたちに関する個人情報をどれだけ膨大に集めているか、考えてみればいい。企業はそういうデータをあれこれ切り刻み、誰が「ありがたい」お客で誰がそうでないか、特定しようとする。彼らはもっと利益を上げるために、データをうまく使って経済的差別を助長しているのである。

例としてロバート・コールの話をしよう。ミズーリ州のファーガソンに住む65歳で、インターネットであれこれ調べるのが好きな人だ。糖尿病を患った友だちのために、コールはこの病気に関する情報を集めようとウェブサイトを探し、集めた情報を友だちに送った。そう経たないうちに、コールは糖尿病の検査をするための製品を売りこむダイレクトメールやオンライン広告が届くようになったのに気づいた。誰がコールの身元や個人情報を手に入れたんだろう？　彼がグーグルで検索した言葉は、どう追跡され、分析され、使われたんだろう？「誰だかのデータベースで、ぼくは糖尿病を患っている人ってことになってるのかねぇ？　でもそんなことないんでね。どうやったら正せるのかさえわからないよ」。彼は記者にそう語っている。[9]

この話は怖い。あなたが残した電子的な指紋――買ったものの履歴や訪れたウェブサイト、懐具合――が、あなたの利益に反する形で利用されたら？

実際、ほとんどのウェブサイトは、消費者にはわからないように検索情報を利用している。自動で情報を収集するｂｏｔがウェブ上を掃くようにして消費者の情報を集める。ウェブサイトはクッキーやブラウザから伝わる情報を利用したフィンガープリンティングで利用者を追跡する。第三者であるデータの取引業者が利用者のインターネット上での挙動をリアルタイムで予測し、販売する。あなたがオンライン・ショッピングをするたびに、あるいはインターネットで検索しただけで、電子的な指紋が残る。企業はそれを利用してあなたがこれまで何を買っているか、直前に訪れたウェブサイトはどこか、そして懐具合はどうかなど、あなたに関する詳しい情報を集める。また、そんな情報を使って価格を決めているウェブサイトも多い。ウェブ上に転がっている情報を使って、企業はあなたを動かせるインセンティヴを割り出し、それを利用して利益を増やすべく行動するのだ。[10]

インターネット上で活動する企業がそういう経済的差別を行う気なら、過去にあなたがどんなものを買ってきたかを見てあなたの懐具合を分析し、さっきの人よりあなたのほうがたくさんお金を払いそうだ、なんて判定できるかもしれない。たまたま他の人より裕福なら、あるいは他の人ほどにはあれこれ探したりしないほうなら、あなたは経済的差別の犠牲者になる可能性が高い。

知らないうちに損をする

でも、とあなたは言うかもしれない。そういう差別のいったいどこがいけないっていうんだ？なんにしても現実の世界では消費者はそれぞれに違った値段をときどき払っている。航空券を買ったことがある人、ホテルの部屋を予約したことのある人、あるいはレンタカーを借りたことのある人なら、誰でもそういう経済的差別に直面している。お客によって値段を変える程度のことは、企業は四六時中やっている。お客に製品を買わせるためにはどんなインセンティヴを提供すればいいのか探り当てるためだ。あなたが懐の豊かなビジネスウーマンで、ちょっとした1日のミーティングに出るためにシカゴからサンフランシスコへ飛ばないといけなくなったとする。お金をあんまり持っていないティーンエイジャーなんかに比べると、運賃のことはあんまり気にならないかもしれない。それなら航空会社はあなたみたいなビジネスウーマンからは運賃をたくさん取っていけない理由があるだろうか？

オンラインの世界で何が問題かというと、お客には値段の違いが見えないから、自分が差別的な待遇の対象（というか犠牲者）であることに気づかないことだ。車の販売店に高いスーツを着ていった人が並んだ車の中で一番高級なのを薦められたとしても、たぶんその人にも何がどうなっているのかちゃんとわかるだろうし、値札に書かれた代金はそれからやりあう交渉のスタート地点の役割を果たしてくれるだろう。でも、同じ人がオンラインで航空券を買ったとしたら、自分の高いお給料とライフスタイルのおかげで航空券の値段が高くなったのには気づかないかもしれない。そして彼女はそんな差別を受けても何もできることはないのである。

ウェブサイト上での値段はコンピュータのアルゴリズムで決まる。お買い物の履歴や家の住所(「いい」郵便番号から「よくない」郵便番号までランキングがなされている)、支出のパターン、クレジットカードの利用状況、そういった情報がアルゴリズムに取り込まれる。そういうプログラムは、信じられないぐらい巧妙に、人と人との間の本当に微妙な違いを捉えて利用する。あるウェブサイトが他のお客には同じ航空券をもっと安い値段で提供しているのがわかったとして、お客はその情報を使って値段の交渉をすることができるとは限らない。ウェブサイトはただ単純に、その人にその航空券をその安い値段では売ってくれないだけだ。

あなたはこう言うかもしれない。「だからどうした? お金持ちが高い値段でも払えるっていうなら、払ってもらえばいいんじゃないの?」。でも考えてみてほしい。ブロックとモルタルでできた現実の世界で、女性や少数民族や車椅子に乗った人が、そうでない人より高い代金を要求されているとしたら、なんだか間違ってる気がする。経済的差別は、人権に関する法律ではグレイな領域にあるのかもしれないが、だいたいの人はそういうのは不公平だと信じている。

悪意による差別と同じように、経済的差別も日常のありとあらゆる状況で顔を出す。人が通りで道を尋ねたとき、（オンラインでも「実物の」世界でも）お買い物に出かけたとき、求人に応募したとき、車を修理に出したとき、その他その他。でも、何が偏見で何が偏見でないのか区別するのは、おうおうにして難しい。そして難しいのをちゃんとわかるのが大事なのだ。人が差別をするとき、その人を動かしているものがなんなのかわからないと、政策当局は人を不正から守ることはできない。

さて、それじゃ、悪意による差別を経済的差別とどうやって区別する？　ぼくたちは街に出て調べることにした(11)。

勝負服に身を包み

ジャンはティーンエイジャーの子どもを抱えた55歳で白人のお母さんだ。髪には白いものが混じり、金縁のめがねをかけ、寒さで鼻は赤くなっている。海軍放出のウールの上着を着てベージュのマフラーを巻いた彼女はぼくたちのスパイである。ぼくたちは彼女にお金を渡し、通りででたらめに相手を選んでシカゴの有名なウィリス・タワー（昔はシアーズ・タワーと呼ばれていた）への道を尋ねてくださいと頼んだ。彼女が尋ねた最初の人は中年の白人女性だった。その人はジャンに、ほんのちょっと行ったところにタワーの入り口があるよと言った。「2ブロック行ってミシガン・アヴェニューに出たら通りを渡って、もう1ブロック行ったらヴァンビューレン通りに出ます。タ

道を尋ねられた際の反応

「スパイ」	「役に立つ」反応をした人の割合	やり取りした時間
20歳、黒人、女性	60%	20秒
50歳、黒人、女性	63%	20秒
20歳、黒人、男性	31%	13秒
50歳、黒人、男性	61%	20秒
20歳、白人、女性	75%	24秒
50歳、白人、女性	63%	18秒
20歳、白人、男性	52%	16秒
50歳、白人、男性	59%	20秒

ワーの入り口は右手にあります」。女の人は親切にそう教えてくれた。ジャンは教えてくださってありがとうと言って立ち去った。さて、女の人の道案内は正しかっただろうか？

次のスパイはタイロンだ。20歳で黒人の男性で、フードのついたジャケットと腰に引っ掛けたダボダボのジーンズのいでたちをしている。タイロンは別の中年白人女性を呼びとめて、礼儀正しく道を尋ねた。女の人は立ち止まりもせずにこう答えた。「えっと、知りません」。30代のビジネスマンに道を尋ねたときなんか、相手はタイロンを長々と見つめ――それから間違った道を教えた。

この実験では、いろいろな年齢、性別、人種の人が道を尋ねたら、それぞれどんな反応が返ってくるか調べた。差別は他人を助けようという気持ちを左右するだろうか？　温和な中年の白人女性がタワーまでの道を尋ねたなんか、通りすがりの人はどんな反応をするだろう？　尋ねたのが若い黒人男性だったらどうだろう？　若い白人女性だったら？　若い白人男性だったら？　もっと歳のいった黒人男性だったら？　そんなことだ。

表に示すとおり、ぼくたちはいろいろな歳、性別、人種の人に手伝ってくれるよう頼んだ。実験で何がわかっただろう？「スパイ」はそれぞれ、役に立つ反応をどれぐらいもらえただろう？平均では、相手が立ち去るまでどれぐらい時間がかかっただろう？

表の数字を見ると面白いことがわかる。道を尋ねたあなたがたまたま女性だと、役に立つ答えが返ってくる可能性が高い。若いならなおさらだ。あなたが歳のいった黒人の男性なら、歳のいった白人の男性よりも、役に立つ答えをもらえる可能性がほんの少しだけ高い。でもあなたが若い黒人の男性なら、たぶんGPSを持って歩いたほうが身のためだ。若い黒人の男性は、どちらの人種の女性（役に立つ答えが一番もらえるグループ）よりも、どちらの人種の歳のいった人たち（男性でも女性でも）よりも、また若い白人の男性よりも、役に立つ答えをもらえる可能性がずっと低い。

道を尋ねても無視される理由

立ち止まって若い黒人の男性を助けなかった人たちは人種差別に頭を冒されてるんだろうとあなたは思うかもしれない。あなたの思ったとおりのこともあるだろう。でもデータによると、歳のいった黒人の男性や女性、それに若い黒人の女性は、ちゃんと役に立つ答えをもらっている。だから黒人一般に対する悪意ではデータを説明できない。あなたは、一般的には黒人だろうがなんだろうが道案内をするのにやぶさかでないけれど、目の前の若い黒人男性はなんだか恐ろしげだと思うなら、ぼくたちはそれを経済的差別だと考える。

タイロンを無視するインセンティヴは悪意から来ているのではない。むしろ、恐れとか自分の身を守ろうという欲求から来ている。タイロンを怖がるのは犯罪を恐れてのことかもしれない。残念ながら、若い黒人男性の犯罪率は他のグループに比べて高いからだ。同じ理屈で、若い白人男性でも、剃った頭に軍隊のブーツ、鉤十字の彫り物のいでたちで同じ通りの角に立っていたら、通りがかりの人は全速で遠ざかって行っただろう。

この結論を検証するべく、ぼくたちは経済的な要素に関するシグナルを付け加えることにした。もう一度、タイロンや彼と同じ若い黒人男性を送り込んだ。でも今度は、彼らにはビジネス・スーツを着てもらった。彼らに対する前の反応が悪意から来ているのなら、若者たちはやっぱり今回もひどい扱いを受けるだろう、ぼくたちはそう考えた。一方、服装が通りがかりの人たちに、こいつは「安全」だよというシグナルを送るとしたら、若者たちは正しい道を教えてもらえるはずだ。

実際、今度は若い黒人の男性たちはとてもいい扱いを受け、若い女性たちが受けたのと同じ質の情報をもらえた。これで結論ははっきり出た。まあ、嬉しい結論ではないけれど。あなたが白人であるなら、黒人である場合に比べて、服装はあんまり大事じゃない。あなたが若い黒人男性なら、自分に対する差別を減らす方法の1つにいい服を着る手がある。

フードをかぶっちゃいけないの？

これはどう見ても物議をかもす発見だ。2012年、トレイヴォン・マーティンという黒人のティーンエイジャーがフロリダの塀と門で守られたゲイティッド・コミュニティで、武器も持っていないのに撃ち殺された。撃ったのは白人とヒスパニックのハーフで警備主任のジョージ・ズィマーマンだ。マーティンはフードをかぶっていた。フォックス・テレビのコメンテイター、ジェラルド・リヴェラは若者が撃ち殺されたのはそのせいだと述べた。「黒人やラテン系の若者の親御さんは、子どもたちに、外に行くときはフードをかぶるのをやめなさいと言うべきです」。リヴェラは『フォックス＆フレンズ』でそう話した。「トレイヴォン・マーティンの死の責任は、ジョージ・ズィマーマンにあるのと同時に、フードにもあると思います[12]」

リヴェラの発言は——ぼくたちの考えでは正当にも——激しい怒りを買った。このトーク番組の司会者は犠牲者が死んだのは犠牲者自身のせいだと言っている、抗議した人たちはそう考えたわけだ。リヴェラは、肌の色の濃い人がフードをかぶっていれば、他人はその人を「ギャングスタ」で社会の敵だと思っても当然だと示唆しているように思えた。では、マーティンの人種と服装は本当に彼に死を招いたんだろうか？　リヴェラはそこまで言っているように聞こえた。そして残念ながら、シカゴの通りでぼくたちがやった研究によると、若い黒人の男性が受ける扱いは、たしかに服装で大きく違うようだ。

リヴェラがマーティンのお父さんに謝罪したとき、お父さんはこう言っている。「フードをかぶっていた件について1つ言わせてもらいます。彼が電話をしていて事件が起きたとき、雨が降っていました。アメリカ中の人たちはそれを知らないでしょう。だからトレイヴォンがフードをかぶっていてもまったくなんの不思議もないでしょう。彼はそうやって雨を避けていたんです。だからもし……もし雨の中をフードをかぶって歩くのが犯罪なら、この世界は何か間違っていると思います」

より広い視野でこの事件を考えてみよう。100年前、トレイヴォン・マーティンが撃たれたみたいなひどい事件は、「白人の世界」であるジム・クロウ法の下の南部では、地元のニュースにすらならなかっただろう。でも50年前の1963年、活動家のメドガー・エヴァーズが撃ち殺され、それで公民権運動に火がついた。あらゆる色の肌の人たちが、すべての人に正義を勝ち取る戦いのために団結した。今日、武器を持たないティーンエイジャーが1人撃ち殺されたことでまた火柱が上がり、当然のように、再びあらゆる人種の人たちが正義を求めて団結した。そしてこの事件は、ぼくたちの寛大な社会――たくさんの人が戦い、命を落としてまで望んだ社会――は、いとも簡単に、逆の方向に振れてしまうのを示している。

シカゴの通りで行った実験に基づいて、ぼくたちはこう主張する。悪意や人種差別は、大部分が、もっと見えにくい経済的差別に変わった。でもときどき、悪意や人種差別は経済的差別と組み合わさって、ひどい結果をもたらしている。

車椅子のジョー

これまでのところ、ぼくたちの実地実験で、経済的差別と悪意による差別の区別を1つ探り当てることができた。前者は「オレがオレがの我」から来ている。後者は他人を憎む心から来ている。ここでもう少し、ぼくたちの発見を見せておきたい。ぼくたちは、人によって扱われ方が違うのを別のケースでも見てみることにした。今度は身体の不自由な人に対する差別だ。

自分が車椅子の世話になることになったと思ってほしい。幼いころに罹った病気のせいで両足が使えなくなったのだ。1月のシカゴで朝の6時半、気温はマイナス30度近い。あなたは——名前は「ジョー」ということにしよう——シカゴの繁華街にあるアパートの7階に住んでいる。目覚まし時計のアラームのボタンを押してオフにして、それから注意深く動いて腕を使い、掛布団をどけ、ベッドの下に置いておいた下着とズボンをお尻まで引っ張り上げて履き、それから最後に靴下を足にかぶせる。そんな一苦労で早くも疲れてしまい、元気が出るまで何分かそのままじっとしている。それからおしりを左右に動かしてベッドから転がり出て、脚を床に落とす。

膨大な労力をつぎ込んで、あなたは電動車椅子に自分の身体を押し込む。素早く朝ごはん（オレンジジュースに自動のポットで入れたコーヒー、それにマフィン）を流し込み、あなたは車椅子を駆って部屋を出て、エレベータで1階へ降りる。歩道や駐車場は雪が除けてあるが、凍って滑りやすくなっている。とりあえずあなたは車椅子を操って、へこみだらけになった特注のバンに近づく。キーホルダーのボタンを押してバンのドアを開け、小型の昇降機を出す。車椅子を操って昇降機に乗せ、車の中に入れ、くるっと回して運転席へと導き、キーを差し込む。手で車を動かすコントローラーを注意深くつかみ、バンを駐車スペースから出し、駐車場から通りに出る。

15分走って「野郎の整備屋」に車を入れた。あなたが見つけた、身体の不自由な人専用の駐車スペースがある店の1つだ。あなたは車の昇降機を降ろし、どけられていない雪の中をなんとか押し切って車椅子用のスロープまでたどり着く。氷のせいで大変だったが、あなたは頑張り続けた。なんとかスロープを登りきり、やっとドアを押して店に入る。

こんな一連の出来事を読んで、痛々しくて読んでいられないと思ったなら、何百万人もいる身体の不自由な人たちが、日常のあれこれをこなすのに、身体の自由な人たちにはまったく想像もできないほどのエネルギーを使い、どれだけ大変な思いをしているか考えてみてほしい。

身体の不自由な人たちへの差別

身体の不自由な人たちに対する差別を扱った研究はほんの一握りしかない。世界中で歳のいった人の数が増えていること、それに身体の不自由な人の数も増えていることを考えると、これはちょっと驚きだ。もちろんジョーは、ぼくたちが送り込んだスパイである。ジョーにとっては、何をするのも戦いだ。バンを運転して自動車の修理工の店まで大変な思いをしてたどり着いた後も、家まで車で帰るという難題が待っている。タクシーはだいたい、車椅子を載せられるようにはなっていないからだ。

車を修理に出すとして、ジョーは何軒ぐらい値段を聞いて回れるだろう？　一番安いところで頼もうと、車を飛ばして店から店へと訪ねて回ったりするだろうか？　それとも、この店の便利さがどうしても必要だからと、最初に行った店で頼まざるを得ないだろうか？

修理工の店に行くとき、ぼくたちは普通、（オイル交換とか排ガスチェックみたいなときどきやっていることを頼むのでない限り）どれだけお金がかかるのか知らない。店の人は、必要な作業のレベルを考え、あとは鉛筆をなめて見積もりを出す。この実地調査では、ぼくたちは29歳から45歳の何人かの男性に、ぼくたちのスパイを務めてくれるよう頼んだ。彼らのうち半分はジョーと同じように車椅子を使い、特注の車に乗っていた。彼らをそれぞれ修理工に送り込み、いろいろな車の修理の見積もりを取ってきてもらった。そのうち半分では、身体の不自由な人が車で修理工を訪ね、見積もりを取った。残りの半分では身体の自由な人がまったく同じ車でまったく同じことをした。

平均では、身体の不自由な人が貰った見積もりのほうが、身体の自由な人が貰った見積もりよりも30％高かった。いたたたた。でもどうして？

答えを出すために、修理工の店でカウンターの向こう側にいる人の立場に立ってみよう。ジョーが車椅子でオフィスに入ってくるのがあなたの目に入る。やりとりはこんな感じで進む。

あなた「こんにちは！　今朝は寒いですねえ！」

ジョー（うめくように）「そうだね。私のバンはいくらか修理がいるようだ。あそこに（と指差して）止めてある。見積もりを出してくれるかな」

あなた（ジョーを見ながら）「そうですね、今、けっこう取り込んでるんですができるだけ早く見てくれるように言っときます」

ジョー「わかった。待ってるから」

ジョーが車椅子で待合室へ向かうのを見ながら、あなたは頭の中で皮算用を始める。かわいそうに、この店まで来るだけで大変だっただろうな。ジョーはどう見てもちょっとゆっくりしてもらったほうがいい。でもその一方で、ジョーがまた大変な労力を払って別の店にも見積もりを取りに行く可能性がどれぐらいあるだろう？

30分経って、修理工場から電話があり、修理にかかる時間と料金を教えてくれた。あなたはジョーに1415ドルかかりますと言う。これは身体の自由な人に請求する代金の30％増しだ。実は、スパイの人たちにたくさんの修理工を訪ねてもらって同じことをやってもらったところ、ここで説明したパターンがデータに表れたのだ。平均でみると、身体の不自由な人たちは、身体の自由な人たちに比べて、貰った見積もりが30％高かった。

見積もりが安くなる魔法の一言

あなた、つまり修理工はインセンティヴに反応したんだろうか、それとも身体の不自由な人に手を差し伸べたり、サービスを提供したりするのが嫌いなんだろうか？　ぼくたちの直観によると、修理工にはカモがやってきたのがわかったのだ。ジョーはバンを修理してもらおうと店にやってくるのに大変な苦労をしている。だから修理工は、ジョーはもう一苦労してまで別の店でも見積もりを取ったりはしないだろうと考え、ジョーに高めの見積もりを渡すことにしたのだ。つまり修理工は、身体の不自由な人が相手なら、高めの代金を求めても大丈夫だろうと考えたのである。

自分たちの直観を実証するために、ぼくたちはまったく新しいスパイの一群を放ち、見積もりを集めた。今度は、身体の不自由な人にも自由な人にも、こんなカンタンな一言を口にしてもらった。

「今日のうちに3軒で見積もりを貰うんだ」

さあ、何が起きたでしょう！

今度は、身体の不自由なスパイも自由なスパイも、同じ見積もりを受け取った。一件落着。修理工は簡単な皮算用をやったのだ。そうやって売上げを増やすことで、彼らは、昔ながらの露骨に不公平な経済的差別に手を染めたのだ。お客の弱みにつけ込んだのである。修理工は自分の目の前にあるインセンティヴに反応した。この場合のインセンティヴは、多めにお金を儲けるチャンスだった。

――•――

ぼくたちがここで示そうとしたのは、経済的差別は単純な計算ずくに基づいているということだ。いろんな理由で、人や企業は、自分たちには人をそれぞれ区別するインセンティヴがあると信じているかもしれない。アマゾン・ドットコムは、株主の期待する利益を満たすために、一部のお客に課す料金を高くするべきだと考えるかもしれない。保険会社はタバコを吸う人たちの保険料を高くするかもしれない。彼らの見方では、健康上の危険が大きいことをする人は、そういう危険に応じた保険料を払うのが公平だからだ。自動車の修理工は、商売をやっていくために、身体の不自由な人からは割高な代金を取るかもしれない。そしてウリの奥さんが雇ってもらえなかったのは、女性が嫌いだからなんてこととはまるで関係がなかったのだ。むしろ、彼女がどれだけ仕事をやれるかという予想に関係していたのである。この手の差別は悪意から来てはいない。経済的インセンティヴから来ている。不公正な扱いを受けた人がそれと戦うには、自分は差別されていない人と同じですよというシグナルを送る必要がある。

次の章では、悪意による差別と経済的差別の問題をさらに深く掘り下げる。そのために新しい市場を訪れ、最後に、社会としての差別への取り組みを振り返る。

THE WHY AXIS

第7章

なにか選ぶときにはご用心。選んだものがあだになるかも

［差別の隠れた動機］

企業による経済的差別

20世紀のはじめ以来、西欧文明がどれだけ大きな進歩をとげたか考えると感銘を受けずにはいられない。ぼくたちのおじいさん、おばあさんが今日生まれていたら、彼らが若かったころみたいにあちこちで差別される、なんて目にはあわないだろう。憎しみが消えかけているのはとても喜ばしい。でも公平な社会までの道のりはまだまだ長いし、経済的差別が増えているので先行きはどうみ

ても不透明だ。経済的差別のおかげで悪意による差別がすぐに見えなくなってしまう。

どうして？　悪意はいけないというのにはぼくたちのほとんどが同意するけれど、ある種の経済的差別はかまわないというのには意見が分かれる。経済的差別の中にはもっともに思えるのもあるかもしれないが、そうでないのもある。経済的差別の中には不快なのもあるし、そうでないのもある。法律で禁止するべきなのもあるし、そうでないのもある。議論の余地なく事実に基づくものもあるし、文化的な決めつけと思い込みに基づくものもある。そしてぼくたちがここで言わんとしているように、受け入れられるものと受け入れがたいものを区別するのはなかなか難しい。

ちょっとの間、前の章に出てきた、屋根の修理を請け負った架空の建築会社の例に立ち返ろう。建築業者が市場で厳しい競争にさらされていて、同時に、会社は火の車だとする。それならこの会社は、どこかの会社のCEOであるお客に高めの代金を請求してもいいだろうと思うかもしれない。ぼくたちもそういうのは大目に見ようという気になるかもしれない。建築会社の人は単純に欲が深いからそんなことをするのではなくて、純粋に生き残りがかかっているからそうするのであるからだ。でも建築会社の社長がヨットを買いたいから、という理由で割高な代金を請求したのだったら、ぼくたちの感じ方も違っているかもしれない。

ぼくたちはだいたい、この建築会社みたいな人がお金その他の形で損をするのを避けるために差別をするのは構わない、そう感じる。でも誰かが利益を増やすためだけに差別をしたら、強欲すぎる、むさぼりすぎだと感じる。でも腰を落ち着けてよく考えると、教育の章で示した通り、「損失」

と「利得」はフレイムが違うだけだ。想像力があれば、利得は損失のフレイムで見せることもできるし、逆も可能だ。

コストを抑えるのに必要な差別？

他のケースでは、経済的差別はリスクを抑えるというとても理にかなってそうな動機で起きることもある。タバコを吸う人に高い健康保険料を課すのは筋が通っているように思えるかもしれない[1]し、男性に高い自動車保険料を課すのも当然だという気がするかもしれない。あるいは、レンタカーの会社には25歳未満の人には車を貸さない権利が十分にある、そう思えるかもしれない。そういう十把一絡げなやり方は男性でも安全運転する人やとても若い優良ドライバーに不公平にも思えるが、保険会社のほうは、コストを管理するために必要なことなのだと主張する。同じように、雇い主が保険料を払う場合、太った社員には他の社員よりも高い保険料を課すかもしれない。そして航空会社の中には、エール・フランスやサウスウェスト航空みたいに、問題の乗客がひじ掛けを倒した状態で席に収まらなければ1人分ではなく2人分の運賃を課すところもある。

太った人にとってチケット・カウンターでそういう目にあうのは屈辱的だろう。ケンリー・ティガマンがサウスウェスト航空のチケット・カウンターで航空券を買おうとしたところ、いくつか質問をされた。「服のサイズに体重も聞かれた。ゲートの周りにいるたくさんの人たちの前で答えないといけなかった。周りの人の中には鼻で笑ってる人もいた」とティガマンは言う。[2] サウスウェスト航空の方針は会社の側からすれば経済的に理にかなっているのかもしれないが、太った人の側からすれば、これは悪意による差別にも思えてしまうだろう。

あなたは建設会社の採用担当者で、今、親方を探しているとしよう。男性のほうが向いている仕事なんだからということで、女性は面接に呼ばないのは理にかなっているだろうか？[3] 他の職人さんたちとうまくやっていけそうな候補に絞って面接すれば、あなたにとってもそういう応募者にとっても、時間や労力、それにお金の節約になる。これは経済的差別の論理としては完璧に筋が通っているが、同時に、露骨な性差別だ。あなたは女性の応募者を単純に落とすだろうか？

1995年にジョンが学界で仕事探しをしたとき、雇い主たちが彼を無視したように？

同性愛者への差別

別な種類の差別を考えてみよう。今度は同性愛者に対する差別だ。この問題はアメリカの社会が変化するとともによく論じられるようになったが、同性愛差別は長い、よく知られた歴史を持つ。いろんな社会で、同性愛は禁じられていた。レオナルド・ダヴィンチは男娼と褥《しとね》を共にした咎で捕えられた。ナチは同性愛者狩りを行い、去勢して奴隷として肉体労働をさせ、さらにメンゲレ博士の非道な医学実験の材料に使われた。1933年から1945年、ドイツの警察は10万人前後の男性を、同性愛だというだけで逮捕した。[4]

今日、同性愛者を攻撃するトチ狂った長弁舌を聞くことは相変わらずあるけれど、そういうのは少数派だし減っている。同性婚を禁じている州は多いけれど、アメリカでは、同性愛はもう犯罪だとは考えられなくなっている。それでも、市場でよく見られるのはどちらの種類の同性愛差別だろう。ヘイト・クライムや村八分の背後にあるような悪意による差別だろうか、それとも経済的差別だろうか。あるいは2つの組み合わせだろうか。

差別の根本を探る研究を続ける中で、ぼくたちは無害で中立でありふれた市場環境で人がどんな行動をするか見てみることにした。車の販売店だ。車の購入は、ほとんどの人にとって、経済で一番ありふれていて一番大事な取引だ。アメリカでは毎年、だいたい1600万台の車が売られている。加えて、かかっているものは大きいが取引にかかる時間はどちらかといえば短い。実地実験をやるにはもってこいだ。自分が観察されていることに参加者が気づかないからである。

この皆さんに車を売りますか？

次のシナリオを比べてみてほしい。

シナリオA

天気のいい秋の朝、シカゴにあるトヨタの販売店でのことだ。あたらしいカローラがちょうど入荷した。営業担当のバーナードは、今日はたくさん売って手数料をたっぷり稼いでやると意気込んでいる。

朝10時、若い男が2人やってきた。2人はまっすぐ、展示場のど真ん中にある、深い青色でピカピカのカローラCEセダンのところへ向かった。「なあトム」と1人が言う。「言っただろ？ めっちゃかっこよくね？ 色とか」

「まったくだなジョー」。窓からグレイの革のシートを見つめたりサンルーフを眺めたりしながらトムが応える。「こいつは完璧だ」

2人が車をあちこち見ていると、バーナードが近寄ってくる。「この車が気に入られたみたいですね」とバーナード。「こんなのもついてるんですよ」。彼はヒーター付きのシートやなんかの機能を見せつけ、コーヒーでも飲みながらこの車のよさを話し合いませんかと誘った。

シナリオB

同じ春の日の朝、ジェリーとジムはホンダの販売店にやってきた。店は通りを行ったところにある。2人は恋人同士であることを見せつけるように手をつないで店に入り、展示場の真ん中にある、新しいホンダ・シヴィックCEのところへ向かった。

「ねえジェル」。車の性能や数値、価格を書いた張り紙を見ながらジムが言う。「ぼくたちにほんとぴったりの車だと思わない？　小型車だし、燃費もいいし。ずっと故障しないよきっと」

「マジで？」。助手席側のドアを開け、嬉しそうににおいをかぎながら彼のパートナーが応える。

「新車のにおいってステキだよね」

営業担当者のジョージは、カップルが大喜びで車の周りをウロウロしているのを1分ほど眺めてから、パンフレットを手に近づいた。「この車が気に入られたみたいですね」。彼はちょっとよそよそしくそう声をかけた。「この車は市場に出たばかりなんです。このお値段ならお買い得ですよ。これはパンフレットです。すぐにまた来ますので」

なぜ同性愛は差別されるのか

この実験では、ぼくたちは経済学者仲間のマイケル・プライスと一緒に仕事をし、スパイとして2人組を送り込み、次のような役を演じてもらった。異性愛者の友だち同士、異性愛者の恋人同士、同性愛者の友だち同士、同性愛者の恋人同士、だ。2人組にはそれぞれ、車の販売店をあちこち訪ねてもらい、新車を買うということで交渉をしてもらった。「カップル」はそれぞれ、ランダムに決めた販売店を訪れる。どの販売店も訪問回数は2回だ。いろんな「カップル」がどんな値段を提示されるか、また試乗やコーヒーといった好意をどれぐらい示してもらえるかを調べた。

ぼくたちの得た結果によると、同性愛の恋人同士は冷たい扱いを受けている。販売店の多くが、同性愛者らしき買い手の言い値を断り、一方買い手が異性愛者だと同じ言い値を受け容れている。同性愛者のカップルが販売店から最初に言われた価格のほうが高めであるケースが全体の75%もあった。同性愛者のカップルが値段を逆提案した場合、はねつけられてそこで交渉が終わってしまうことが多かった。

それでも、そういう結果は全体を通じて一貫して見られたわけではない。販売店の中には、同性愛者のカップルを異性愛者のカップルと同じ、丁寧な扱いで迎えたところもある。そういうところでは、同性愛の人たちも、コーヒーはどうですかとか試乗しますかとか、その他の好意を示してもらえた。

実は、同性愛のカップルがどんな扱いを受けるかは、販売担当者の人種に強く影響されていた。(アフリカ系やヒスパニック系の)少数民族の販売担当者は、多数民族(つまり白人)の販売担当者よりも、同性愛のカップルを差別する割合が高かった。同性愛のカップルが値段を尋ねると、少数民族の販売担当者は多数民族の販売担当者より、平均で123ドル高い値段を提示している。それればかりか、少数民族の販売担当者は同性愛のお客に接すること自体避けているようで、試乗しませんかとかもっと安い車はいかがですかとか提案することさえ少なかった。つまり少数民族の販売担当者は同性愛の人たちとやりとりするぐらいなら販売手数料を喜んで諦める傾向があることになる(だからって少数民族の販売担当者はどいつもこいつもそんな態度だってことではない。そういう人が多かったというだけだ)。

買い手が同性愛のパートナーだという態度を取ると、少数民族の営業担当者は車を売るインセンティヴをやり過ごしてしまう。そんなことになっている理由として1つ考えられるのは、少数民族の人たちは、自分は信心深いと認識していることが多く、そして宗教の多くが同性愛は間違っていると教えていることだ。一部の研究によると、信心深い人たちは、性的指向は選択するもので、生まれつきのものではないと信じていることが多い。ピュー研究所の信仰と国民生活フォーラムが2007年に行ったアンケート調査によると、アメリカの黒人は「さまざまな面でアメリカ国民一般よりも顕著に信心深い」[5]。(そんな可能性を示唆するのは、ぼくたち自身の研究も含め、太りすぎとか同性愛とかといった状態について人間は「選択」できると感じる場合、人はそういう状態の人を差別する傾向がある、との研究結果があるからである。つまり、自分でなんとかできることなのに、ということだ)。

では人種、つまりどう考えても本人の選択に基づくものではないことに関しても、そういう差別が見つかるだろうか。

取引しよう

やっぱり今回も車を買いに何人もの人を送り込んだ。でも今回は友だちのフリもパートナーのフリもしない。それぞれ1人で、ぼくたちの指示に基づいて行動してもらった。全員中年で、半分は黒人、半分は白人である。設定をわかってもらうために、次の2つのシナリオを比較してみよう。違いに注意して読んでほしい。

ＢＭＷ３３５ｉ、２０１２年モデルは標準価格が5万５０００ドルで、とても高い車だ。でも美しい車とはまさにこういう車のことを言う。バーガンディを思わせる赤の華麗なコンバーティブル、合金でできたダブルスポークのホイルに黒のレザーシート、車の姿をした本物の芸術作品だ。営業担当者は体育会系の若い男でリチャードという名前だ。彼はジムに微笑みかける。「かわいい子でしょう？　ドライブに連れていきたいですか？」

「そうだね」とジムはよそよそしく言う。興奮しているのを隠したいのだ。これは楽しいことになるぞ。

リチャードがキーを取りに行く間、ジムは値の張るオプションをあれこれ想像した。ヒーター付きのシートでしょ、アクティヴ・ステアリングでしょ、ヘッドライトもいいのにして。ウチの奥さん、雨が降ってて暗い冬の晩とか、助かるだろうし。

リチャードがキーを持ってきたのでジムはハンドルを握った。コンバーティブルを駐車場から出して、幹線道路へと向かう。リチャードはお客を値踏みする。ジムは40代後半の白人で、格子縞のウールのセーターの上から緑のパーカーを着ている。下はカーキのパンツだ。

「どれぐらい車を見て回られました？」。リチャードはそう尋ねてみる。

「ここしばらくだね」。ジムはにやりと笑ってそう答える。「妻に記念日の贈り物をしようと思ってね。彼女、いつもこんな車をほしがってたんだ」

「奥様がお家のドアから出てきてこの車が庭を走ってくるのを見たとき、どんな顔をされるかと想像してしまいましたよ」とリチャード。車を走らせながら、リチャードはジムに、奥さんと家族について、礼を失しない範囲の質問をいくつかした。

試乗が終わって、リチャードはジムにコーヒーを勧め、自分のパーティションへ案内して座り心地のいい椅子に掛けてもらった。ジムはぜひ買いたいと言う。長い交渉の結果、ジムは6万925ドルでこの車を買うことになった。


——•——


さて、まったく同じ状況の同じシナリオを考えてみよう。ただ、今度はジムが黒人の男性だというところだけが違っている。

ここでの疑問はこうだ。相手が黒人の男性だとリチャードは値段をいくらだと言うだろう？　もっと高いだろうか？　同じだろうか？　もっと安いだろうか？

やってみると、高級車を買う場合、黒人の男性が示される最終提案の価格は、白人の男性より約800ドル高いのがわかった。

先ほどの同性愛者に関する実験で見られたのと同じ種類の差別だろうか？　高級車を買いに来ているお客がアフリカ系アメリカ人だと、どうして営業担当者は粗末な扱いをするのだろう？　試乗やコーヒーにあまり誘わなくなるのだろう？　それをはっきりさせるために、ぼくたちはまた別の実験を行った。

黒人ボブの場合

新しいトヨタのカローラはかっこいい、ボブはそう思っている。表示価格は1万6995ドルだ。今乗っている2007年モデルのパスファインダーは下取りに出すつもりだ。『ケリー・ブルーブック』を見ると下取り価格は1万ドルだが、あれやこれやでちょっとそれを下回ることになるだろう。パスファインダーはもういいやという感じだったので、自分で売るより安い値段でもかまわないと思っていた。

ピカピカのホイルを見ていると、営業担当者がやってきた。

「いい車だね」とボブ。「試乗させてもらえないかな」

「もちろんですとも。ウチにあるのはこれが最後なんですよ」と営業担当者。「私はトニーと言います」。彼は親切そうに手を差し出し、ボブは握手した。「すぐに戻ります。彼女を連れて走りに行きましょう」

トニーがキーを持って帰ってきて、車のドアを開けた。ボブは運転席に身体を沈めた。やわらかいグレイの革の感触と、新車のにおいが心地よかった。

ボブが販売店の駐車場から車を出すとき、トニーは、ボブがどんなお客なのか推し量ろうとした。ボブは黒人で、40歳をちょっと過ぎたぐらいだろうか。ジーンズと赤いフランネルのシャツを着て、その上からこれといって特徴のない青のパーカーを羽織っている。

「どれぐらい車を見て回られました？」。トニーはそう尋ねてみる。

「ここしばらくだね」。ボブはそう答える。「いままでよりいい車が必要になってね。今回は中古じゃなくて新車を買うことにしたんだ」

試乗が終わって、ボブはぜひ買いたいと言う。長い交渉の結果、折り合いがついた。ボブは表示価格より400ドル上（1万9295ドル）でこの車を買い、ただしパスファインダーは8000ドルで下取りしてもらうことになった。

――・――

白人ボブの場合

さて、まったく同じ状況の同じシナリオを考えてみよう。ただ、今度はボブが白人の男性だというところだけが違っている。

ここでの疑問はこうだ。よりよい条件を勝ち取るのはどっちの人だろう？

この場合はどちらでもない。2つのシナリオの下、決まった条件は同じだ。トヨタみたいな安い車について交渉する場合、実験のために送り込んだ人の間で販売店側の言い値に違いは見られなかった。安い車の場合、営業担当者が提示する価格はお客の人種に左右されず、同じだった。ということは、営業担当者がやっているのは利益の追求による経済的差別である可能性が高いということになる。つまり、営業担当者たちは、見込み客の人種を見て、この人が値の張る車を買う可能性は低いと判断したとき、その人を差別するのである。安い車の場合、人種にかかわらず、買いに来た人が実際に買いそうだと思うなら差別をしたりはしない。

もう少し説明を。値の張る車だと、営業担当者は白人のほうが車を買う可能性は高いと思っているのではとぼくたちは推測した。だから営業担当者はわざわざ余分に時間をかけて、あれこれ誘いをかけたりコーヒーを勧めたり、なんてことをするのだ。リチャードがジム相手にやったのがそういうことだった。この場合、営業担当者は単純に、目の前にぶら下がったインセンティヴに反応しただけである。彼らは白人の買い手が相手ならたっぷり時間をかけて交渉するのもいとわなかった。そうやって話し合えば取引を成立させられると信じたからだ。

言い換えると、悪意を持った人はいつも一貫して悪意を持って行動する。でも、そうしたほうが儲けが増えると思ったときだけ差別をするなら、それは経済的差別だ。そういう差別は倫理にもとるかもしれないし不公平かもしれない。ＢＭＷの営業担当者のケースでいうなら、人種を見てひどい扱いをするかもしれない。でもそれは悪意があってそうするわけではないのである。

差別と公共政策

「はじめに」で紹介した、アーチー・バンカーがサミー・デイヴィスJr.に言った言葉を思い出してほしい。「あんた黒いよな。あんたは自分で好き好んで黒いわけじゃない、それはオレにもわかる。でも、いったいぜんたい、なんであんたユダヤになんてなったんだ？[6]」

さきほどちょっと書いたように、ぼくたちの研究は1つ、面白い結論を指し示している。ぼくたちの研究を全部合わせてみると、悪意が頭をもたげるのは、差別をする側の人は、自分が評価しようとしている相手が、自分で選んで問題の特性を身につけていると思うときであることが多い[7]。たとえば、太った人を見ると、そうなったのは自制心がないからだと思う人がいる。同性愛者であることを公言している人をみると、自分で選んでそうなったんだと思う人もいる。でも人種や性別に関しては、できることはあんまりない（もちろん性転換をしない限り、ということだけれども）。

こうした発見は、心理学者のいう帰属理論に合っている。ぼくたちは、ものごとの原因や結果を自分に納得させられるように、他の人について推論を行う、という理論だ。ぼくたちは、肥満、同性愛、犯罪、その他もろもろについて、そういう推論に基づいて原因を探す。でもそういうとき、ぼくたちは問題の相手について、本当に何も知らなかったりする。そしてぼくたちが誰かについて知れば知るほど、ぼくたちはその相手を紋切り型に当てはめて考えることがなくなるのだ。

さて、それでは、人が差別をする理由の背後にある動機を知ることがどれだけ大事か、という問題に立ち返ろう。それがわかれば何か変わるんだろうか？　結局どちらにしても、人は偏見を持った不公平な振る舞いをするというのに？

ぼくたちの答えは単純だ。差別の原因もわからないのに、差別に立ち向かう政策を真剣に作ろうなんて無茶な話だ。悪意による差別は相変わらず危険だが衰えている。一方、経済的差別は強まっている。これは政策当局にとって重要な情報だ。そして差別対策は手を変え品を変えて行われているけれど、ぼくたちは相変わらず、政策による介入と2種類の差別の関係について、ほとんど何も知らない。

もう長い間、アメリカの政府は悪意による差別を禁止するさまざまな決まりを作り、法律にしている。差別と戦うための公共政策として一番よく用いられているのは、おそらくアファーマティヴ・アクションだろう。アメリカでアファーマティヴ・アクションという言葉が公共政策の議論に登場したのは１９６０年代のはじめだった。この言葉は、宗教や人種、性別によって歴史的に虐げられてきたグループに対する偏見を抑え、埋め合わせをしようという政策を指す。この手の政策が行われているのはアメリカに限らない。たとえば、アパルトヘイト後の南アフリカは「広範囲黒人権利拡大法」を施行した。この法律は、企業が最小限守るべき黒人の利害の水準を定めている。

ある意味、アファーマティヴ・アクションはジム・クロウ法やアパルトヘイトなど、少数派を差別し、望ましい職業から排斥してきた歴史上のさまざまなひどい政策の正反対だ。アファーマティヴ・アクションを支持する人たちは、抑圧されてきたグループの人が望ましい仕事に就く割合を増やすことで、害なす政策の影響を押し戻そうと考えている。1960年代や1970年代なら、そういうやり方もたしかに理にかなっていただろう。少数派に対する悪意が強かった時代だ。

時代に合わないアファーマティヴ・アクション

でもいまどき、ぼくたちは社会全体として、もっと見えにくい形で人を差別をするようになっている。アファーマティヴ・アクションにも問題がある。たとえば、この政策に反対する人の一部は、公平な社会を促進しようという目的はすばらしいが、女性や少数派が過去50年の間に成し遂げた進歩からして、もうそういう政策は不要だと考えている。

アファーマティヴ・アクションに伴う問題の例として、政策の対象になる少数派の人について間違った考えを人が抱いてしまうことが挙げられる。たとえば、とても頭がよくてとてもよく勉強するアフリカ系アメリカ人の女性が一流大学のロースクールを出たとする。アファーマティヴ・アクションがなければ、他の人は、彼女が成功したのは本人がとてもできる人だからだと考えるだろう。でもアファーマティヴ・アクションがあると、他人は、彼女が成功したのは政府の介入のおかげだと思うかもしれない。つまり、よく勉強して頭もいいからではなく、ひいきしてもらったからあんな大学を出られたんだと思うかもしれない。

そういう種類の批判への反応として、一部の州は法律でアファーマティヴ・アクションを禁止した。たとえばカリフォルニア州では法案２０９号によって、公立学校の入学や政府による人材の採用、契約で、女性や少数派を優遇するのを禁止している。

大学院の入学事務局が、他の条件が同じなら能力ある黒人の女性の入学を認めたがらないとしたら、おそらくアファーマティヴ・アクションのような「逆差別」政策が有効な解決策だろう。でも、その人を入学させない理由が経済的差別によるものなら――たとえば、彼女は成功しないだろうと入学事務局の面々が思ったのが理由なら――アファーマティヴ・アクションは彼女を救ういい方法にはならない。そういう差別は大学の「損得勘定のような」計算に基づいている。大学は最高の学生に卒業してもらいたいものだ。そんな大学の人たちが、彼女がいい結果を出す可能性は低いと考えている。この場合の解決策は、入学事務局の人たちが従う損得勘定の図式を変えてやることだ。たとえば、あなたが出願者なら、学部学生のうちに難しい講座を取っていい成績を取り、大学院に入ってもいい成績を出しますよとシグナルを送るのがいい。これは悪意による差別の場合とは異なる処方箋である。

ぼくたちの研究によると、労働市場における現代の差別と闘うには、採用枠やアファーマティヴ・アクションなどの昔ながらの政策手段はもう時代遅れであってうまくはいかない。今日ある本当の問題に対応していないからだ。そういう政策手段は間違った種類の差別に対応している。広く行われていて、今も増え続けている種類の差別、つまり現代の経済的差別には、それでは対処できないのである。

ぶっ倒れるまでお買い物

前の章で掲げたなぞなぞはこうだった。「いまどきの差別を終わらせるカンタンな一言とは？」。答えは単純だ。

「今日のうちに3軒で見積もりを貰うんだ」

身体の不自由なドライバーにかかわる実験で見たように、この一言は、サービスや製品を売っている人が経済的差別をしているときに有効だ。今度、値切れる店に行ったら、販売担当者にこう言ってみるといい。「今日は3軒回るんだ」。この単純な一言で、販売担当者のインセンティヴに関する認識を完全に変えてしまうことができる。何かをあなたに売りつけてがっぽり儲けようとする代わりに、販売担当者は折れて、理にかなう値段をあなたに示すだろう。そうしないと競争相手があなたにもっといい値段を持ちかけるだろう、販売担当者がそう認識するからだ。

こんな例を考えてみよう。何年か前、ウリはシンガポールで交渉術の授業を教えていた。そんなあるとき、使っているニコンのカメラのレンズを買わないといけなくなった。ウリはカメラ屋さんがたくさん並んだ界隈に行った。ほとんどの店はとても魅力的な値段を掲げている。最初の店へ行ったとき、ウリは販売担当者に「このニコンのカメラで使えるいいレンズ」はないかと尋ねた。

販売担当者は、どんな選択肢があって、それぞれどんなレンズか詳しく説明し、そのうえで自分が一番いいと思うレンズを勧めた。値段は790ドルだった。ウリがそれじゃいいやと言って店を出ると、追いかけてきていくらなら買う気があるのか教えてくれと言った。

さて、自分に必要なレンズのことが具体的によくわかったところで、ウリの買い物はここからが本番である。他の店を何軒か訪れ、自分に必要なレンズが厳密にどれなのか学んだ。自分に何が必要なのか知れば知るほど、販売担当者から提示される内容もよくなっていった。最終的に、最後の店に入ったウリは「ニコンのニッコールAF－S 55－300mm f/4・5－5・6 ED VR 高倍率ズーム・レンズDX」がほしいと言い、328ドルで買った。交渉の必要すらなかった。

何が起きたんだろう？　最初の販売担当者が790ドルだと言ったのは、ウリはなんにもわかってないのがわかったからだ。最後の販売担当者には、ウリは自分のやっていることをちゃんとわかっているのがわかった。だからずっと安い値段を示したのだ。最初の販売担当者がひどい価格を言ってよこしたのは、ウリが嫌いだからだったりはしない。単に、ウリを知識不足のお客に分類し、そんなウリからできるだけたくさんお金を引き出してやろうと考えただけだ。

この話の教訓は単純だ。お買い物をするときに経済的差別にできるだけ合わないようにしたいと思ったら、実勢の値段や製品に関する情報を十分に持って立ち向かうことだ。そうやって取引の相手側に自分は十分わかってるぞとシグナルを送れば、販売担当者の差別をするインセンティヴを大幅に変えることができる。

政策当局の人たちに向かって魔法の杖を一振りして、ぼくたちが発見したことを実際の政策に使わせることができるなら、彼らが立案するのは、悪意による差別に焦点を当てるより、むしろ経済的差別の対象になっている人たちを助けることに焦点を当てる政策になるだろう。そんな政策を実行するためには、もっと実地実験を行って、研究対象の市場にはびこるさまざまな形の経済的差別を抽出しないといけない。そんな研究に基づいて、政策当局の人たちは働き手たちが平等に仕事のチャンスを手にできるよう、消費者が公平に製品を買えるよう、もっといい政策を実施することができるだろう。家を買う人が住宅ローンを組もうとするときは、平らな土俵で自分の信用力を貸し手に伝えられるようにしないといけない。そして政治家たちはオンライン取引が増えても価格は誰にとっても公平で透明性の高いものになるようにできるだろう。

「データを見せろ」

シカゴ大学で教えるぼくたちの友だち、リチャード・セイラーはそういう政策をどうやって実施すればいいか、いいアイディアを持っている。ニューヨーク・タイムズに書いた「データを見せろ(どっちにしてもオレらのだろ、それ)」というタイトルのコラムで、彼はこう述べている。「あなたが何が好きで何が嫌いか、企業は膨大な情報を溜め込んでいる。でも彼らがそんなことをするのは、あなたが面白い御仁だからというだけではない。彼らは知れば知るほどお金が儲かるのだ(8)」。それでもなお、別にかまわないというのもありうる。情報を集めてそれでお金を儲けて、いったい何がいけないいんだろう？　いけないのは、企業がそういう情報を使って消費者をひどい目に合わせているからだ。セイラーの解決策は、企業はあなたに、あなた自身に関するデータを開示しなければならない、という法律を議会が作ればいい、というものだった。情報の中身を知れば、どれが自分に不利に働くのかがわかる。あるいは、自分のニーズに合った製品やサービスを見つけられる。あなたに関する情報をあなたと共有しないといけないなら、企業もあなたの利益に反するような使い方はとてもしにくくなるだろう。そういう企業のせいでぼくたちはとても複雑な選択をする羽目になっていて、データがないと賢い消費者として行動できなくなっている、セイラーはそう主張している。

セイラーの解決策はいい出発点だ。でも本当にああいう差別をなくしたければ、自分に関するデータを自分で手に入れられるようにならないといけないし、さらに、企業がそういうデータをどんなことに使っているのかわからないといけない。

——•——

結局、差別の仕組みをもっと深く理解すればその分だけ世界は必ずよりよい場所になるのだ。1992年のノーベル賞受賞記念の晩餐会で講演したとき、ゲイリー・ベッカーはこう言っている。「経済学の目では、どうやっても人生はロマンティックには見えてきません。でも、世界のあちこちに蔓延する貧困、苦しみ、危機は、ほとんど全部、なくていいはずのものであり、それらに触れるたび、経済や社会の仕組みを理解すれば人びとの幸せに大きな貢献ができるのだとの思いを強くするのです」。あなたが今では差別をより深く理解してくれて、インセンティヴが偏見ある行動と決定的に結びついているのをわかってくれたと思いたい。

次の章では、よりよい社会を作ろうという公共政策による努力を、もっと賢く応用する他の方法を説明する。

THE
WHY
AXIS

第8章 ぼくたちをぼくたち自身から守るには？

［実地実験を使って生きるか死ぬかの状況を学ぶ］

けんかの果てに

2009年、9月終わりのとある午後、シカゴのサウスサイドにあるフェンガー高校の生徒たちは、学校から帰る道にある、コンクリートを敷き詰めた空き地を横切っていた。オルトゲルト・ガーデンズの公営団地に住んでいる子もいる。シカゴの荒れた界隈であるローズランド（またの名を「村《ザ・ヴィル》」）に住んでいる子もいる。この2つ別々の地域から通っている生徒の一部には、互いに激しく反目しあっている子たちもいる。どちらのグループも、ギャングというより派閥というほうが近いけれど。

ティーンエイジャーたちが空き地を横切っている間にけんかが起きる。2つのグループの子どもたち、それに通りかかった他の子たちが巻き込まれる。誰かが携帯電話を引っ張り出して15人から20人の子どもたちが殴り合っているのをビデオに撮り始める。どっちもどっちで、アメリカ中の高校で起きている、溢れるホルモンのせいで起きた殴り合いと、一見なんの違いもない。ビデオが始まって1分経つころ、角材が空き地にいくつか転がっているのを誰かが見つける。真っ赤なモーターサイクル・ジャケットを着込んだユージン・ライリーは、ツレから大きな角材の1本を受け取り、野球のバットみたく、16歳の優等生、デリオン・アルバートの頭の後ろめがけてスウィングする。

「クソったれ!」。誰かがわめく。金切り声に叫び声をあげながら、子どもたちは走り出す。叫び声のほうに走っていく子もいるし、叫び声から離れていく子もいる。デリオンは立とうとするが、また殴られ、蹴られる。また誰かが叫ぶ。「ああお前ら、なんだってんだ」。デリオンは頭を守ろうとする。

カメラは空き地からパンし、通りを映す。30代はじめで上半身裸の男が、自分よりずっと若い相手を見下ろしている。相手は彼を睨みつけ、角材で今にも殴ろうかというポーズで脅している。男は木の幹みたいな腕をしている。若い子はすばやく計算して、男に角材を投げつけるだけで、走って逃げることにする。カメラがまたパンして空き地を映す。デリオンはまだ倒れている。身を守ることもできず、空っぽの目でカメラを見ている。彼を叩きのめしていた連中がさらに10秒ほど彼を殴る蹴るし、それから走り去る。カメラを操っていた子と他の子たちがデリオンのところへ駆け寄る。誰かが言う。「おい起きろよ」。友だちたちがデリオンを担ぎ起こし、空き地の隣にある公民館に連れて行く。デリオンの反応を引き出そうと、友だちたちは彼の名前を叫び続ける。ビデオが始まって2分、やっとサイレンが聞こえる。(1) デリオンは何時間か後に亡くなった。

若者の暴力を減らしたい

デリオンの惨《むご》い死はユーチューブで何千回も再生された。都市部の若者を脅かし続ける暴力の実例がまた1つ示された。麻薬の使用、失業、10代の妊娠、学校の中退、それに肥満も高い割合で起きている。もう何十年も、政策当局はこうした問題に立ち向かおうと、ありとあらゆる手をほとんど全部尽くしてきた。でも、犯罪発生率が下がったときでさえ、どの政策が効いたのか、どの政策がお金の無駄遣いだったのかはけっしてはっきりしなかった。

新しい対策を打とうと必死になった当時シカゴ市長のリチャード・デイリーやロン・フーバーマンなどの政策当局の人たちは、ぼくたちに目を向けてくれた。「何がうまくいくか、どうしてわからないんだろう?」。ロンはそうぼくたちに尋ねた。ぼくたちの答えは単純だった。何がうまくいくか、それはどうしてかをはっきりさせられるほど、ぼくたちはこの分野で十分に実験をやってないからです。

でも、そういう大規模な社会実験にはちゃんと前例があって、ロンは頭にそれを浮かべながら、ぼくたちにそういうのをやってほしいと考えたのだった。前例の多くは1960年代、とくに1963年から1968年のリンドン・ベインズ・ジョンソン大統領の時代に行われている。ジョンソンの時代、社会科学者たちは「健康保険を提供するのに理想的な方法は何か?[2]」みたいな疑問に答えを出そうと考えた。そうやって行われた研究はとても大きな影響を及ぼしたが、連邦政府がそうした実験を支援しなくなると、研究者たちも大々的な社会実験を捨て、多くの場合、コンピュータや実験室で仕事をするようになった。学界が再び大挙して政策当局と手を組み、人の行動を左右しようという大規模な政策の影響の大きさを実証し出したのは、つい最近のことである。

——•——

デリオンが殺された3分間のビデオが市井の人にたどり着くのに長くはかからなかった。シカゴではニュース番組で流されたし、インターネット上のニュースを見れば、ありとあらゆる殺人に関する話にこのビデオが埋め込まれていた。野次馬根性? ええもちろん。でも、ビデオのおかげで加害者が割り出せて、検事は5件の裁判で有罪判決を勝ち取り、被告たちは7年から30年に及ぶ懲役刑を科せられた。ユージン・ライリーは、仮に模範囚だったとしても、人生の半分以上を鉄格子の中で過ごすことになるだろう。5人もの服役囚を出すのは社会にとっても大きな負担だ。イリノイ州では、服役囚1人あたりの費用は年に4万ドル前後だし、殺人が社会に課す費用は、医療費に捜査費用、法的費用、そして服役の費用など、合わせて100万ドルを軽く超えると見積もられている。

どうすれば納税者の納める血税を、ティーンエイジャーの銃による暴力をもっとも効果的に減らすのに使えるだろう？

データ掘り職人

ロン・フーバーマンはシカゴで（というか、どこへ行っても）一番すばらしい公僕の1人だ。ハンサムで深い声をした、同性愛を公言する元警官である。フーバーマンは1971年にテルアビブで生まれた。ホロコーストを生き延びた両親の2番目の子だ。両親は小さい子どものころに家族の大部分が殺され、イスラエルへやってきた。フーバーマンが5歳のとき、両親は彼とお兄さんを連れてテネシー州のオークリッジに引っ越した。お母さんはかつてはコンサート・ピアニストだった人で、同時に言語学者だった。その彼女が地元の高校で外国語の先生になった。お父さんはたくさんの実績を持つ優れた細胞生物学者だったが、政府機関でガンの研究をする仕事を選んだ。「製薬会社からウチで働かないかって声が山ほどかかってたんだけど」とフーバーマンは言う。「でも父は、政府機関でずっと少ないお給料を貰って医学の研究をする道を選んだんだ。そのほうが世界を変えられると思ったからだね。彼がそんな道を選んだおかげで、ぼく自身も公職とはどういうものなのか自分なりにわかったし、ぼくも社会に恩返しがしたいと思うようになった」

小学校から中学校時代、フーバーマンはあんまり勉強するほうではなかったが、高校ではなんとかいい成績を取ってウィスコンシン大学に入学し、国語と心理学を学んだ。卒業してからは警察学校に入り、1995年に警官になって、シカゴで深夜勤務に就いた。警官になったおかげで、暴力の吹き荒れる大都市では何がうまくいって何がうまくいかないか、最前線で見て回ることができた。

シカゴの殺人は長い間、着実に増えていた。1990年代はこの街で最悪の殺人の時代だった。1992年、この人口が300万人に満たない街で、943件の殺人が起きた。つまり10万人あたり34件の割合だ。1999年、シカゴ域内で6000人の人が撃たれ、そのうち1000人が亡くなった。公営団地での銃撃事件の通報を受けていたフーバーマンは「怖い目に合うのもしかたがないなんて、みんながどれだけ諦めているかよくわかった。誰かが撃たれたり殺されたりしない晩なんてなかった。発砲沙汰が何度も何度も起きるんで、もうみんな疲れ切ってしまって、コミュニティには正義感なんてなくなってしまっていたんだよ」。

データベースが犯罪を減らす

若い人たちが何人も亡くなるのを見たフーバーマンは、警官としてもっと賢い仕事のしかたがあるに違いないと思うようになった。どの手段を強化すれば警察の力をもっと効果的に使えるだろうと自分で考え始めた。警察は、自分たちだけでものごとを変えたりはあまりできないかもしれない。犯罪を予防するのではなく、犯罪に対応するのが警察の主な仕事だ。だからフーバーマンは昼間に学校に通うことにした。大学院に入って彼が専攻したのは2つのぜんぜん違った——人によっては正反対と言うかもしれない——学問分野だった。社会福祉、そしてビジネスだ。

そのすぐのちに、フーバーマンは警視副補佐の階級に昇進した。大学院を修了してから、彼が最初に取り組んだプロジェクトの1つは、医療業界でいえばカルテの電子化にあたるシステムを作って警察を情報化時代に追いつかせようというものだった。「このシステムができる前は、なんでもかんでも紙だった」とフーバーマンは言う。「暴力沙汰が起きたとして、目撃者が『やったやつは肩にバニーの彫り物をしていたよ』と言ったとする。捜査官はここの地下室へ行って、何時間もかけてピンク色の書類を何百枚も調べるんだ。書類に書いてある事件の詳細を読んで、バニーの彫り物が出てくる事件が1件か2件かでも見つからないか、探すんだよ。十分な情報を手に入れて面通しに呼べるだけの十分な容疑者をそろえたり、犯罪のパターンを見つけたりするには、果てしなく時間がかかる」

そういう大混乱をリアルタイムの電子データベースに変えるのには何百万ドルもかかり、警察にはそんなお金はない。だからフーバーマンは物乞いよろしく帽子を手に取ってお辞儀をせんばかりの勢いで、ソフトウェアの大手企業、オラクルを訪ね、そういうシステムを作ってくれ、完成すれば国中の警察にひっぱりだこだぞ、と売り込んだ。オラクルはエサに飛びつき、1000万ドルかけてシステムを開発した。フーバーマンがシステム開発に必要な情報をオラクルに提供し、それでも足りないお金はマッチング・ギフトのキャンペーンを張って集めた。

市民・警察分析報告システム（The Citizen and Law Enforcement Analysis and Reporting System、またの名をCLEAR）はシカゴにおける犯罪に成り立っていた関係を変えた。今日、暴力沙汰が起きて、被害者が警官に、犯人は肩にバニーの彫り物をしていたよと言ったとする。警官はその情報を電子機器に打ち込み、犯人の可能性のある人たちをその場で特定できる。また警部クラスの人たちは、犯罪がよく起きるホットスポットに警官を戦略的に配置できる。さらに、CLEARのおかげで彼らは常日頃から自分の仮説を検証できるようになった。たとえば、麻薬関連の犯罪者を逮捕するのとギャング関係の犯罪者を逮捕するのとでは、どちらが犯罪を減らすのに大きく貢献するだろう？　データを見れば誰が犯罪を減らすのに貢献しているかもわかるから、警官の昇進はデータに基づいて決められる。今日、このシステムのおかげもあってのことだと思うが、シカゴの発砲事件はCLEARが起動した1999年から3分の2も減少した。

平穏を培う

CLEARを立ち上げた後すぐ、フーバーマンは同じようなシステムを、大規模で複合的で文化的にも複雑な市の他の行政組織にも備えさせた。2001年9月11日、つまり国中のすべての大都市が強い警戒下にあった日の後、市長のリチャード・デイリーは、素早く動いてフーバーマンにさまざまな大規模システムの管理上の問題を担わせることに決めた。フーバーマンを任命するとき、デイリー市長はこう述べた。「私は彼に最大限の信頼を置いている。晩にはただ目をつぶっただけで安心して眠れる。ロン・フーバーマンのことは何にも心配しなくていい」

フーバーマンはスーパーマンのシカゴ版みたいな人になった。大きくてやっかいな問題に次々と取り組み、毎度毎度、危機を救った。フーバーマンは危機管理から手を付けた。彼の役目はこうだ。市をテロ攻撃や公衆衛生上の危機、自然災害から守る組織の間を調整し、911にかかってくる1日2万1000件以上にも及ぶ通報に対処する方法を見つけること。彼は統合司令本部を作り、危機の間、市の持つ資源をすべて統合して動かせるようにした。当時の国土安全保障省の長官だったマイケル・チャートフはこのシステムを「革命的」と表現した。そして2005年、フーバーマンはデイリー市長の首席補佐官として働くことになった。今度は市にはびこる腐敗を根絶やしにし、市の行政に説明責任をもたらすのがフーバーマンの仕事だ。それから彼は、シカゴの交通局を立て直し、市の交通手段の使い勝手を大幅に改善し、また21ある交通局の組合すべてと交渉して労働協約を改定した。さらに空いた時間を使って、前科者に仕事を提供する仕組みとして国で最大の制度を立ち上げた。

こうした制度はどれも、CLEARの特徴である、統計を追跡してデータを掘り返す手法に頼っている。どの場合も、フーバーマンは同じ志を持ち、複数の学問分野を学んださまざまな部門の人たちからなるチームを作って仕事に当たらせている。彼らは一緒に、政府が普通は使わない出所のデータも使って、詳細にわたる測定指向の統計追跡システムを作った。このシステムで、市行政のあらゆる分野の人たちに、明確な仕事の目標を与えることができた。

デリオン・アルバートの殺人があってからそう経たない2009年、当時シカゴ教育長だったアーン・ダンカンがオバマ大統領に国の教育長官に任命され、フーバーマンはダンカンの跡を継いで教育委員長になった。仕事に就いて間もなく、フーバーマンはティーンエイジャーの起こす銃撃事件に立ち向かおうと心に決めた。国から受け取った財政資金を元手に、フーバーマンは「平穏の校風」という名のプログラムを立ち上げた。このプログラムはシカゴの特に危険な数校に焦点を当て、考えられるありとあらゆる対策を講じている。研究者たちは、子どもたちを暴力の危険にさらす要因を、生徒に対する罰則の与え方から玄関のデザインまで、片っ端から詳しく調べた。先生たちはがけっぷちの生徒たちへの対応に力を注いだ。スクール・カウンセラーの数も増やされた。がけっぷちの生徒たちに必要な注意が払われるようになると、校風が変わり始めた。でも本当に風景を変えるには、他にも何かが必要だった。

「安全な学校が欲しい」

ここでカニエ・ウェストが登場する。名の通ったラッパーであり音楽プロデューサーだ。都市部の黒人の子どもたちをその気にさせる人が誰かいるとしたら彼をおいて他にない。ハンサムで大胆で言いたいことをはっきり言うマッチョな黒人だ。ステージに立つときはよく、革のスカートにフード付きのジャケットを着ている。いずれもプラティナ・ディスクになった5枚のソロアルバムで賞を山ほど取っていて、史上もっともよく売れるデジタル・アーティストの1人でもある。[3]

ウェストを擁したインセンティヴについてフーバーマンと話していて、スーパースター（無償奉仕《プロ・ボノ》で演ってもらう）とふれあうコンサートなら、一番暴力の吹き荒れている32校の子どもたちの気を本当にひけるだろうということになった。校風が一番劇的によくなった学校で、賞としてプライベート・コンサートを開くのだ。学校はそれぞれ平穏の校風委員会を設置し、互いに激烈な競争を始めた。

賞を勝ち取ったファラガット高校は、平穏の校風プログラムで大きく変貌を遂げた。シカゴの南西部にあって生徒の約70％がヒスパニック系、30％がアフリカ系だ。平穏の校風プログラムが始まる前、廊下はお互いに攻撃的な態度を取り合う生徒であふれていた。押したり突き飛ばしたり、侮辱しあったり、ときには殴り合ったりしていた。目に入る大人といえば、警備員がウロウロしているぐらいで、始業ベルがなると子どもたちを教室のドアに文字どおり押し込んでいた。

ファラガット高校の生徒たちは、まず、平穏の校風委員会を作った。生徒のリーダーたち——生徒会の会長だの生徒自治会だののだけでなく、フットボールの選手やなんかの「影響力ある」子たちも含まれる——がメンバーだ。基本になるルールを決めるのがこの委員会の仕事で、加えて彼らは2つ、大きな包括的目標を決めた。出席率を大幅に改善すること、そして学校の中だけでなく、学校の外でも暴力沙汰の事件を減らすこと、だ。

表彰を目指す競争にすっかりやる気になって、子どもたちは仲間としてのプレッシャーを周りにかけた。インセンティヴは魔法みたいに力を発揮した。平穏の校風プログラムに参加した学校はどこも大幅に暴力沙汰が減り、出席率が改善した。中でもファラガット高校は、驚くべき40％も非行が減少したと報告している。

2010年の6月にファラガットの体育館で開かれたコンサートは、もちろんすばらしかった。ウェストは他にも人気アーティスト2人を連れてきた。まずルーペ・フィアスコが自分のヒット曲『スーパースター』を演り、それからやはりスーパースターのコモンが『ユニヴァーサル・マインド・コントロール』を演った。そしてウェストが登場して生徒たちは大騒ぎだった。彼らには忘れられない一晩になった。

でも実は、ものごとを変えたのは、本当はコンサートというインセンティヴではなかった。ウェストを見られるチャンスは、実は、子どもたちが本当はほしいと思っていたものの大義名分になっただけだった。つまり安全に勉強できる場だ。「子どもたちは彼を見たがっていたけれど、もっと大事なのは、彼らが立ち上がって『安全な学校がほしい』って言っていいんだと思ったことだ」。フーバーマンはそう述べた。その点でも、生徒たちは思ってもみなかったことを成し遂げた。プログラムに参加した32校のいずれでも、学校の校風は平穏であり続けた。廊下で先生を見かけるようになった。生徒たちはけんかをしなくなった。そして銃撃みたいな暴力沙汰は30％も減少した。で、これがフーバーマンの唯一の解決策だったんだろうか？　実は、これは氷山の一角にすぎなかった。

シカゴ教育委員会のシークレット・サービス作戦

デリオン・アルバートが殺されて1ヵ月、フーバーマンは学校の講堂でテーブルを前に座り、席を埋め尽くした怒れる親御さんたちと先生たちに相対していた。彼らは、校内暴力を減らすための2年に及ぶ実験プログラムに目の飛び出るような6000万ドルをつぎ込み、一方、他の予算は骨と皮だけになるまで減らすと言うフーバーマンをどやしつけようとやってきたのだった。先生の中にはクビになった人もいたし、生徒の多すぎる教室に直面している人もいた。そして危険にさらされていない生徒の親御さんたちは、検証もされていない方法で「悪い子」たちが人生を立て直すのを後押しするのにこんなにたくさんお金をつぎ込まないといけないのがどうしてなのかまったくわからないと言う人もいた。

フーバーマンは集まった人たちに立ち向かった。「大事なのはどっちですか、1クラスの人数を減らすことですかそれとも命を救うことですか?」と彼は問いかけた。典型的な年で、250人の生徒が撃たれ、平均ではそうやって撃たれた生徒のうち30人が亡くなっている、フーバーマンはそう指摘した。警官だった彼は、自分自身、あまりにもたくさんの悲劇を目の当たりにしてきた。それが彼にはこたえていた。だいたい、危ない学校の子たちはどっちにしても勉強なんかに集中できない、彼はそう主張した。もっと大きな問題、たとえば殺されるかもしれないなんて恐怖で頭がいっぱいだからだ。銃撃が起きると出席率が50%に下がる。「頭が使えてやる気のある子どもが、学校の近くで発砲事件があったら、命を危険にさらしますか、それとも勉強が遅れるリスクを取りますか?」とフーバーマンは問いかけた。「そしてあなたがそういう学校の1つで先生をしていて、生徒の半分が授業に出てこなかったら、おびえ切った子どもたちが戻ってきたときに授業をやり直して、他の子たちみんなに足踏みをさせますか? こんな悪循環を断ち切るためには何をすればいいでしょう?」

どんな子が危ないのか

　フーバーマンは我が意を通したが、親御さんの中には彼の考えに疑問をぬぐいきれない人もたくさんいた。彼らは勉強が軽視されているんじゃないかと言う。フーバーマンの計画のうち、一番大胆なのは、おそらく、とても危ない立場にいる子どもたちを特定するプログラムだった。つまり、銃を使った犯罪にかかわっている可能性が一番高い子たちだ。このプログラムは危険な立場にいる子どもたちを、たっぷりお給料を出して雇った擁護者に引き合わせるものだ。フーバーマンの言葉を借りると、擁護者は「若者にとってよき師となり、庇護者となり、親のような存在として積極的に若者にかかわっていく大人」である。この計画を開始するために、フーバーマンはぼくたちにこんな疑問を投げかけた。７００校、40万人超の生徒のうち、銃犯罪にかかわる可能性の高い子をどうやって割り出せばいいだろう？　この疑問の答えがわかれば効果的に対応する体制が作れる、フーバーマンはそう察していた。そしてそういう情報がなければ体制は間違いなく崩壊するだろう、彼はそう結論付けた。

　そうしてぼくたちは仕事に取り掛かった。まず、ぼくたちの調査チームは２００７年９月から２００９年10月に起きた５００件の発砲事件について、事後に集められたデータを調べた。子どもたちを一番危険にさらす要因を抽出できるか知りたかったのだ[4]。さて、何がわかっただろう？

第一の要因は目をつぶっててもわかるってぐらい明らかだ。男であること、である。人種もとても強い影響を及ぼす。ヒスパニック系やアフリカ系アメリカ人はだいたい同じぐらいのリスクにさらされていて、白人よりもずっと危ない。それから、行動上の問題もある（非行や過去の発砲歴、試験の成績、卒業へ向けた進捗、停学、投獄など）。その中で一番強い予測力を持つのは少年院に入れられた過去があることである。このグループに属する子どもが発砲事件にかかわる割合は、白人の生徒の10倍、典型的なアフリカ系やヒスパニック系の男子生徒の6倍である。

また、ぼくたちの発見によると、深刻な非行や授業の欠席、少年院、そして同学年で年上である（つまり留年している）ことはアフリカ系アメリカ人の男性にとってとくに重大であり、一方、停学や欠席はヒスパニック系にとって強い予測能力を持つ特徴だ。たとえば、17歳の高校1年生は15歳の1年生より、リスクが大幅に高い。加えて、銃犯罪は典型的に学校が始まる前と終わった後の時間に起きている。他の授業ではよくやっている子たちの中に、1日の最初の授業や最後の授業で受ける科目では単位を落としているのを説明できる要因だ。彼らが欠席するのはそういう時間になると集まってくるギャングが怖いからである。

ぼくたちが判定に使ったふるいはかなり正確で、発砲事件にかかわるのは、普通、一握りの子どもに限られていることを考えるととくにそういえた。シカゴの公立学校全体の生徒41万人のうち、だいたい1万人（2・5％）は銃による暴力にかかわる深刻なリスクにさらされていた。そういうがけっぷちの生徒の大部分は、荒れた界隈にある32校のどれかに通っていて、ヒスパニック系かアフリカ系であり、貧しい傾向が強かった。モデルは41万人の生徒のうち１２００人をとてもリスクの高い生徒と判定した。彼らには助けが必要だった。それも今すぐに。

――・――

危ない子どもたちを守る

もっとリスクの高い生徒を特定した今、次のステップは、若年指導プログラム（ＹＡＰ、Youth Advocate Programs, Inc.）を通じて彼らを擁護者に引き合わせることだ。ＹＡＰの擁護者の１人にクリス・サットンという人がいる。40歳のアフリカ系アメリカ人で、結婚していて子どもが２人いる。洗車場を１カ所持っていて、マーケティング専攻で大学も出ている。サットンは自分の危険な仕事の目的を短くこう表現している。「お客を死なせないこと」

ＹＡＰはサットンに12ドルから30ドルの時給を払う。彼にはお客／生徒が５人いるから、彼の稼ぎは全体で時給60ドルから１５０ドルということになる。間違いなくいいお給料だ。彼をやる気にさせるのに「出すものを出している」といえる。でも、これは危険で１日24時間いつも気の抜けない仕事であり、サットンはお金が一番の動機ではないと言う。彼は危険にさらされた子どもたちを本当に助けたいと思っている。子どもたちを通りに放っておけば、間違いなく死んでしまうのが彼にはよくわかっている。だから彼は若いお客を、朝は学校まで車で連れて行き、夕方は車で拾う。

朝夕は校内暴力が一番激しい時間帯2つだ。彼は子どもたちを仕事に連れて行き、一緒に晩ごはんを食べ、晩は家に送っていく。それ以外の時間帯も呼ばれればすぐに飛んでいく。

サットンの最近のお客で、一番の超ハイリスクな1人は、ダレンという名の直情的な黒人の若者だ。ダレンは発砲事件の当事者になりやすいことを示す要因のすべてに該当している。ダレンの両親はヤク中で刑務所に入っていた。「いつも悪いことばかりしている人たちに囲まれてると、正しいことをするのには10倍の強さがいるようになる」とサットンは指摘する。ダレンの友だちはみんな高校を中退してしまった。ダレンはやたらと問題を起こして学校をよく休む。そのせいで彼は同級生より年上になってしまった。学校に弾の入った銃を持ってきたのを見つかり、執行猶予中の身だ。彼は里親とエングルウッドに住んでいる。シカゴでもとくに危ない地域で、車で通りすがりに発砲、なんてことは日常茶飯事である。「あそこはOK牧場みたいなところだ」とサットン。

ダレンはとても賢くてよく勉強もする。市の仕事もやっている。溝や公園を掃除する仕事だ。これはYAPにあっせんしてもらった。残念ながら、彼はよく、ギャンブルで稼ぎを丸ごと溶かしてしまうし、衝動的に行動するとそれは全部自分に跳ね返ってくるのが彼にはなかなかわからない。ダレンは組織や大人をぜんぜん信じないから、サットンは彼の信頼を勝ち取るために、きわどいまねもしなければならなかった。「彼みたいな子の場合は潜入捜査みたいなこともやらないといけない。つまり、相手と同じような服を着て、相手が聴く音楽を聴いて、相手の言うことによくよく耳を傾けないといけない。本当に悪い子について情報を集めて、その子たちに注意を向けるよう校長に連絡するんだ。その子たちもＹＡＰに入れるようにね」

若年指導プログラムで成功した子たち

このプログラムは実際に人の命を救っているが、生徒の指導はとてもリスクの高い仕事だ。ある日、ダレンとＹＡＰでサットンの指導を受けている他の子たちがよくないところで一線を踏み越えてしまった。ダレンと他の子が口げんかになり、そこで敵対するグループに属するギャングのメンバーがけんかに加わった。急に銃弾が飛び交った。ダレンと別の生徒が１人、弾に当たった。サットンは車の中でシートを倒して９１１に電話し、それから祈った。

グッド・ニュースは、ダレンはこの発砲事件を生き延びたことだ。彼は高校を卒業できた。彼自身も驚いたことに、音楽の成績でＢが取れて、ＹＡＰの手助けがなかったらこんなことできなかったとサットンに語っている。そしてダレンは今も市の仕事を続けている。「ダレンみたいな子が踏みとどまって高校を卒業できたら、卒業した後は安定した定職に就く準備ができているってことだ」とサットンは言う。「彼らの代わりに試験を受けてやることはできないけれど、彼らに安全に移動する手段と勉強の手助けと指導を提供してやることはできる。そのうち補助輪なしでも大丈夫になるさ」

確かにＹＡＰはお金がたくさんかかる。生徒１人あたり平均で１万５０００ドルだ。でも懲役のコストに比べると何というほどでもないし、このプログラムで手助けを受けた人たちを見ると、効果は持続しているように思える。これまでのところ、ぼくたちが計測したほとんどの点についても、ＹＡＰの子どもたちは対照グループの子どもたちとなんら違うところはないが、ＹＡＰで成功した子たちは誰も、卒業後に深刻な問題に巻き込まれていないし、ダレンも含めて大部分が行動に大きな改善が見られた。

それでも、ＹＡＰは危険にさらされたシカゴの子どもたちを全員救うことはできないし、お金はいつも足りない。実験プログラムならとくにそうだ。運よくＹＡＰの対象になれた子でも、とてつもないオッズに打ち克たなければならない現実を突きつけられて、単純にあきらめて中退してしまう。そういう子たちに何が有効なのか、ぼくたちは学び続けなければならない。

静かな殺し屋：肥満

子どもたちは――シカゴに限らず、国中どこへ行っても――もう１つ大きな脅威にさらされている。デブになる危険だ。デブの子の割合は１９８０年以来3倍近くになった。疾病予防管理センターによると、今では2歳から19歳の子どものうち17％、低所得家庭の保育園年代の子どものうち7人に１人がデブだ。明らかにその手の子どもはソファに座って過ごしすぎ、運動しなさすぎである。そして彼らは脂肪たっぷりの加工食品を食べすぎなのだが、彼らはそういうのを家だけではなく学校でも食べすぎている。

ぼくたちはデブ症を「静かな殺し屋」と呼んでいる。ほとんどの人はこれがどれだけ根深い問題かわかっていないからだ。『アメリカ医師会ジャーナル』に掲載された1999年の研究は、アメリカでは毎年28万人から32万5000人の成人がデブをこじらせて亡くなっていると結論付けている。数分に1人の割合、あるいは1時間に40人近い割合だ。この死亡率は、酔っ払い運転や乳がんなど、よく知られた死亡原因の多くを上回る。

大人の大部分は、帽子に白いスモックのいでたちをした「昼食のおばさん」をかろうじて覚えている――あるいは記憶を抑え込んでいる――んじゃないかと思う。学校のカフェテリアでごはんを出してくれる人たちだ。怪しい茶色の肉っぽい物質を白い丸パンにはさんだ「バーガー」があった。ウィンナーロールは大部分パンで、とても小さいウィンナーが中のほうに隠れている。乾燥して固くなったフレンチフライ。くたびれたレタスにはランチ・ドレッシングがかかっていて、それで野菜としてまかり通っている。インスタントのマッシュポテトには、四角く切った鳥の臓物がぽつぽつと入った、もはや正体不明のグレイヴィ・ソースがかかっている。あなたならこういうのは愛犬にはけっして食べさせないだろうけど、アメリカの親御さんには、わざわざお金まで払って、自分の子どもにそんなものを食べさせている人がたくさんいる。政府だってそうだ。

学校の食事は健康的か

2010年3月のある晩、数百万人の人がテレビでジェイミー・オリヴァーを見た。イギリス人の有名なシェフだ。オリヴァーは、ウェストヴァージニア州のハンティントンで学校のカフェテリアに乱入、大暴れをして見せた。ハンティントンはアメリカ一の不健康な街と呼ばれている（大人の半分がデブだからだ）。彼がやろうとしたのは、街が全体として口にするものを改善しようということだった。あれこれ気に入らない光景が目に入るとオリヴァーは言う。朝からピッツァ、お昼にはチキン・ナゲットだって？

給食のおばさんたちは、まあ当然だろうが、むきになった。なんでこの人、ボスじゃなくてあたしらを責めるかな？「これらは食事の栄養を分析して月単位で決められています」。オリヴァーがとても残念な中身の冷凍室から引っ張り出してきた冷凍チキン・ナゲットの容器に貼ったラベルを指さしながら、おばさんの1人がそう言う。「原料はまず、鶏の白身肉です」

でも、オリヴァーが原料のリストを見ると、それ以外に読める名前の原料はほとんどなかった。リストに載った原料の大部分は正体のわからない化学物質で、チキンみたいな物質の耐凍性や凝集性、弾力性、粘着性、嚙みごたえを改善するために入っている。安息香酸ナトリウム、ターシャルブチルヒドロキノン、それにジメチルポリシロキサンなんて調子だ。オリヴァーはナゲットを手に取り、「あなたもこれを食べますか?」とおばさんたちに尋ねた。「ええ」とおばさんの1人。「おいしいですよ」

アメリカ学校栄養協会はオリヴァーの批判に怒り、反論するプレス・リリースを出した。彼らの主張はこうだ。2009年に国全体にわたって1200を超える学区で行われたアンケート調査によると「ほとんどの学区でも、生徒に新鮮な果物と野菜、低脂肪の乳製品、全粒穀物、およびサラダバーまたはあらかじめパッケージされたサラダを提供しています。ほとんどの学校は、現在も厨房で一から食品の調理を行っていますし、学区が提供する菜食主義向けの食事や地域で生産された食品も増えています。学校栄養プログラムのおかげで、子どもたちの好みは改善し、全粒粉、低脂肪チーズ、および低ナトリウムソースを使用したピッツァなど、より健康的な食事を好むようになりました[5]」。

明らかに、ハンティントンの給食のおばさん、学校栄養協会、そしてオリヴァーは話がかみ合っていない。まあ公平にいうと、アメリカの連邦政府は、実際には(少しずつ、苦しみながら)事態を改善するべく年に10億ドルを費やしている。2011年、農務省(USDA)は15年ぶりに学校栄養ガイドラインを改訂した。しかしこの年の11月、議会はUSDAが決めた、より健康的な学校昼食の基準を差し戻し、USDAの意欲的な健康志向の方針の一部に制限を課した(深夜のトークショーのコメディアンたちがそれに目をつけ、ピッツァやフレンチフライのトマト・ソースが野菜に含まれているのをおちょくった)。そんな抵抗はあるものの、学校栄養協会の広報担当は、ほとんどの学校はＵＳＤＡの作った健康的な昼食のガイドラインに従い続けるだろうと述べている。

子どもにクッキーより果物を選ばせるには

そんな高い志はともかくも、ここには大きな問題がある。ほとんどの子どもたちは相変わらずほうれん草やリンゴよりフレンチフライやピッツァのほうが好きだ。ほとんどの学校は、デザートの代わりに果物を出すなど、健康的な食事も選べるようにしているが、子どもたちはあまりそういうのを選ばない。選んでもちゃんと食べてはいない。親御さんの中にはブロッコリや玄米を好んで食べるように子どもたちをしつけようと一所懸命にやっている人たちもいるが、食料品店のレジに並んだ列や、好意なのだがよくわかっていない親類や友だち、ご近所の人たちの影響に圧倒されてしまっている。

そしてもちろん、味覚がおかしくなっているということ以外にも、子どもたちは問題を抱えている。第４章でみたように、彼らは長い目ではものを考えられない。ポパイはほうれん草を食べるけれど、子どもに「野菜も食べなさい。君のためだよ。大きく強くなれるよ」なんて言っても、こいつなに言ってんのって視線が返ってくるだけだ。子どもは将来の健康のこと（というか将来のことはなんにも、例外はお誕生日のことぐらいだろう）なんて考えない。

第１章で、インセンティヴを使ってみんなにもっと運動させる、という話をした。１カ月間、ジムに通った学生にお金を支払うことで、彼らの振る舞いを変えられるのを示した。同じようなインセンティヴがここでも使えるだろうか？　子どもにクッキーよりフルーツを選ばせるためには何が必要だろう？　それを調べるべく、ぼくたちはシカゴ・フード・デポジトリー［訳注：フードバンク（269ページ参照）が持つシカゴ郊外の巨大な物流基地］と一緒に、シカゴ地域の生徒1000人を対象に調査を行った。放課後に食事を提供するプログラムを使って、どうすれば子どもに健康的な食べ物を選ばせることができるか調べたのだ。実験ではまず、グループの1つの子どもたちにこう告げた。「今日はいつもと違うデザートもあるよ。いつものクッキーがいいかな、それともこっちの干しあんずがいいかな？」。思ったとおり、子どもの90％はクッキーを選んだ。

次に、子どもたちに栄養に関する教育を施し、健康的な果物や野菜を食べることの大事さを教え、自分で色とりどりの食生ピラミッドを描いたりして遊んでもらった。そんな授業が一とおり終わったところで、子どもたちに同じ選択肢を与えてみた。クッキー？　それとも果物？（わかっていたとはいえ）残念ながら、食育では彼らの好みにこれっぽっちの爪痕も残せなかった。子どもたちはやっぱりクッキーを選んだ。

そこでぼくたちは別のグループの子どもたちに、また別の策を講じてみた。「クッキーか果物か、どっちを選んでもいいよ。果物を選んだ人にはご褒美があるよ！」（ご褒美はゴムでできた果物の色の小さなアヒルの人形か、リストバンドか、「力強く食べて力強くなろう」と印字されたペンか、果物のキーホルダーのどれかだった）。今度は子どもの80％が果物を選んだ。ご褒美を出さないときは10％だった。教育プログラムとご褒美を組み合わせて得られた結果に、ぼくたちは喜んだ。1週間後にもう一度行ってみると、子どもたちの38％はまだ果物を選んで食べていた。子どもの中には長期に及ぶいい習慣を身につけ始めた子がいるということだ(6)。

クッキーを届かない場所へ

少し違うやり方で、もっと前向きな結果も得られている。何歩か後戻りして、食料品店で何が起きているか考えてみた。「パッケージとか並べ方とかを工夫するのはどこの食料品店でもやってることだ」。ロン・フーバーマンはそこに目をつけた。「学校で出すごはんでもそういうのをやったらどうだろう？」（彼の言うとおりだ。健康的な食べ物を明るい照明で照らし、魅力的で手の届きやすいところに置いて、あまり健康的でない食べ物は脇の細い通路に置くと、「健康的」なエリアのほうへやってくる人が多くなる(7)）。

ぼくたちは健康に悪い食べ物を取り除き、それをもっと健康にいい食べ物に置き換えた。でも——ここが大事なところで——そこで立ち止まりはしなかった。1つ画期的だったのは、食べ物の並んだ棚の最前列に置いてあったポテトチップをリンゴのスライスのパックに変えたことだ。これがうまくいったとフーバーマンは考えている。パックに詰めたリンゴのスライスは、歯の矯正ブリッジに皮が引っかかったりする大きなリンゴまるごとよりもとっつきやすいし、加えてぼくたちは、ポテトチップを取りにくくした。ポテトチップもクッキーも、子どもでは手が届かず、昼食のおばさんに取ってくれるよう頼まないといけないところに置いた。ブツブツ文句ばっかり言ってる昼食のおばさんに、何か頼みたい子なんているだろうか？　実質的に、ぼくたちは消費にかかるコストを変えたのだ。フーバーマンの言うとおりである。「クッキーは頼みにくく、リンゴのスライスは手の届きやすいところに」。そんなことも言われないとわからないなんてね。

で、結局どうだってことだろう？　今回もやっぱり、カギはやり方なのだ。食育に健康的な選択肢を組み合わせ、そういう選択肢が健康的でない選択肢よりも魅力的に映るようにする。そうすれば変化を起こせるのだ。

北風と太陽、命を救うにはどっち？

2012年の感謝祭まで1週間、ジョンの義理の父、73歳のゲイリー・アイナーソンはウィスコンシン大学病院の集中治療室で横たわっていた。死神がじっと、彼が息を引き取るのを待っていた。かつてはスポーツ選手であり、6フィート2インチ、200ポンドの身体で大学ではバスケットボールをしていたゲイリーは、マディスン市のすぐ近くにあるデフォレスト高校で、結果を出せる生真面目な校長としてよく知られていた。肝臓移植を待っている間に、ゲイリーの体重は138ポンドまで減ってしまった。ここ数日の間に条件の合う肝臓を確保できなければ、ゲイリーは生き延びられないだろう、医者はそう言った。でも彼は運がよかった。おそらくマディスン近くで起きた自動車事故で亡くなった19歳の男の子から提供された肝臓がぎりぎりのタイミングで届いた。移植は成功し、ゲイリーは感謝祭の日に退院した。病院史上、一番高い年齢で移植を受けた人になったゲイリーは、今、体重も増えて元気にやっている。

アメリカ政府のウェブサイト、organdonor.govによると、臓器の到着を待ちながら亡くなる人が1日あたり18人もいる。臓器を提供する人が1人いれば最大8人の命が救われる。臓器の提供を求める、胸の張り裂けそうな訴えを、あなたも絶対に聞いたことがあるだろう。訴えはたとえばこんな感じだったはずだ。

私のいとこのジャニースは小さい子2人を抱えたお母さんです。彼女には腎臓移植が必要なことがわかりました。週に2回、彼女は腎臓透析を受けなければなりません。もちろん彼女はすぐに、腎臓移植の順番待ちに登録しました。新しい腎臓がなければ、彼女は死ぬことになります。1年の間に、腎臓の提供があったという連絡が2回ありました。でも2回とも彼女にはよく適合しませんでした。だから彼女はさらに待たなければならず、その間に病状はどんどん悪くなっていきます。ある日、また電話がありました。今度の腎臓はうまく適合しました。ある女性が交通事故で亡くなり、その女性が臓器提供者になりました。この寛大な女性の腎臓を貰って、ジャニースは命を救われました。

アメリカの一部の州や一部の国では、臓器が必要である場合に、提供者をできるだけ容易に見つけられるようにしている。(8) 何か公式の手続きをするとき、たとえば運転免許を更新するとき、ぼくたちには「参入オプション」（提供者になると明示的に意思表示をする）が与えられていたり「脱退オプション」（提供者になるのを明示的に拒否しない限り自動的に提供者になる）が与えられていたりする。これらについては強力な証拠があって、拒否しなければ自動的に提供者になる脱退オプション制を採ると提供者の割合が増えると示唆している。たとえば脱退オプション制を採るオーストリアなどの国のほうが、参入オプション制を採るドイツなどの国より提供者の割合が高い。前者は99％もの高さであり、後者はだいたい12％だ。(9)

　この種の脱退オプション制はぼくたちの仲間でシカゴ大学の行動経済学者、リチャード・セイラーが「そっと後押《ナッジ》し」と呼ぶやり方の完璧な実例である。そっと後押しとは、とても簡単に言うと、本人も気づかないうちに行動をいいほうへ変えさせる、小さな変化のことである。ハーヴァード大学の法学教授のキャス・サンスティーンと一緒に書いた『実践 行動経済学』〔遠藤真美訳、日経BP社、2009年〕で、セイラーは、人をほんの少し後押ししてより賢明な選択をさせる作戦について書いている。たとえば、子どもがクッキーやポテトチップではなく果物や野菜に手を伸ばしてくれやすくするための作戦だ。

　脱退オプション制はいろいろな状況でとてもうまく機能した（し、人の命を救うために臓器を必要な人に提供する方法としてとてもすばらしい気がする）が、そういうやり方で人の同意を取り付けるのは、なんだか騙しているように感じる人もいる。反対する人たちは、事故で亡くなった後にまで他人の命を救うべく貴重な腎臓をタダで譲り渡してしまう人にならば、せめて生きている間に、暗黙のうちに約束させるよりもはっきり明確に約束を取り交わすのが礼儀というものだろうと考えているのかもしれない。

２００７年、ぼくたちはイェール大学のディーン・カーランと一緒に、明示的な約束の下でも臓器提供率を高めることができるかどうか調べた。[10] 不足している角膜の提供を増やせるかどうかやってみることにしたのだ。今回は非営利組織のドネイト・ライフとの共同作業だ。ドネイト・ライフの使命は、臓器提供者を増やし、「そっと後押し」と競合する別のやり方、すなわち「手間暇」を使った実験を行うことにある。

実は、イリノイ州は最近、臓器提供者登録の新しい仕組みを導入した。法律の改正に伴い、従来から臓器提供者として登録されている人も、改めて登録しなおさないといけなくなった。そこでぼくたちは実験を行った。研究助手に言って、シカゴ周辺のさまざまな地域にわたる４００軒を超える家に連絡を取らせた。学生たちは、新しい運転免許登録方法のせいで、提供者としての登録が抹消されてしまうかもしれない、そう相手に告げた。それから学生たちは大事な質問をぶつけた。「臓器提供者登録に関する情報を貰いたいと思われますか?」。情報を受け取るべく参入オプションを行使するなら、自分の名前、住所、性別、生年月日などを書類に書き込まないといけない。ぼくたちが尋ねた相手のうち24%が情報を受け取ろうと登録をした。これがぼくたちの出発点となるグループだ。

自動のオプションを変更して、情報を何も受け取らないためには脱退オプションを行使しないといけないことにしたらどうなるだろう？　設定を変えて、情報を受け取りたくない人は、脱退オプションを行使するために、名前や住所など、先ほどと同じ書類を埋めないといけないことにした。今度は尋ねた人のうち31％が登録をした。どうやら、自動のオプションを変えるだけで参加する人を増やすには十分なインセンティヴであるようだ。

さらに別の実験で、ぼくたちは登録するための書類をもっと短く簡単にした。実のところ、名前を書くだけでドネイト・ライフから情報を受け取れるようにした。今度は32％の人が登録した。この結果は、直接に提供者登録をしますかと尋ねるより、こういうやり方をしたほうが、もっと提供者を集められる可能性があるのを示している。

障害を減らす――それで手間暇を節約させてやる――ほうがそっと後押しするよりも、ちょっとだけうまくいくと実験結果が示している。ということは、人に提供者登録をさせる件に関しては、自動オプションなんて使わなくても使うのと同じレベルの成功が実現できる可能性があるということだ。はっきり提供者になってくださいと言って、それでもなお、より高い登録率を実現できるはずなのである。

こうした結果は臓器提供の領域を超えて、重要な意義を持つ可能性がある。たとえば、アメリカ人は仕事を引退した後のためにお金を十分に貯めていない。人びとの貯蓄率を引き上げるのにも、自動オプションは有効だと主張する人は多い。ぼくたちが得た結果によると、単純に手間暇を減らして貯蓄に関する原則を明快に単純に説明するだけで自動オプションを使う作戦と同じ効果が得られるかもしれない。同じように、適切な健康保険を選択することに伴う手間暇を減らせば、それだけで健康保険に加入する人が増えるかもしれない（もちろん、そういうインセンティヴがうまく機能するかどうか、もっと実地実験をやって調べる必要があるけれども）。

誰にとっても脅威：地球温暖化

地球温暖化は人類が直面する最大の脅威の1つだ。ハリケーン・サンディは、ニューヨーク、ニュージャージー、ペンシルヴァニアなどを含む、とても広い範囲を破壊した。でもそんなサンディも、これからぼくたちの身に降りかかる、天候にかかわる災害の終わりなきフルコースの単なる前菜にすぎないのだ。2013年1月に発表された、アメリカ気候評価によると、「熱波、豪雨、地域によっては洪水や旱魃などを含む、ある種の気象事象がより頻繁に起き、かつ／またはより激しくなっている。海水面は上昇しつつあり、海水の酸性度は強まり、氷河や北極圏の氷は溶け続けている」[11]。専門家たちの意見は、多かれ少なかれ、今後、夏はより暑く、より乾燥した季節になり、嵐はより雨量が多く破壊的になり、停電や交通マヒが増加し、食料や水の供給にひどい被害が起きることが増えるだろうという点で一致している。

そんなシナリオに立ち向かうべく、世界中の発明家たちは地球温暖化問題を和らげる新しい技術を開発しようと必死に働いている。でも、そういう新技術をみんなに使わせるのはなかなか難しいこともある。実地実験が何か役に立てるだろうか？

答えを求めて、ぼくたちは電球をかえる実地実験を行った。今、世の中の家屋にあるソケットにはまっている電球のうち、CFLつまり電球型蛍光灯はたったの11％ほどだ。もちろん、ぼくたちみんなが暮らしの中で行う小さな努力は、環境保護を大きく左右する。実際、アメリカの家庭みんなが白熱灯を1個CFLに変えれば、1年間に排出される温暖化ガスは90億ポンド減る。これは車80万台に相当する数字だ。そのうえ、エネルギー費用は6億ドル節約できる。[12]

そういうこともあって、ジョージ・W・ブッシュ大統領は2007年にエネルギー自給安全保障法に署名した。この法律は、いろんなことといっしょに、エネルギー効率が悪い昔ながらの白熱灯は絶滅に追いやられるべきだと実質的に宣言している。残念ながら、取って代わるべき電球型蛍光灯はちゃちな代物だ。チラチラするし、明かりは冷たくよそよそしい。性能も不安定だ。寒いとよく光らない。水銀を含んでいるから簡単に捨てられないし、割れたときも厄介だ。新しい電球にうんざりして、昔ながらの電球を競って買い溜めしている人がたくさんいる。

CFLの品質は2007年以降大幅に改善した。でも、CFLに以前と変わらぬうらみつらみを抱いている人はたくさんいる。そのうえ、議会にはCFLを法律で禁止してしまおうという人もいる。さて、みんなにCFLに対する偏見を乗り越え、CFLに乗り換えさせるには何をすればいいんだろう? 手をつけてみると、これは思ったより複雑で、というのは、周りからの圧力と価格の組み合わせがかかわってくるからだ。

「みんなやってる」と値下げの効果

人に行動を変えさせるための手段として、大きく強力なものに「社会的規範」がある。「隣のジョーンズんちには負けない」みたいな漠然としたきっかけで、人は他の人の後を追うようになる。社会的規範はありとあらゆるところで人を動かすきっかけになる。他の親御さんがみんな、時間どおりに保育園へ子どもを迎えに来るようになれば、それが社会的規範になり、きっかけになる。テレビのコマーシャルで「10人中7人のお客様が」特定のシリアルだか歯磨き粉だか車だか、それこそ何でもいいが、これはいいと同意した、なんてやっているのを見ると、それがきっかけになる。そしてホテルのトイレに入って「このお部屋をご利用くださったお客様の73%はタオルを再利用しておられます」なんてサインを見ると、それもきっかけになる。[13]

人を説得して新しいことを試させるものといえばもう1つ、昔ながらの、そう、お金だ。お金と周りからの圧力をどう組み合わせればみんなに電球を変えさせられるか調べるために、ぼくたちはデイヴィッド・ハーバリックおよびマイケル・プライスと一緒に大規模な実地実験を行った。学生を勧誘員——というか、秘密工作員——としてシカゴ郊外に送り込み、9000軒近いご家庭を訪ね歩かせた(14)。

訪問に応えてドアに出た人に、CFLのパッケージを2パックまでお買い上げいただけますと売り込む。電球の仕入れ値は3・75ドルから7・15ドルまでだったが、標準価格は1パック5・00ドルに設定した。また、1パック1・00ドルでも売り込んでみた。昔ながらの電球とだいたい同じ値段だ。加えて、あちこちのお家で学生に、世間からの圧力を加えさせた。たとえばこんなことを言わせるのだ。「ご存知ですか、アメリカのご家庭の70%は少なくとも1つCFLをお持ちなんですよ！」。あるいは、拷問よろしく締め上げるがごとく世間の圧力を加えたいときはこんなふうに言わせる。「ご存知ですか、私たちが調査したこのあたりのご家庭の70%は少なくとも1つCFLをお持ちなんですよ！」

こうして、人びとにCFLを買わせる方法が2つあるのがわかった。1つは値段を安くすることだ。だいたいの人は、政府がCFLに補助金を出して、昔ながらの電球と同じ値段で買えるようにするべきだと思っている。残念ながら、政府が財布の紐を締めにかかっているとき、そういうことは行われない。ぼくたちが得た結果によると、まあ当然だろうが、そういうやり方をするとうまくいくかもしれない。人にCFLを買わせる方法の2つ目は、ご近所さんも使ってますよと言うことだ。ご近所の人たちがどうしているか教えてあげるのは、標準価格5・00ドルのパッケージを70%値下げするのと同じぐらいの効果が上げられる。大事なのは、また訪問して安い値段でCFLを売り込むと、人びとはやっぱり買ってくれたことだ。

さて、これでわかった大事なことはこうだ。人に振る舞いを改めてほしければ、一番いい作戦は社会的規範と値段のワンツー・パンチだ。この2つは互いに補い合い、互いに効果を高め合う。世間の圧力から見てみよう。人は、他の人たちに本当に遅れたくないと思っているわけだから、他の人たちが何をしているか教えてあげよう。そうすれば教えられた人は市場に入ってきてCFLの最初の1パックを買ってくれる。で、その人自身もめでたくCFLを手に入れたら、世間の圧力はもうそんなに効果を持たなくなる。そうなったら今度は安い値段で製品を提供しないといけない。そうすることでCFLをたくさん買ってくれるようになる。

こういうふうに、社会的規範と価格を組み合わせれば、みんなに環境に優しい製品を買わせることができる。もっと一般的にいうと、環境を守る新技術があるなら、政府（でも企業でも）は、まず社会的規範で市場に切り込むべきだ。世間の圧力を使い切ったら、もうそれ以上は世間の圧力は力を持たない。そこからは価格が重要になる。

―•―

社会の難問を解決する実験

貧困やホームレス、麻薬の乱用、犯罪といった、地域ごとに性質の異なる問題を扱っている経済学者が、過去に起きたことを分析するにとどまらず、公共政策として実行されるモデルを作る機会に恵まれることはそう多くない。だからロン・フーバーマンみたいな人たちに、社会のとても大きな問題をたくさん解決するのに手を貸してくれと頼まれ、そんな彼らと一緒に働けるチャンスが貰えたとき、ぼくたちは大喜びした。それに、もっともっとたくさん実験をぜひともやりたいと思う。

役所の人たちは典型的に、効果が平均で一番大きい政策に注目しがちだ。でも現実には、一部の人たちに対してはとてもうまくいき、でも他の人たちにはぜんぜんうまくいかない政策もある。社会問題に対処する道具として、ハンマーの代わりにメスを使ったらどうだろう？　ぼくたちの実験で得られるデータを見れば、社会復帰のためのプログラムのどの1つを取っても、誰にとってもうまくいったりはしないのがよくわかる。万物同一サイズの法則みたいな解決策より、YAPみたいに状況に合わせて作られた対策のほうが、シカゴのギャングスタたちみたいな人たちにがけっぷちから引き返させるには、有効なのかもしれない。

たとえば、平穏の校風のような施策を小規模にして、もっと対象を絞って実行したらどうだろう？　カニエ・ウェストのコンサートみたいな社会的インセンティヴに他の子よりもとても強く反応する生徒もいるかもしれない。他の生徒にはお金のインセンティヴのほうが効果があるかもしれない。つまり、がけっぷちの生徒たちを単に特定するにとどまらず、さまざまな実験を行って、問題のある素行がなぜ起きるのか根本の原因を探り、得られた結果に基づいて打つべき手を判断する、これはそういうアイディアだ。それには対象の人それぞれに合わせて対応策を作らなければならない。たとえば、エイズの伝染やティーンエイジャーの妊娠、公害、あるいは高校の中退率を、どうすれば減らせるだろう?

もちろん、大規模な実地実験をやるには時間もエネルギーも勇気も必要だ。世間が財布の紐を締めているいまどきは、社会政策を実行する前にお金をかけて実地実験をやるなんてなかなか考えられない。でもそういう考え方は間違っている。研究してはじめて何がうまくいくかがわかるのだし、だから長い目で見ればお金は節約できるのだ。そして実質的に費用のかからない実験はたくさんある。ロン・フーバーマンの手には、誰にとっても——子どもたちにとっても貧しい人たちにとっても地球の健康にとっても——よりよい結果を実現するために、調査や研究を使う道がちゃんとあるのである。

THE
WHY
AXIS

第9章 人に寄付をさせるのは本当はなんだろう？

［心に訴えてもだめ、見栄に訴えろ］

寄付をするのは思いやりがあるから？

通りでホームレスの人を見かけたり、封筒の表に容姿の損なわれた子どもの顔が載っているのを見たり、祭日のシーズンに救世軍のボランティアがベルを鳴らしているのを見かけたりすると、たぶんあなたは心を動かされて財布を開く気になるんじゃないだろうか。そしてもしあなたがだいたいのアメリカ人と同じなら、たぶんあなたも、毎年世界中から価値のある大義を見つけてきて、時間やお金を費やしているんだろう。
実際、アメリカ人はとっても気のいい連中であることが多い。アメリカ人の10人中9人は毎年少なくとも1回は慈善のために時間やお金を遣っている。アメリカで個人が行う慈善による寄付は、今では1年に3000億ドルに上る。これはギリシャのGDP全部とだいたい同じぐらいの額だ。それに企業や団体が行う寄付を加えれば、額はさらに大きく跳ね上がる。[1]

つまり、全部あわせるとものすごい額が寄付されている、そういうことだ。過去40年で慈善団体がありとあらゆるところに立ち上げられた。間違いなくこの傾向のおかげで、アメリカ合衆国政府は、貧しい人たちへの援助などの公共財を提供する重荷を減らせている。でも、疑問が1つ、ずっとほとんど解決しないままになっている。正確に言うと、どうしてぼくたちは寄付をするんだろう？

だいたいの人は、自分が寄付をするのは他の人たちを助けたいからだと言うんだろう。でも、人の気前がこんなにいい理由は、本当に思いやりだけなんだろうか？　ぼくたちの研究によるとそうではない。実はぼくたちは、いろんな慈善活動について実地実験を何度もやっている。ある実地実験では100万人を超える人たちとやり取りを行った。その結果こんなことがわかった。（覚悟はいいですか？）。寄付をするときのぼくたちの心は、ぼくたちのほとんどが認めたくないぐらい自分本位だ。

寄付をする理由として明らかに自分本位なのは、寄付をすることで得られる税控除だ。アメリカ政府は実質的に、ぼくたちが行う寄付を、教会のオークションから鯨を救う運動まで、幅広く支援している。もちろん税控除なんてなくても、人は自分で汗水たらして稼いだお金を何らかの大義のために遣う。ぼくたちは普通、ホームレスの人に領収証をくれなんて言わないわけであるし。

長年のやり方でいいのか

だから、純粋に気前がいいからとか、税金が安くなるからとか以外の理由で人が寄付をするのなら、その理由っていったいなんだろう？　寄付を集める人たちにとってこれはとても大事な疑問だ。慈善のための寄付を募る人たちは、間違いなく、寄付の背後にある動機はなんなのか、どうすれば寄付をする人たちに寄付し続けてもらえるか、そして彼らが寄付をやめてしまうのはどうしてか、知っておく必要がある。非営利組織も、寄付を増やすにはどうすればいいか知っておかないといけない。市町村のレベルでも州のレベルでも連邦のレベルでも、予算が大幅に削減されているいまどきはなおさらだ。合衆国政府だって、国民が毎年のように確定申告の書類に書いてくる何十億ドルものお金には、本当に経済的に意味があるのか、たぶん興味があるだろう。もし政府が寄付金による税控除を減らしたら、みんなは寄付をやめてしまうだろうか？

どんな種類の組織もそうであるように、非営利組織も自分たちで独自に調合した通念に頼って活動する。探求の旅をするうちにぼくたちは、ありとあらゆる生業の人たちが、自分の先達たちが意思決定に当たって使っていた通念や「直感」に従いがちなのを目の当たりにした。判断を下すとき、彼らは検証可能なデータよりもそういうものに頼りがちなのである。たとえば慈善活動の世界では、寄付を呼びかけるときのやり方は、長年やってきた方法とか試行錯誤とかで決まるものなのだ。新たな募金キャンペーンを企画するときも、慈善団体の人たちは、科学ではなく言い伝えに基づいてできた、それまでのやり方に頼っている。

でも、あなたがやっているのが慈善団体だろうと会社だろうと、車屋さんだろうと起業だろうと、通念に頼って仕事をするのは普通は知恵の足りないやり方だ。利害関係者（働き手やお客さん、それにお金を出してくれた人たち）が、あなたなら賢く切り盛りしてくれるだろうと頼りにしてくれているならなおのことそうだ。この章と次の章で、ぼくたちは慈善活動の世界を顕微鏡の下において、この世界の定石になっているやり方を吟味する。(2)

でも、ぼくたちの発見は慈善活動以外にも当てはまる。これから見てもらうように、ぼくたちの発見したことは、どんな組織についてもいえる、ずっと幅広い意義を持っている。

種を播く

慈善活動に関するぼくたちの研究の始まりは、１９９７年にまでさかのぼる。ジョンは中央フロリダ大学（ＵＣＦ）にいて、まだ青二才の助教だった。当時のジョンは経済理論を検証することに没頭し、研究の世界で少しずつ自分の格を上げているところだった。彼が実地実験を使って調べていたのは自分がよく知っているたった1つの市場だった。スポーツ・カード集めの市場だ。(3)

ある日、ジョンのところにトム・キオンがやってきた。UCFのビジネススクールの学部長だ。キオンはUCFを一流の研究機関にしたいと思っていた。そのためには、ビジネススクールの学科がそれぞれニッチを1つ決めてそれに特化する以外ない、キオンはそう考えていた。各学科がそれぞれニッチを選んだら、そのニッチに学部の資源を山ほどつぎ込むのだ。(4)

ジョンの専門は環境経済学と実験経済学だったから、彼は自分の専門分野のどちらかはこの「競い合い」に勝たせないと、と心に決めた。言い争いや裏工作が何ヵ月も続けられたあげく、教授会はほとんど全会一致で環境経済学を選び、実験経済学を有力な補完分野に決めた。ジョンと仲間たちにとってこれは大勝利の日だった。彼らはビールとピッツァで勝利を祝った。

投票の結果が出てすぐ、トム・キオンがやってきて勝ち組気分が台無しになった。「ジョン、おめでとう。君の専門分野の勝ちだ。これが本当にうまくいくように、私は環境政策研究センター(Center for Environmental Policy Analysis、後にCEPAと呼ばれるようになった)を設立することにした。責任者には君に就いてもらう」

ジョンのローファーを履いた足がガタガタ震えた。(5)

「センターのための資金はもちろん君に調達してもらわないといけない」と学部長は説明した。「種銭《シードマネー》として学校が5000ドル出す。もっとたくさんお金を集めるためにそれをどう使うかは君が考えてくれ」

ジョンは公共部門なんて研究したことはなかったし、募金なんて、家の郵便箱にしょっちゅう届く胸を締め付けられるような訴えに、ときどき応じて募金している以上のことはなんにも知らなかった。そこで彼は、新しくできた非営利組織がシードマネーを何に使うのがいいか、作戦をちょっと研究してみることにした。この件に関する文献を手当たり次第に読んだけれど、活動を始めるためにどれだけお金がいるのかを数量的に調べた研究はぜんぜんなかった。というか、数量的であろうがなかろうが、ちゃんとした研究自体、ほとんど見つからなかった。そこでジョンは自分で調べてみることにした。募金の世界はどんな仮定に基づいて動いているのだろう？　世界最大の慈善団体をいくつか訪ね、募金の専門家たちに話を聞くことにした。

ある午後、ジョンは大手の動物愛護団体で働いている人と話をした。銀髪にツイードのジャケットを着た、身ぎれいな紳士だ。会話はこんな感じだった。

ジョン：学部長がシードマネーだといって5000ドルくれたんです。資金集めのキャンペーンをやるには、あとどれだけお金が必要でしょうね？

彼　　：ああ、いいやり方があるよ！

ジョン：ほんとに？

彼　　：うん（と身を乗り出す）。目標の金額の33％が必要なシードマネーだな。つまり1万

5000ドル集める必要があるなら、まず5000ドル必要だ。33％が魔法の数字だ。

ジョン：はあ。そりゃすばらしい。ありがとうございます！　でもなんで33％なんですか？　50％とか10％じゃだめなんですか？

彼：ぼくはとても長い間この商売やってる。で、そういうやり方をしてきた。ぴったり33％だ。キャンペーンを始めるときのシードマネーがそれを上回ってもそれを下回っても必要な金額は集まらないんだよ。

ジョン：でもなんでそうだってわかるんでしょう？　なんか証拠がありますか？　こういうことを調べた研究は見つからなかったんですが……

彼：（ちょっと怒りつつ）なんでわかるかって、前のボスからそう教わったからだよ。彼自身も長いことこの商売やってたんだ。ぼくたちはいつもそういうやり方をしてるんだ。ほんとだって。

ジョン：（やっぱりちょっと怒りつつ）でもそれじゃなんで前のボスはそうだってわかったんでしょう？

このやり取りがどんな感じだったかわかってもらえると思う。この善意でいっぱいの御仁は、どうすればもっとお金が集まるかなんてちゃんと考えたこともなかったのだ。チャリティの催しのやり方はよく知っていても、資金集めの技術革新はあんまり知らないのである。でも、副業で募金集めを始めて数週間、ジョンはもうシードマネーに関する知識では、業界で一番の人たちに引けを取らないところまでたどり着いたような気がしていた。

慈善業界の人らは何か「間違ってる」、ジョンはそう思った。でも、あの身ぎれいな紳士みたいな人たちだってけっしてバカじゃない。何が欠けているんだろう？　彼らは経済学的な実地実験をやったことがない、だから、なんで人は施しをするのか、根本のところが科学的に研究できていないのだ、ジョンはそんな結論にたどり着いた。彼らの業界は活気づいているけれど、業界を動かしているのは言い伝えであって科学ではない。残念なことだけれど、若い研究者にとってはめったにないチャンスだ。実地実験で大きな影響を与えられ、強力な後押しを提供できる、そんな業界がある。ジョンの頭の中では、慈善業界での仕事のやり方を科学で劇的に変える革命を起こすのが目標になった。

―•―

何がうまくいって何がうまくいかないのか

シードマネーが果たす役割に踏み込む前に、ちょっとした思考実験をやって遊んでみよう。募金の世界では次のような考え方がいきわたっている。人が普段使っている典型的な仮定だ（中にはとてもうまくいっているものもあるし、そうでないものもある。これからの章2つで、それぞれのグループでどの仕掛けが一番うまくいっているか、そしてそれはなぜかを見る)。

グループA：

●1対1のマッチング・ギフト(「今お電話をくだされば、匿名で寄付を申し出ておられる他の方が、あなたとぴったり同じ額の寄付をしてくださいます。あなたの寄付が2倍に！」)
●2対1のマッチング・ギフト(「あなたの寄付が3倍に！」)
●3対1のマッチング・ギフト(「4倍に！」)

グループB：

●くじ引き(「今寄付をくだされば、くじ引きに参加できます！」)
●全額または一部の払い戻し(「募金が2万ドル集まらなかったそのときは、お預かりした募金はお返しします！」)
●トンティン方式(「ご寄付の額が大きければ大きいほど、当たる賞品も大きくなります！」)

グループC：

●戸別訪問での勧誘

- ●ダイレクトメールでの勧誘。外側の封筒に、苦しむ動物や子どもの写真と「あなたの募金で今日にも命が救えます！」のメッセージ入り
- ●「私たちのシードマネー5000ドルを、あなたの手で2万5000ドルに！」

調査を続ければ続けるほど、何がうまくいって何がうまくいかないか、意見は人それぞれなのを、ぼくたちは思い知らされた。でもどうして人は慈善活動にお金を寄付するのか、あるいはもっと幅広く、どうしてこの手の売り込みの手口に反応するのか、科学的な証拠はほとんどなかった。考えてみてほしい。マーケティングやセールスの人たちが見込み客を釣ってお金を払わせようというとき、こういう手を使うことがどれぐらいあるだろう？　実のところ、慈善に関する経済の仕組み全体が、有望な研究対象みたいに思える。これから見ていくように、研究で得られる結果は、ほとんどどの業界にも幅広くあてはまるからだ。

リーダーについていけ

研究センターにまず必要なのは新しいコンピュータだった。正確にいうと6台で、5000ドルでは足りない。そこである晩遅く、ぼくたちは友だちで経済学者仲間のジェイムズ・アンドレオーニとデイヴィッド・ラッキング＝ライリーに相談し、慈善のための募金活動に関する最初の実験計

画を一緒に作り上げることにした[6]。

ぼくたちは、センターに必要なコンピュータ6台を買う資金を集めるキャンペーン全体を、それぞれコンピュータを1台買う6つの小規模なキャンペーンに分けた。キャンペーンにはそれぞれ異なる処置を施した。同じ趣旨の勧誘の手紙を何ヴァージョンか作って中央フロリダの家庭3000軒に送った。中央フロリダ大学の新しい環境政策研究センター（CEPA）は、大気汚染や水質汚染、絶滅危惧種の保護、生物多様性の促進といった、地域、国、そして世界の環境問題を研究します、研究する者たちが使うコンピュータを買うお金を寄付してくださいませんか、という説明をつけた。

1台3000ドルのコンピュータを買うお金を寄付してくださいとお願いするにあたって、ぼくたちはシードマネーの大きさをいろいろに変えてみた。手紙の1つでは、すでに費用の10％は調達できているのであと2700ドル必要ですと書いた。別の手紙では、費用の33％が調達できているのであと2000ドル調達するのをお手伝いくださいと書いた。また別の手紙では、費用の67％はもう調達できているのであと1000ドルだけ助けてくださいと書いた。一部の手紙ではコンピュータが買えるだけのお金が集まらなかったら、送ってくださったお金はCEPAの運営資金に充てさせていただきますと書いた。別の手紙では、お金が十分に集まらなければ送ってくださったお金はお返ししますと書いた。こうしたそれぞれに内容の異なる手紙全部に、お約束の「ありがとうございます」のメッセージと、寄付のための書類、それから郵送料支払い済みの封筒をつけた。

手紙を発送して、ぼくたちは待った。

返ってきた反応を見て、ぼくたちは業界の通念は正しかったのを思い知らされたが、でも正しかったのは一部だけだった。シードマネーは寄付を集めるのに有効だった。でも専門家の何人かが口にした33％なる数字はまるで間違っていた。やってみると、必要なお金の33％はもう調達できていますと書いたほうが募金は増えたが、すでに目標の67％は調達できていますと書いたほうが集まった募金の額は大きかった。シードマネーがもっと少ないと（たとえば10％）寄付は減った。

どうやら慈善業界の善良なる皆さんは、33％というシードマネーの水準にこだわりすぎて、お金を取り逃がしているようだった。それでも、彼らがみんなで築き上げた直感は、まるっきり間違っているというわけでもなさそうだった。考えてみればわかるが、シードマネーの水準は、寄付を考えている人たちに、相反する情報を伝えるのだ。一方では、慈善団体が目標額に近いところまで来ていれば来ているほど、寄付する人は、あえて自分が助けなくても目標は達成できる、他の人たちの寄付に「タダ乗り」できると感じる。

でももう一方では、寄付する人たちだって忙しい。ありとあらゆる慈善団体を全部詳しく調べる時間なんてない。だから寄付をする他の人が送ってくれるシグナルを見るかもしれない。匿名の人から大きな寄付があったと言えば、「内部者」がちゃんと調べることを調べたうえで大きな寄付をしたということだと思ってもらえるかもしれない。

人はそういう、リーダーについていけ、みたいな行動をとりたがる。実際、ぼくたちの研究によれば、このリーダーについていくという要因は寄付をする人たちにとってはとても大事だ。どれぐらい大事かというと、タダ乗りの要因を完全に圧倒するほど大事なのである。この議論をどこまで押し進められるかは実証してみないとわからない。たとえば、すでに必要な額の99・9％は集まっていますと宣言すれば、たぶんあんまり寄付は集まらないんじゃないかと思う。でも、そう思うというだけだ。

シードマネーの効果

でも「リーダーについていけ」効果を実用するのは簡単ではない。一部の手紙には、お金が必要なだけ集まらなかったら寄付のために送ってくださった小切手はお返ししますと書いた。そんな払い戻しがあるなら、タダ乗り問題は起きないし、そのうえ「リーダーについていけ」効果もあるのだから、寄付は増えるのじゃないかと思うかもしれない。でも数字を調べてみると、払い戻しをしますと言っても集まる寄付はまったく変わっていなかった。

得られた結果をもっと確かなものにするために、ぼくたちは自分たちのアイディアをカナダのシエラ・クラブに持ち込んだ。大きな募金者層と長い歴史を持ち、手紙による募金キャンペーンを年に3、4回も行う伝統ある組織だ。このクラブのブリティッシュ・コロンビア州支部がぼくたちを受け入れてくれた。そこで、仲間のダニエル・ロンドーと一緒に、シエラ・クラブが地域の幼稚園から高校までの生徒の教育を支援する活動を拡大するのをお手伝いくださいという手紙を3000軒のご家庭に送る実験を行った[7]。手紙の半分（対照実験グループ）には、募金の目標額は5000ドルですと書いた。残りの半分には、5000ドルのうち2500ドルはもう調達できていますと書いた。そんな種《シード》を播いておけば、こんどはうまくいくだろうか？

うまくいったほうに賭けたでしょうね？　対照実験グループからの寄付は1375ドル、一方シードマネーを見せたグループからは1620ドルの——18％多い——寄付が集まった。ここでもやっぱり、シードマネーは予測した通りの効果を上げた。

で、結論は？　非営利組織の多くは、タダ乗り効果を心配して、高い水準のシードマネーが得られていると宣言するのを怖がる。そういう組織は、寄付をする人たちがリーダーについていくのを好むのをまったくわかっていないと思う。実際、「リーダーについていけ」効果はとても強力で、タダ乗り効果の影響を押し返してしまうのだ[8]。

スニッカーズ方程式

右寄りの人たちの一部にとっては、ナショナル・パブリック・ラジオ（NPR）は進歩派が寄り集まって社会主義の陰謀を企てる場の1つなんだろうが、実際にはとてもいい団体で、たくさんの人にとって日常の欠かせない要素になっている。NPR自身が募金運動のときに好んで指摘するように、NPRは国内と海外の両方にまたがるいいニュース番組をやっているし、加えて、『プレイリー・ホーム・コンパニオン』とか『待って、待って、言わないで！（Wait Wait...Don't Tell Me!）』みたいな面白いショウ番組もある。

でも、この放送局の地元の司会者が穏やかな声で語るのを聞きながら車で通勤するのが好きな人なら、NPRがシーズンごとにやっている募金キャンペーンの週のドライブは最悪なのを知っているだろう。キャンペーンの1週間、いつもは穏やかなしゃべり方をする司会者たちが、追い詰められた集金担当者と化し、毎日手を変え品を変えて募金をしろと迫ってくる。そういうときに募金を呼びかける彼らが好んで使う手の1つがこれだ。「今100ドル寄付してくだされば、心の広い他の方があなたと同じ寄付をしてくださると言ってます。あなたの寄付が2倍になります！」

こういう誘い方、つまりマッチング・ギフトは経済的には完璧に筋が通っている。普通、慈善団体に寄付をするとき、あなたが寄付した1ドルは慈善団体にとっても1ドルだ。でもあなたが100ドル寄付すれば慈善団体は実際には200ドル受け取ることになると言われたら、1個のお値段で特別に2個ご提供、なんて言われた気になるだろう。それがまさしく寄付を募る側の思う壺なのだ。

こう考えてほしい。スニッカーを1ドルで1個買うのと1ドルで2個買うのとなら、1個の値段で2個のほうを選ぶだろう。これは経済学の最初の教えだ。この作戦が食料品店でうまくいくなら、募金を集める人たちにだってうまくいくはずだ、でしょ？　この直感は募金の業界ではとても強く、募金集めのバイブルによると、「マッチング・ギフトの力を過小評価するなかれ」、そして「明らかに1対1のマッチング・ギフト、つまり寄付者が提供する額と同額を別の寄付者が提供するケースのほうが1対2のマッチング・ギフトよりも魅力が高い……そしてもっと気前のいいマッチング・ギフト（2対1）なら寄付の魅力を高められる」[9]。マッチング・ギフトは、食料品店やショッピング・モールでやっている、1個の値段で特別に2個ご提供、なんて話と本当に同じなんだろうか？　別の言い方をすると、マッチング・ギフトは消費者の世界に見られる割引セールと同じような働きをするんだろうか？　なんにせよ、大口の寄付を行う人たちは長年このやり方を使ってきた。たとえば最近、匿名の篤志家がドレイク大学に7500万ドルを寄付し、大学はこのお金を元手に3対1、あるいは2対1のマッチング・ギフトを掲げてもっと寄付を募るよう求めた。つまりこの篤志家はドレイク大学に、スニッカーズのチョコバーのアイディアにステロイドをぶち込んで使い、自分が寄付する莫大なお金を何倍にもしてみせろと言ったのだ。

マッチング・ギフトの実験

でもそんなマッチング・ギフトは本当にうまくいくんだろうか？　それを知るべく、ぼくたちはまたイェール大学のディーン・カーランと手を結んだ。左派の経済学者で、人に善行を積ませるものは何か、という疑問にも関心を持っている[10]。2004年にジョージ・W・ブッシュが大統領に再選されたのを受け、ディーンは自分が認めるとくに進歩派の非営利団体に手紙を出し、この組織を支える5万人を対象にした実験を行いたいと申し出た[11]。

非営利組織は、自分たちの募金活動に手を貸すというぼくたちの申し出を喜び、受け入れてくれた。組織の人たちと一緒に、ぼくたちは募金キャンペーンの実験を計画した。手紙の1つ（対照グループ向け）は単純に寄付を求める内容で、マッチング・ギフトについては言及していない。他の手紙は次のような内容でいろいろなヴァージョンがあった。

マッチング・ギフト

今こそ寄付を！

憲法に認められた私たちの権利がますます侵されているのを懸念したある会員がマッチング・ギフトによる寄付を提案し……今こそあなたの寄付を求めています。憲法の認める私たちの権利が失われるのを避けるため、あなたの寄付1ドルあたり、この会員は（1ドル、2ドル、3ドル）の寄付をしてくださいます。つまり、あなたが1ドル寄付してくだされば、私たちは（2ドル、3ドル、4ドル）を受け取ります。この提案をお見逃しになりませんよう——今日こそ寄付を！[12]

ぼくたちは対象の人たちをランダムに4つのグループに分けた。マッチング・ギフトを提案するグループ3つと1つの対照実験グループだ。グループ1の人たちは1対1のマッチング・ギフト付きで寄付を募る手紙を受け取る。あなたが1ドル寄付すれば組織は2ドル受け取ります、というやつだ。2対1のマッチング・ギフトを提案する手紙を受け取るグループ2の人たちは、あなたが1ドル寄付すれば組織は3ドル受け取りますと言われる。同じように、グループ3は3対1の提案を受ける。[13]

手紙を出して、ぼくたちは待った。寄付に上乗せをするマッチング・ギフトの仕組みはうまくいく、それは織り込み済みだった。反応が全部返ってきたところでデータを見てみると、お金を送ってくる人の割合は、マッチング・ギフトを提案されたグループのほうが20%多かった。つまり、上乗せしますよと言うだけで寄付をしてくれる人の割合は20%も増えたのだ。だから、寄付に上乗せしますと約束する仕組みは間違いなく機能していて、それもとてもよく機能しているようだった。

そして予想外のことが起きた。上乗せの大きさはまったく関係なかった。3対1の上乗せを提案するのは1対1の上乗せと効果の点では違わなかった。そして2対1の上乗せも3対1や1対1の上乗せとだいたい同じだった。大きい上乗せのほうが小さい上乗せより効果が大きいという、言い伝えに基づく根強い信仰に照らしてみると、何千件もの観察結果に基づくこの証拠はショックだ。

周りの人たちの影響

他にもわかったことがある。マッチング・ギフト付きの寄付は「赤い州」つまり保守色の強い州のほうが「青い州」つまり進歩色の強い州よりもずっと大きな効果を発揮した（この非営利組織が進歩派であることを思い出してほしい）。どうしてこんなことに？

短く言うと、同じ羽の鳥は群れをなす、というやつである。あなたは世にいうマサチューセッツ人民共和国とかヴァーモント人民共和国とかで暮らす進歩派だとしよう。上院議員も下院議員も、あなたと志を同じくする人たちだ。有名な進歩派の組織から寄付を募る手紙が届く。あなたは喜んでお金を送るだろう。組織の質を伝えるシグナルがついていようがいまいが関係ない。認定証があろうとなかろうと、あなたは支援することにする。「周りの人たちはみんなお金を寄付している。ぼくもそうしよう」、あなたはそう判断する。あなたにとって、左派の組織が青い州で左派の人たちに資金を募るなんてときに、質の高い裏付けなんてあんまり必要ないのである。[14]

でも同じ羽でない鳥は大きな声で鳴く。マッチング・ギフトがつくということで、赤い州に住む進歩派は、別の重要なシグナルを受け取るのだ。ミシシッピ州やテネシー州、アリゾナ州に住む左派なら、あるいはカリフォルニア州やオレゴン州、ヴァーモント州に住む保守派なら、多勢に無勢だと感じる。あなたは体制を憤っているが、慈善組織が質の高い連中であるかどうかわからない。そう思っていたら驚いた。誰かがやってきてこんなことを言う。「ともに戦おう。（あなたのいる赤だか青だかの州の名前をここに――）にいるあなたの同志は必死に戦い、大義のために大金を供出している」。権力の座にある者たち（あるいはご近所の人たち）と意見が合わないことに悶々として過ごしているとして、自分の寄付が正しいことに使われるのだとわかれば財布の紐も緩みやすいだろう。『レ・ミゼラブル』に出てくる理想に走る学生や飢えた貧しい人たちとか、それとは正反対の考えを持つなら『肩をすくめるアトラス』［アイン・ランド著、ビジネス社、２００4年10月］のジョン・ゴールトとか、そういう人たちの側に立つのに近い。そういう人たちは、自分のやっていることに誇りと栄光を感じる。

そういう論理に沿った社会心理学の仮説がある。この仮説によると、少数派に属する個人は強い社会的アイデンティティを持つ。その結果、マッチング・ギフトという社会的なきっかけが与えられればそれが人の「仲間意識」に火をつける。だから、誰かが率先して大きな寄付をしたという「シグナル」は政治的に少数派のグループに対してとても有効であることが多いのだ。

暖かな光仮説

さて、慈善活動に寄付をするのは正しいことだから、あるいは慈善団体の目的を信じているから、人は寄付をするのだとしたら、住んでいる州の政治が寄付という行動にどう関係するのだろう？　ぼくたちの研究で、あることが透けて見えてきた。慈善活動への寄付は、ぼくたちが思っているよりずっと、「オレがオレがの我」に強くかかわっている。そんな慈悲深い利己主義という概念にはちゃんと名前がついている。「暖かな光」仮説だ。ぼくたちの友だちであるジェイムズ・アンドレオーニがこの概念を広めた。

暖かな光は、寄付をするといい気分になれるところから来ている。地元の小学校を後押ししたりフードバンク〔訳注：食べられるが売り物にはならなくなった食品を企業から寄付させ、食べ物に困っている人たちに配給する慈善組織〕を支援したり、熱帯雨林を救ったりゼニガタアザラシの子どもを救ったり、なんてことをすると自尊心が高まる。まあたしかに、寄付には思いやりという要素もなくはないんだろう。でも、暖かな光（またの名を「不純な思いやり」）もそういうことのやる気の素だ。前のニューヨーク市長で億万長者のマイケル・ブルンバーグはうまいこと言っている。「私たちは互いに分かち合い、助け合うべくこの世に生を受けたのです。そして何よりも私——それにあなたや心の広い人なら誰でも——にとって何よりも喜びなのは、灯りを消す前に鏡を見て、こうつぶやけるときです。『まあ、なんていうか、すごくいいことしたよな』」(15)

結局、マッチング・ギフトは、スニッカーズのチョコバーを1個の値段で2個とか3個とか買えるのとはぜんぜん違っているのだ。ぼくたちは実験で、寄付をする人たちの行動はフルーツ・コーナーにやってくる消費者の行動とは違っているという結論にたどりついた。寄付をする人たちは、自分の寄付したお金がちゃんと正しいことに使われていると思いたいし、だまされてやしないかと心配する。でも同時に、暖かな光を感じたいという理由でも、毎日のように寄付が行われている。

さて、そうわかったところで、それが公共放送の番組司会者だの動物愛護団体の身ぎれいな紳士だの、非営利組織だのマーケティング担当者だの企業一般だのにとって、どんな意味があるんだろう？　そんな皆さんにアドヴァイス：誰ぞのお古のマニュアルに頼ったり、慈善活動を売り込むのはスニッカーズを売り込むのと変わらないと仮定するのはもうやめにしましょう。マッチング・ギフトは確かに有効だ。覚えてますか、どんなものであれ、マッチング・ギフトは上乗せがないよりよさそうでしたよね。でもぼくたちの研究によると、1対1のマッチング・ギフトで、2対1とか3対1とかと変わらないぐらいの効果があるんです。

むしろ、暖かな光が大好きなみんなに、寄付をすればどれだけいい気持ちになれるか教えてあげて、彼らの欲に訴えることが大事だ。人を動かすものは何かわかれば、慈善団体（でもマーケティング担当者でも）は、市民の皆さんに財布を開けさせるための新しくて興味深い手練手管を100個でも思いつけるだろう。[16]

美形効果

2005年12月の、とある寒い土曜の午後、東カロライナ大学（ECU）の元気いっぱいな3年生であるジーンは、ノースカロライナ州ピット郡で街の郊外にある家の門をくぐり、家屋へと駆け足で向かっていた。着ているシャツには「ECU自然災害軽減研究センター」と立派な刺繍がしてある。胸のバッジには写真と名前、勧誘行為許可番号が載せてある。彼女はクリップボード1つとパンフレットをいくつか抱えている。ドアをノックすると中年の男性がドアを開けた。

「なんです?」。彼女を見ながら男性が言う。

「こんにちは」と彼女。明るく微笑んでいる。「ジーンと言います。ECUの学生で、今日は新しくできたECU自然災害軽減研究センターのためにピット郡のご家庭を訪問させていただいています」

ジーンは続けて、センターはハリケーンや竜巻、洪水といった自然災害が起きたときに、救援活動や調整活動を行うことに特化した組織だと説明した。そういう災害は、この地域ではそう珍しいことではない。

男性はうなずいた。ジーンは満面の笑みを浮かべた。「寄付を募るためにチャリティ抽選会を催します。賞品はマスターカードのプリペイドカード1000ドル分です。寄付1ドルあたりくじを1枚差し上げます。抽選に当たる確率はご自身の寄付の額とピット郡にお住いの他の皆さんからいただく寄付の合計額に基づいて決まります。12月17日の正午にセンターで抽選をして当選番号が決まります。当選番号はセンターのウェブサイトに掲載します。寄付していただいたお金は全額、非営利組織であるセンターの運営に充てられます。今日ご寄付をいただけますか?」

もちろん、ドアを開けた男性はジーンが二重スパイだなんてまったく気づいてはいなかった。たしかに彼女はセンターのために寄付を募っている。でも同時に彼女は、同じように研修を受け、ピット郡のご家庭5000軒を訪ね歩く何十人かの大学生とともに、より大きな実地実験に参加している。学生の中には単に寄付金を募る人もいる。でもジーンみたいに、宝くじの話を付け加える学生もいる。彼らは全員、センターに対する寄付は宝くじで増えるかどうかを調べるぼくたちの実験に参加しているのだ。

興味深いことに、宝くじの要素を加えると、寄付を募るだけの場合よりも、寄付の総額はだいたい50％ほども増えた（ぼくたちはこれを宝くじ効果と名づけた）。宝くじを付け加えると寄付をする人は増えた。寄付を募るだけの場合に比べて、寄付をしてくれた人はだいたい2倍になった。寄付を募る人たちにとって、宝くじは「いいひとリスト」を作る道具になる。つまり将来の募金運動のときにあてになる、積極的に寄付をする人たちの大きなグループだ。その意味で、宝くじは寄付を募る人にとって「2度おいしい」。つまり、そのときの募金がよりたくさん集められる可能性が高くなるし、同時に、将来寄付を集めるときのいいひとリストを広げられる(17)。

また、さもありなん、という発見が他にもあった。寄付を頼みに来る人が美しければ美しいほど、集まる寄付は大きくなる。ぼくたちはこれを「美形効果」と名づけた。容姿の魅力を測るために、最初の面接のとき、ＩＤバッジを作ると言って、寄付を集めて回る人たちのデジタル写真を撮った(18)。そうしておいて、勧誘担当者3人分の写真をファイルに収めた。ファイルをカラーで印刷し、152人（メリーランド大学カレッジパーク校の学部生）にそれぞれ別個に容姿を評価してもらった。

評価する人たちはジーンなどの勧誘担当者の容姿を1から10の尺度で評価する。ジーンは8点の高い評価をもらっていて、能力の点では同程度だが容姿の評価は6点である他の女性より50％ほども多く募金を集めた。まあ当然といえば当然なんだろうが、男性が訪問に応えた場合、勧誘担当者は女性であるほうが募金はたくさん集まる。ジミーはスタンよりずっと魅力的だとの評価を受けていて、スタンより集めたお金は多かった。でも、女性のほうが男性である彼らより、たくさんお金を集めている。

ぼくたちにとって興味深かったのは、美形効果が存在するということそのものではなかった。美形効果の大きさだった。美形効果は宝くじ効果に匹敵するぐらいの大きさだったのだ。つまり、勧誘担当者の美しさが6点から8点に上がると、宝くじの話を付け加えるのと同じぐらい寄付が増えているのだ。

美形はともかく、宝くじは長い目で見て本当に寄付に意味のある違いをもたらしてくれるのだろうか？　最初の実地実験から何年も経ってから、ぼくたちは別の実地実験を行うべく、同じ地で再び寄付を募った[19]。当時、宝くじに惹かれて寄付をした人たちは、その後も高い割合で寄付をしていることがわかった。でも、以前ジーンの美しさにつられて寄付をした男性たちは、別の同じぐらい美しい人が勧誘にやってこないと寄付をしてはくれなかった。

美形効果が生涯を通じて寄付を呼び込んではいないのはぼくたちにとって驚きではなかった。大昔にカワイコちゃんがやって来たってだけでは、慈善活動を支え続ける理由にはならないのだ。それでも、宝くじに惹かれて寄付をした人たちは、その後何年も寄付を続けていた。これは、慈善団体は結果を出すことに賭けていると参加者に感じさせる設定の実験ととても似ている（その話はこの後すぐ）。最初にシードマネーを投資するのと同じように、宝くじは、その慈善団体が「なにごとかを得るためになにごとかを差し出している」というシグナルの働きをする。加えて、その慈善団体は末永く活動を続けるというシグナルにもなる。

——•——

殺人、脱退、その他の誘惑

2011年2月の『ザ・デイリー・ショウ・ウィズ・ジョン・スチュワート』で、スチュワートはド真面目な男を演じ、番組のレギュラーで何でも知っているジョン・ホッジマンに、アメリカ政府の財政を均衡させるという大きくて難しい問題に対する解決策を尋ねた。ペンタゴン（の建物）は膨張しすぎだから、五角形なのを削って菱形にすればいいのではと言った後、ホッジマンは政府の歳入を引き上げる型破りな方法を口にした。「ほんとに国の金庫をいっぱいにしたいなら、やらないといけないことはわかりますよね。アレの合法化ですよ」と彼は言った（マリファナの合法化を匂わせる発言にお客は笑い、拍手喝采した）。そこからの話はこんな感じだった。

ホッジマン　：なんの話かわかりますよね。殺人の合法化です。
スチュワート：殺人の合法化ですか？
ホッジマン　：人殺しですよ。つまりね、自由市場のダーウィン主義の理論を実証にかけようってことです。強い者に弱い者の命を与え、弱い者は消え去るままに。で、強い者から重婚税を取るんです。

スチュワート：社会保険や国民健康保険はどうなんですか?

ホッジマン　：それですよ。予算の半分は弱いやつらに使われてます。私らみたいな若い人らやイケてる人らの代わりに年寄りや病人の面倒を見るのにお金をつぎ込む?……そりゃ公平じゃないでしょってことです。

スチュワート：年配の皆さんや弱い人たちはいなくなれってことですか?

ホッジマン　：いやいやいや、いなくならせたりはしません。社会保険を面白くしようって言ってるんです。競争にしようってことですよ。勝者総取りってやつで。

スチュワート：まさかと思いますが……

ホッジマン　：そのまさかですよ、ジョン。トンティン方式です。最後に生き残った参加者が社会保険料で集めたお金を全部貰える、そういう紳士協定ですな。

スチュワート：でも人を殺すのが法に触れないなら、そんなことをしたらみんなお金を自分のものにしようって殺し合いになってしまいますよ![20]……

こういうフザけた主張を一番うまく型にはめているのがジョナサン・スウィフトの『アイルランドの貧困層の子弟が親および国家の負担となることを防ぎ、公共の利益に資することを促す控えめな政策提言』だ。この提言でスウィフトは、アイルランドの貧しい人たちは自分の子どもを、お金持ちの食用に売るべきだと主張している。でもトンティン年金は実際には単なる紳士協定ではなく、時の試練に耐えたお金儲けの方法である。

基本的にトンティン年金は、団体年金と団体生命保険と宝くじの興味深い組み合わせで、推理小説や喜劇以外の世界にもちゃんとある。トンティン年金は経済史の中で、すばらしい地位を占めている。17世紀から18世紀のヨーロッパでは、政府が資金を調達するときの主な方法の1つだった。トンティンという呼び名はロレンツォ・トンティから来ている。ナポリ出身で、1650年代にフランスのマザラン枢機卿に見出されるまでは無名の人だった（マザランは国家の財政を預かる立場にあった）。マザランはフランス国王の朝議で彼の提言を支持した。

トンティの提言は生きていることを条件とした年金の一種で、生き残った人が給付金を受け取る仕組みである。加入者は世代ごとのグループに分けられ、政府に300ルーブルを一括で支払う。毎年、政府はそれぞれのグループに、そのグループが支払った全掛け金の5%を支払う。この給付金は生存者に対し、グループ全体の掛け金に占める各生存者の掛け金の割合に応じて分配される。政府の支払い義務はグループ最後の生存者が亡くなった段階で消える。

フランスでの成功を背景にトンティン年金は広まった。あちこちの政府が戦争や地域の開発に必要な資金を調達するためにこの方式を使った。ロンドンで今も残る一番古い橋（リッチモンド橋）の建設がそうだ。1777年に建設されたこの橋は株の売り出しで資金が調達された。この株は当時としてはけっこうな額である1株100ポンドという値段で売り出されている。購入した人には橋の通行料に基づく配当が支払われる。株主の1人が亡くなると、生き残っている株主で亡くなった人の持ち分を分け合う（だからこそトンティン年金は殺人の絡む推理小説でよく出てくる設定になったし、アメリカでは禁止されている）[21]。

トンティン年金は創作の世界でもすばらしい地位を占めている。アガサ・クリスティは小説のプロットの土台に、トンティン年金を何度か使っている。たとえば『オリエント急行の殺人』がそうだ。もっと最近では『ザ・シンプソンズ』のエピソードでも使われた。エイブ・シンプソンとバーンズさんは、自分たちが一緒に第二次世界大戦で戦ったのに気づく。彼らの分隊は値のつけがたいドイツの絵を手に入れている。分隊の中で最後に生き残った人が絵を自分のものにできることになっている。『箱違い』（The Wrong Box）はピーター・クック、ダドリー・ムーア、ラルフ・リチャードソン、ジョン・ミルズの他、たくさんの喜劇俳優の出演するすばらしい古典映画で、ロバート・ルイス・スティーヴンソンが書いた古い小説に基づいている。トンティン年金で最後まで生き残った人の甥たちが年金をめぐって争う話だ。

トンティン方式で寄付は増えるか

はじめのころの研究で、宝くじで寄付は増えるのがわかっていたから、ではトンティン方式でも同じように寄付は増えるんだろうかとぼくたちは考えた。つまり、政府の資金調達を助けたり、加入者に終身年金を提供したりするのではなく、慈善団体が寄付を増やすためにトンティン方式を使えないか？　トンティン方式の仕組みはこれまで調べてきた寄付を増やすための手口に比べてどうだろう？

まず、チャリティ抽選会を考えよう。寄付1ドルあたり宝くじが1枚貰える。くじ1枚あたりの当たる確率は一定だ。だから寄付をすればするほどくじに当たる確率は高くなる。寄付がいくら集まろうと、当たるものは変わらない。でも、他の人たちの寄付する額が増えれば増えるほど、自分がくじに当たる可能性は低くなる。発行されるくじの数が増えるからだ。

でもちょっと立ち止まって考えてみると、慈善団体がどうしてあえて宝くじにしているのか、理由はよくわからない。むしろ逆の仕組みにしたほうがうまくいくかもしれない。寄付をする人それぞれがくじに当たる確率を同じにし、同時に賞金の額は寄付した額に比例させるチャリティ・トンティンのほうがうまくいくかもしれない。

たとえば、郡の農作物の品評会に出かけてみると、ブースがあって、チャリティ・トンティンでアメリカがん協会のための寄付を募っていたとしよう。感じのいいボランティアの人が、寄付がいくらでも、25％の確率でくじに当たります、でもたくさん寄付をしていただければいただけるほど、いいものが当たりますよ、と言う。それから彼女はあなたが参加するくじの仕組みを説明する。寄付が20ドル未満なら小さな粗品、たとえば栞とかミネラルウォーターのボトル1本とかだ。

20ドルから50ドルまでならステキなワイン1本だ。50ドルならお買い物ツアー参加権、100ドルで週末にリゾート地へご招待、そして200ドルならレクサスの新車が当たる。なんだか寄付が投資のチャンスみたいに思えてくる。

トンティン方式がそういうふうに働くかどうかを調べるため、アンドレアス・ランゲとマイケル・プライスとともに、ぼくたちはメリーランド大学の学生を相手に実験室でゲームを行った。ゲームは作り物だが、お金の面ではまったく本物だ。学生たちの判断には本物のお金がかかっていて、ゲームの結果を換金すればたぶんかなりおいしい話になっているはずだ。

ゲームはこんなふうに進む。学生はそれぞれ他の学生と一緒のグループにわけられる。ゲームの各ラウンドのはじめに、学生はそれぞれ、引換券を100枚受け取る。彼らはそれを、みんなの利益（この場合慈善活動）のために寄付してもいいし、自分で持っていてもいい。自分で持っていれば、引換券1枚あたり数セント貰える。寄付すれば、次の状態2つのうちどちらかになる。1つ目の状態が実現すれば、みんなの利益のために寄付した引換券の価値は上がる。つまり5枚寄付してこの状態が実現すれば引換券は6枚になる（この設定は寄付をした場合に起きることをおおざっぱに模している。たとえば赤十字で献血したとして、自分の血は自分にとってはたいした価値にならないが、誰かにとってはとても大きな価値を持つ。公共の利益のために寄付された引換券の価値の上昇は、そんな特徴をとらえようとしたものだ）。

もう1つの状態が実現すれば、グループにいる人みんながそれぞれの寄付で利益を得る。自分はみんなの利益のためにまったく寄付をしていなくても、他の人たちの寄付がもたらす利益を手にすることができる（同じように、ビル・ゲイツが慈善活動に何十億ドルも寄付すれば、彼は世界をよりよいところにすることができる。でもぼくたちは何1つ寄付しなくても、彼の寛大な行いの賜物を享受できる）。グループに分けられてからは、学生たちがやるのは単純な判断1つだけだ。いくら自分で取っておいて、いくらみんなの利益のために寄付するか、である。でもここで、ぼくたちはもう1つ策を仕掛けた。学生たちに宝くじとトンティン方式のどちらかに参加させたのだ。

ぼくたちの発見によると、トンティン方式は2つのとても重要な状況で宝くじより大きな成果をあげた。第1に、人びとの好みが大きく違っているとき、トンティン方式は宝くじよりずっとたくさんの寄付を集めた。提案されたものごとに関して人びとの好みが本当に分かれているとき、提案されたものを好む人たちからよりたくさんの寄付を集める方法として、トンティン方式はとてもいい道具だ。第2に、人びとが本当にリスクを嫌うとき――たとえば、ギャンブルは嫌いだとかお金をリスクにさらすのはいやだとかいうとき――トンティン方式はお金を集めるけっこういい道具だ。どちらの特徴も――好みのわかれる点も、それにリスクの嫌いな点も――今日の世界に沿っているので、ということは、トンティン方式は寄付を募る人たちにとって使える道具であることになる。

ぼくたちの実験結果は、ゲームが絡むと人は寄付をする可能性がずっと高くなることも示している。この発見は納得できる。なんにせよ、慈善団体が信用できる連中で（リーダーについていけ効果を覚えてますか?)、寄付をすれば今だか将来だかに「当たる」可能性があるなら、あなたが慈善団体の訴えに応じる可能性は高くなるのである。

──•──

人はそれぞれ合理的

全体を通して見ると、ぼくたちの実験は、寄付は他人のために何かいいことをしようというより、自分のために何かいいことをしようという営みであると示している。「これは聞いて思うほど残念なことではない」。デイヴィッド・レオンハートはぼくたちの得た結果を要約して『ニューヨークタイムズ・マガジン』にこう書いている。

1つには、いずれにしても慈善団体は資金を得られている。寄付をする人たちの動機がどうだろうと、彼らはお金をいいことに遣っている。もう1つには、暖かな光仮説によれば慈善活動はゼロサム・ゲームではない。寄付が厳密な意味で合理的なら、ある慈善団体に大きな寄付があったと発表すれば他の人たちはその団体に寄付しなくなるはずだ。その団体はもう、自分のお金なんてあてにしなくていい、そう思うはずである。でも暖かな光のおかげで、ウォーレン・バフェットがゲイツ財団に310億ドル寄付しても、他の人たちは、赤痢との戦いなんて自分は支援しなくていいと思ったりはしない。何かあるとしたら、バフェットの寄付のおかげでいっそう人びとは寄付をするようになるだろう。そうすることで、人びとは誰かとともに――この場合ウォーレン・バフェットその人とともに――戦っているのだ、大義を担っているのだという気になれる。(22)

これは大事な点で、けっして軽んじることはできない。人間の行動は筋が通っていないように見えるかもしれないが、ひとたび人びとの振る舞いの背後にある動機がわかればすべてが変わる。ひとたび人びとの動機がわかれば、人びとの行動は、ひとそれぞれの立場からみれば、まったく合理的なのだ。ぼくたちはみんな、それぞれに違う欲求や必要を満たそうとしているだけなのだ。でもそういう欲求や必要は標準的でパッケージにできるような仮定に一致してはいないし、決まり切った考え方だの誰かから貰ったマニュアルだの、伝統に則った手順だのに沿ってはいないのだ。

たとえば第1章で見たように、ぼくたちはジムの会員になれば自分は運動するようになると思い込むけれど、実際にはあんまりそうでもない。でもそう思い込むからこそぼくたちは、運動するようになりたいと思って会員になり、月次の会費を払う。それでも思ったように頻繁に運動するようにはならないかもしれないが、最初に会員になったときには自分なりの合理的な理由があったのだ。

それからマッチング・ギフトの実験に戻ると、マッチング・ギフトというやり方はうまくいくけれどマッチング・ギフトの額は大きくても小さくても関係ないというのも筋が通っている。例として、一部の経済学者がみんなの大きな問題だと言っている話を取り上げよう。ぼくたちは引退後の生活資金を十分に貯めていない問題だ。ぼくたちはだいたい、どうやってお金を貯めるだろう？普通、ぼくたちの雇い主は、ぼくたちが401kの確定拠出年金に回すのと同額を拠出してくれる。ぼくたちの仲間、リチャード・セイラーとキャス・サンスティーンが言っているように、だいたいの人は雇い主からマッチング・ギフトをしてもらえるギリギリの額とぴったり同じ額を401kに回している。雇い主は働き手が自分でする拠出のうち、お給料の5%にあたる額までは1対1で上乗せしてくれるとすると、働き手はだいたい、お給料のぴったり5%を自分で拠出する。雇い主の上乗せがお給料の5%までは1対2の割合（働き手が1ドル拠出すれば雇い主は0・5ドル拠出する）になっても、働き手はやっぱりお給料の5%を拠出するだろう。

ちょっと見るとこれはおかしいようにも思えるけれど、ぼくたちの発見とはまったく一致している。それなら、人の行動に見られるこの特徴を利用して世界をよりよい場所にできないだろうか？みんなもっとお金を貯めないといけないと信じているなら、こんなことをすればいい。今、お給料の5%までは働き手自身の拠出に1対1の割合で上乗せしている企業は、単純にこう宣言すればいい。「退職年金制度を変更することにしました。今後はお給料の10%まで、1対2の割合で上乗せをします」

何が起きるだろう？　今あなたは1年で5万ドル貰っている人だとしよう。以前の制度では、毎年自分で2500ドル貯めて、雇い主から2500ドル上乗せしてもらって、1年間で5000ドル貯めていたことになる。新しい制度では、自分で5000ドル貯めて、雇い主から2500ドル上乗せしてもらって、1年間で7500ドルだ。ルールを変えるだけで、雇い主はあなたが毎年貯める額を増やし、でも雇い主自身は1セントもお金を追加で出さなくてもいい。401k制度をそんなふうに修正するのをアメリカ政府が認めるとして、単純な政策を実行すればあなたも他の何百万人もの人も、もっとお金を貯めるようになる。

結局、慈善活動への寄付は、スニッカーズのチョコバーを買うのとは似ても似つかない。寄付とは、正しいことをする、正しいことをする戦いに加わる、そして自分が寄付したことでいい気分になる、そういうことなのだ。その点で、慈善活動への寄付は、寄付でどんな効果があるかにかかわることであるのと同時に、人それぞれの個人的な性癖にかかわることなのである。あなたが慈善団体の銀髪豊かなCEOなら、寄付をする人たちは、あなた以前の人たちが語り継いできたのとはまったく別のきっかけに反応するのだと理解しないといけない。そうしないとあなたのせっかくの組織も十分に伸びていけないだろう。

次の章では、ある慈善団体がお金集めのために使ってきた手口を探求し、人がある特別な「きっかけ」にどう反応するかを見る。

THE
WHY
AXIS

第10章 割れた唇と「これっきり」のチェック欄から、人が寄付をする理由についてわかること

［おたがいさまというすばらしい現象］

この顔を知っていたら笑ってください。知らないならぜひ知ってください。この子の名前はピンキー・ソンカール、2008年にアカデミー賞を取ったドキュメンタリー映画、『ピンキー、笑ってごらん』の主役だ。ピンキーはインドの地方の貧しい村、ミルザプルで生まれた。彼女は毎日、ずっと家の片隅に座って過ごしていた。外

には出ないようにしていた。みんなが彼女を指差したりじろじろ見たりするからだ。学校にさえ入れてもらえなかった。彼女は傷つき、怒り、どうして自分は他の子と違うのか知りたかった。お父さんには、お前は絶対に結婚できない、むしろ死んだほうがいいと言われた。ある日ピンキーは、パンカジという名の優しい民生委員に出会った。パンカジは彼女にスボード・クマール・シンというお医者さんを紹介してくれた。

さ、これならわかりますか?

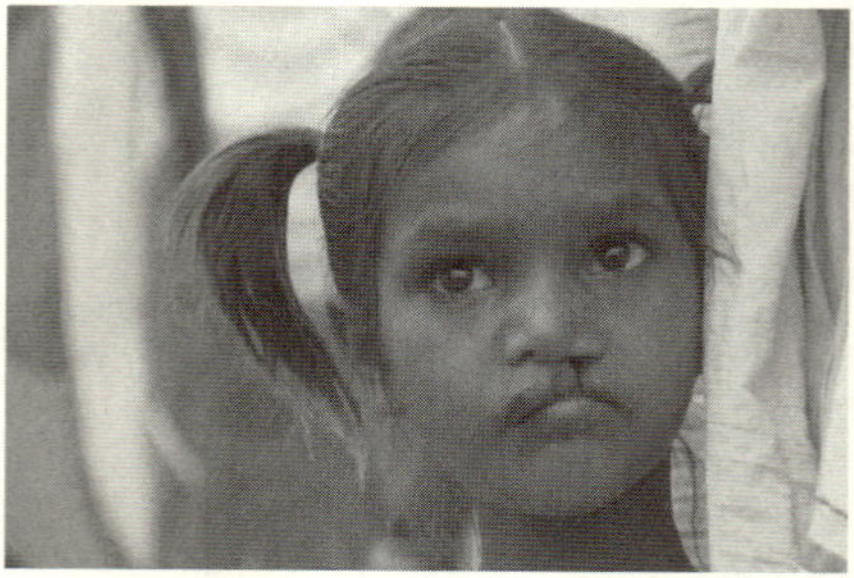

ピンキーみたいな先天性の異常はけっして珍しくない。インドでは、毎年だいたい3万5000人の子どもが口唇裂や口蓋裂をもって生まれてくる。世界中で何百万人もの子どもがピンキーと同じ苦しみを抱えている。親御さんたちは、手術代がまかなえず、まるで呪われた子だとでもいうようにそうした子どもを道の脇の溝に捨てたりする。捨てられなかった子どもたちも、恥ずかしいものみたいに家の奥に閉じ込められていたりする。そうした子どもは食べるのも息をするのも簡単ではない。生き延びられたとしても、口唇裂の子どもは学校でも地域社会でも、周りの人たちに疎んじられる。

今日、口唇裂の子どもの顔はあらゆるところで見られるようになった。スマイル・トレインが新聞や雑誌に広告を盛んに出しているおかげであり、そしてもちろん、アカデミー賞受賞作品のおかげだ。広告のおかげで何百万ドルもの寄付が慈善団体のスマイル・トレインに集まった。この団体は口唇裂に苦しむ世界中の発展途上国の子どもに無料で手術を提供している。口唇裂はよくある生まれつきの異常で、簡単に治せる。アメリカではまず、見かけることはない。生まれてすぐに治してしまわれるからだ。

今では、ピンキーは地元のスターだ。たくさん友だちがいる。リップグロスをつけるのが大好きだ。[1] そして彼女は世界中で毎年10万人にも及ぶ、口唇や口蓋の異常を無料で形成してもらった子どもたちの1人だ。スマイル・トレイン、そしてワンダーワーク・ドットオーグの共同創設者であるブライアン・マラニーという人の、枠にとらわれない、まずはやってみようという精神がそんな大きなことを成し遂げた。

前の章で、人はいろいろなことに突き動かされて行動するのを見た。「暖かな光」を感じたいという自分本位で人間的な欲求がそんなことの1つだった。この章では、ダイレクトメールを使ったユニークな実地実験が、やっぱり根本的で人間的な欲求に訴えるやり方で、ピンキーや彼女みたいな何百万人もの子どもたちの境遇を、どうやって大きく変えたかを見ていく。この実地実験の礎となる原理はビジネスにも同じように当てはまる。

妹の呪い、兄の祝い

ブライアン・マラニーは、長いレイオーヴァーの間に空港のバーで見かける、くせ毛で青い目で喧嘩っ早いアイルランド系のタイプだ。知性と正直さに輝く目はきょろきょろして、やれるもんならやってみろという先取りの精神が現れている。やさしげで、オハイオ経由でハーヴァードへ行きましたとはっきり言ってそうな、鋭くもくだけたしゃべり方をする。バーで座ると彼が尋ねてくる。名前はなんだ、どこへ行くところだ、仕事は何をしてる。そう経たないうちに、気がつくとあなたは彼にギネスをおごり、名刺を渡して「で、あんたはどうなんだ?」と聞いている。そして2人して肩を並べて止まり木に陣取り、あなたは彼の話を聞くことになる。

マラニーは1959年にオハイオ州デイトンで厳格なカソリックの家庭に生まれた。5人の子どものうち上から2番目である。お父さんの家系は代々弁護士だ。お父さんの側のおばあさん、ビアトリスは1920年代にボストン大学法学部を出た。女性としては最初の1人だ。そして彼女はマサチューセッツ州で最初の女性判事になった。お父さんのジョセフは予備役将校の訓練課程でしばらく過ごした後、ハーヴァードの法学部を出た。それから政府や企業の顧問弁護士になり、ジレットの副会長も務めた。専業主婦のお母さん、ローズマリーはストーンヒル大学とブランダイス大学を出ている。

マラニー家の人たちは仲のいい幸せな家族だったが、ブライアンが11歳のときに悲劇が襲った。かわいい大好きな妹、モーラが高熱を出し、スティーヴンス・ジョンソン症候群と呼ばれる自己免疫性の病気だと診断された。この病気にかかると赤斑が広がって水ぶくれができ、そのうち顔の表皮が死んでばらばらとめくれてくる。

熱が出てから数週間、モーラは元気でかわいい8歳の女の子から、ブライアン・マラニーの言葉を借りると、「90歳の抜け殻」になり、車椅子の生活を強いられた。目は見えず、いつも痛みがあるのに、彼女は勇ましく学校に戻ろうとした。でも他の子たちは彼女をからかい、いじめた。ブライアンは全力で彼女を守ったが、容姿を理由にモーラがつまはじきにされていることにとても腹が立った。モーラは10歳で亡くなった。ブライアンはまだ13歳で、でもモーラが、彼女の苦しみをわかろうとしない連中から受けた不当な扱いを痛いぐらい感じていた。

モーラの身にそんなことがあってから、ブライアンは、敬虔で行儀がよくてミサで侍者を務めるような少年から、反抗的で歯止めのきかない怒れるティーンエイジャーに変わった。バスケットボールと友だちとツルむこと、それ以外はどうでもよかった。中学3年生になるころには学校を落ちこぼれかけていた。ご両親は彼を公立校から引っ張り出して、私立でジャケットにネクタイの男子校に押し込んだ。成績の悪い子がいじめられる、そんな場所だ。そこでブライアンは立ち直り、ハーヴァードに入って経営経済学を学んだ。現状にとらわれた考え方をバカにするという健全な姿

勢を身につけたのもこのころだ。彼はハーヴァードの学内新聞クリムゾン紙で時事漫画を描くようになった。

彼の漫画には偽善をあげつらったものもあり、それが面倒を起こした。同性愛者であることを公言しているマサチューセッツ選出の議員、バーニー・フランクが1980年に初めて選挙に立候補したときの漫画はその1つだ。ブライアンはカソリック教会をおちょくった。カソリックの神父たちは教区の人たちに、フランクに投票するなと教えていた。問題の漫画には、懺悔の後、教会を出ようとしている男2人が描かれている。懺悔のとき、神父は彼らに、自分の罪をあがないなさいと告げる。男の1人がもう1人にこう言う。「浮気したから『アヴェ・マリア』を10回っていうのはまあいいよ。でもバーニー・フランクに投票したから『主の祈り』を50回ってのはちょっとなあ」。「あれで学校中のカソリックの人らに総すかん食らったね」。ブライアンはそう言っている。

でも、ハーヴァードが立ち上げようとしていた第三世界センターの方針をおちょくったときはそんなものでは済まなかった。このセンターは少数民族の学生の必要を満たすことを目的に作られた。理事会には白人は入れないことになっていた。ハーヴァードにはもう十分すぎるぐらい白人がいるというのが理由だった。このときの漫画でブライアンは――どんな差別も大嫌い、もちろん逆差別も嫌いだ――城の絵を描いた。城にはこんな標識が立っている。「白人お断り！」。当時のハーヴァードの総長デレク・ボクもデフォルメして描いてある。彼は黒人と中国人にお金の詰まった袋を渡そうとしている。フキダシにはこう書かれている。「ウセロシロカワ。オレ様はボク総長だ。

こいつはお前らが払った金だ！」。黒人の学生たちはいきり立ち、ブライアンを人種差別主義者と断罪し、クリムゾン紙の編集部に押しかけた。編集者はデスクの下に隠れ、ブライアンはボディガードと弁護士を雇うはめになった。「ありゃたいへんだった」。彼はそう回想している。

ある日ブライアンは、広告屋をやってちょっとお金を稼ぐすばらしいアイディアを思いついた。スーツとネクタイを身に纏い、ボストン周辺の会社を回り、広告やコマーシャルソング、ポスターを作りますと売り込んだ。彼はこの分野で自力でかなりよくやって、卒業後はヤング・アンド・ルビカムでコピーライターの職を得た。両親はがっかりした。「こんなこと言うんだよ、『あんなにお金使ってハーヴァードに通わせたのに、大卒でなくたっていい業界で働くっていうの？』」とブライアンは言う。

ヤング・アンド・ルビカムでブライアンは、広告業界の人たちがどれだけ枠の中でしか考えられないかを思い知らされた。「いいアイディアが何百もできたとするでしょう。するとね、広告会社ではそれを全部、フォーカス・グループでテストするんだ」とブライアン。「でも連中、そんなテストから上がってきたいいアイディアを、どれも使わないって言う。お客の会社の戦略に結びつかないからだっていう。代わりに会社は、退屈でろくでもない広告のほうを選ぶ。お客の戦略にはばっちり結びついて、ポテトチップスやジェロの売上げにはまったく結びつかない、そんな広告だよ」。お客はたまたま、そういうのを売っている会社だったのだ。

ブライアンには、自分の創造力ある仕事を売る、もっといい場が必要だった。そこでJ・ウォルター・トンプソンに職場を移し、100万ドルかけてビールのコマーシャルを作った。「ミラーの役員会議室に乗り込んだ。白人のじいさんたちが集まってあれこれ決める場所だね。ぼくは若者カードを切って勝負することにして、こう言ってやった。『この部屋で夕べ1時にバーにいたのは私だけでしょう』とブライアンは言う。「それからこの路線にアイディアで尾ひれをつけたんだ。パワーポイントに豊富なデータ、なんて使わなかった。ただ熱をこめて喋った。そうやってるうちに、お金持ちにプレゼンするのがうまくなったよ」

ブライアンはマディソン街を肩で風を切って歩くようになった。いでたちはアルマーニのスーツにグッチのローファーでピカピカだ。『マッドメン』みたいな世界で彼は頭角を現した。カクテル・ラウンジと、どこを向いても美しいもの——美しい広告、美しい製品、美しい人間——に行き着く世界だ。でもそのうち雇われて働くのがいやになって、自分で広告会社をつくった。アイディアを売り込む才能が実を結んだのは1990年にシェル／マラニー社を創業したときだ。同社はダウ・ジョーンズやコンピュータ・アソシエイツ、ジフ・デイヴィスといった、マスコミ企業やハイテク企業を顧客に得た。

外面では、ブライアンは頭がよくて能力の高いビジネスマンで、マディソン街のハゲタカたちと競い合っていた。でも内面では、彼は妹の身に起きたことの記憶をずっと抱えてさまよっていた。1996年、彼とパートナーは会社を1500万ドルで売り払い、36歳にしてブライアンは「足を洗った。信じられないぐらいのお金が残った」。「急に、本当にやりたいことをやれるだけの自由が手に入ったんだと感じた」

成金がだいたい手を出すあれやこれやをなぞるには、ブライアンには起業家精神がありすぎた。ヨットで世界をめぐる旅だのPGAカードを手に入れるべく励んだりだの、なんてことはしなかった。彼は発明したり限界に挑んだりするのが好きなタイプの人だった。モーラの思い出に突き動かされ、彼は子どもたちを助けたいと思うようになり、中国への医療使節団に加わった。そこで彼は口唇裂の子どもたちが社会から排斥されて苦しんでいること、そして簡単な手術で彼らの人生を変えられることを目の当たりにした。そこで1998年、ブライアンはコンピュータ・アソシエイツの創業者であるチャールズ・ワングとスマイル・トレインを設立した。

マディソン街の広告屋さんにしちゃ悪くないでしょう。

微笑み商売

慈善団体を作るブライアンみたいな人たちは情熱で動く。でも慈善団体を本当に成功させるには、鋭いビジネス・センスが必要だ。「慈善団体といえば、だいたいは善意でいっぱいの連中がやっていて、とても手際が悪い」とブライアンは主張する。「どれだけ手際が悪くて無能でも、慈善団体を廃業に追い込むのは至難の業なんだ。パワーポイントのスライド何枚かと泣かせる写真を持ってれば、この業界でやっていけるだけのお金は集まるもんなんだよ」

スマイル・トレインはユニークな慈善団体だ。ブライアンが自分の組織を企業みたいな作りにしているからである。広告業界でいろんな発明をしたときと同じで、募金を集める点でもいい仕事をする点でも、ブライアンはぬきんでていた。ブライアンは、宣教師風でおせっかいな業界のモデルを、根本からひっくり返した。お医者さんを欧米から送り込んで口蓋の手術をして回らせる代わりに、スマイル・トレインは最先端の３Ｄ技術で発展途上国のお医者さんに再建手術のやり方を教え込む（ブライアンはこのやり方を「人に魚釣りを教える」モデル、と呼んでいる）。

また、寄付する人たちにどんなインセンティヴを与えるのが一番うまくいくか調べるのに実地実験を行う点でもスマイル・トレインは独特だ。ブライアンによると、スマイル・トレインで何度もテストをやって調べるのは、たとえばこういうときにどっちがうまくいくかということだ。子どもの写真は「事前」と「事後」の両方がいいか「事前」だけがいいか？　広告屋だったブライアンは、事前と事後の両方の写真を見せるのが定石なのは知っていた。「広告業界じゃ誰もが知ってる話なんだよ。プロクター・アンド・ギャンブルが洗剤の広告でやってるみたいに、『使用前』と『使用後』の写真をみんな見たいもんだ、それが当たり前になっている」と彼は言う。「でも試してみると、「事前」の写真だけ載せたほうが反応率は17％も高かった。どうしてかって？　口唇裂の子の写真が頭から離れなくなるんだよ」。つまり、と彼は続けて、助けが必要な子どもの写真で、募金を求める訴えがその人自身の問題になるのだ。上唇のないこの子を自分が助けなければ、寄付をする人はそう感じるのである。

スマイル・トレインは、どんな写真なら寄付を求める封筒を開けさせることができるのかについてもいくつか実地実験をやっている。肌が黒い子、褐色の子、アジア人、白人、男の子、女の子、さまざまな年齢、さまざまな表情——笑顔やしかめっ面、じっと見つめる顔、泣き顔など——にわたる49種類の封筒を送り、それぞれに対する反応を調べた。スマイル・トレインの発見によると、顔は人を強力に惹きつける。また、ある種の顔は他よりも寄付をたくさん集める。

２００８年の12月、スマイル・トレインはそれらの写真の中から21枚を選び、いろんなものを詰め込んだダイレクトメールの封筒に刷った。一番の成績を上げた写真は、寄付者に一番嫌われた写真に比べて62％も多い寄付者を呼び寄せた。スマイル・トレインの発見によると、一番反応があったのは悲しそうな顔をした白人（具体的にはアフガニスタン人）の子どもの写真だった。どうしてだろう？　白人の寄付者——寄付をする人全体の半分以上を占めている——は自分と同じような外見の相手を助けるのを好むからだ、ブライアンはそう推測している(2)。

「これっきり」オプション

ぼくたちが知りあうころには、ブライアンはすでに、独自のお金集めの方法をいくつか作り、磨きをかけていた。徹底した実地実験の賜物だ。寄付をしてくれそうな人に寄付を「呼びかける」手紙を出したり「子どもの命を救おう」という手紙を出したりする。手紙の語り口は何年にも及ぶダイレクトメールによる実地実験から学んだものであり、そのおかげでスマイル・トレインは年間1億ドル近い寄付を集めている。

ブライアンは行動経済学と慈善活動に関するぼくたちの考えに関心を持ってくれた。彼自身が何年もかけて開発し、さらに磨きをかけてきた一番の出来であるダイレクトメールの手紙を上回る結果が出せるか、と言う。ぼくたちはまず、スマイル・トレインで一番すぐれた実績を出している手紙を改善できるかやってみることにした。これが、ぼくたちのやった中で一番おもしろく、一番大きな規模の実地実験の1つにつながるなんて、そのころはまだわからなかった。(3)

2008年の4月、ぼくたちは実験を始め、15万軒のご家庭にダイレクトメールを出した。対照グループにはスマイル・トレインの標準的な手紙を出し、寄付を募った。封筒の外装には特別な文章や標語は載せなかった。実験グループには外装にこんな手紙が書いてある封筒を送った。「今、寄付を一度いただけば二度と寄付はお願いしません」。手紙は寄付を募る相手に、返信用の葉書に載せたチェック欄にマークをすれば、その権利を行使できますと告げている。チェック欄にはこんなコメントが添えてある。「寄付はこれっきりにします。確定申告用の領収証を送ってください。二度と寄付を頼まないでください」。寄付をする人にはもう1つ権利を与えた。「制限付きでダイレクトメールを受け取る」のを選ぶこともできるようにしたのだ(これは大当たりで、スマイル・トレインは郵便代を大幅に節約できた)。

そんなやり方はちょっと頭がおかしいみたいに思えるかもしれない。その後、募金集めの専門家

典型的な慈善団体の擁する寄付者のタイプとその数の図解

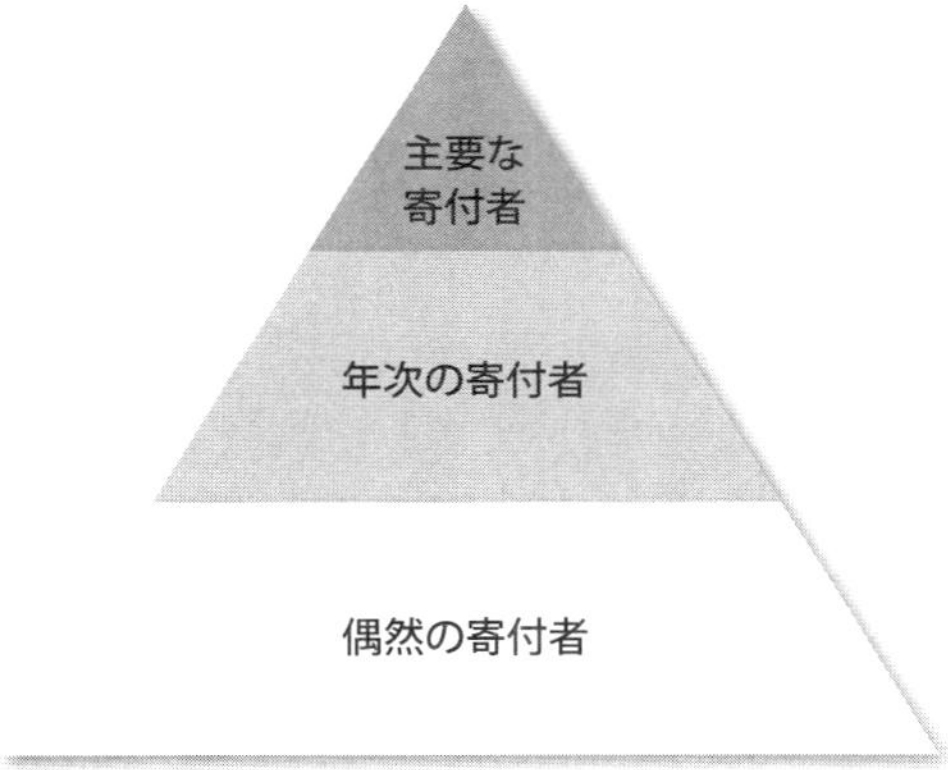

や手引書、ガイドブックがこのアイディアをさんざんあざ笑った。募金集めの業界でもっとも大事な教義の1つは、いわゆる寄付者のピラミッドを建てろと言っているからだ。

寄付者のピラミッドの中には、これから団体の大義のために何度も何度も寄付をしてくれる、そんな献身的な寄付者も入っている。そういう人を見つけておいて、いったいぜんたい、なんで「今回寄付をしてくださってありがとうございます！　さあ、もう二度とご連絡しませんからね！」なんて言わないといけない？

ダイレクトメールを出す最初の実験から数ヵ月、寄付が集まり始めた。あらゆる兆しが1つのことを示していた。ぼくたちの実験はたいへんな成功だった。4月に送った手紙への反応はこうだった。標準的な手紙に対する反応は193人、寄付は1万3234ドルだった。一方、「これっきり」の手紙には362人が返信をくれて、寄付は2万2728ドル集まったのだ。合計では、実験を施したほうのグループは、標準的な手紙を送ったほうのグループより寄付がたくさん集まり、また返信が多かった。興味深いことに、「これっきり」のチェック欄に印をつけた人はたった39％だった。

「これっきり」キャンペーンはとてもうまくいったので、結果を客観的に見直すべく、別の実地実験でも試してみることにした。全体を合わせて、2008年4月から2009年9月まで、5回にわたって80万人を超える人に寄付を募る手紙を出した。

やっぱり「これっきり」キャンペーンでやったほうが寄付は大幅に増えた。「これっきり」の手紙で標準の手紙の2倍近い反応があった。また、寄付の額も少し増えた（平均では、標準の50ドルに対し56ドル）。その結果、「これっきり」キャンペーンで当初の寄付は標準の手紙を添えた場合の2倍を超えた（標準の7万1566ドルに対し15万2928ドル）。発送する手紙1通あたり、驚くべき0・37ドルの増加だ。

もちろん、その後の寄付は「これっきり」グループのほうが少なかったなら、業界の常識は正しかったことになる。つまり、みんなに「とっとと失せろ」なんて言ってはいけないのだ。興味深いことに、その後の寄付額は「これっきり」の手紙付きでも標準の手紙付きでも、ほとんどまったく同じだった。

当初の寄付とその後の寄付を合わせると、「これっきり」の手紙は合計26万783ドルを集め、一方対照グループの手紙は17万8609ドルを集めた。前者のほうが46％も多い。加えて、チェック欄に印をつけた人に対しては今後のダイレクトメールを制限することで、スマイル・トレインは興味のない人たちに手紙を送り続けなくてもよくなり、郵送費も抑えることができた。
運動がこれだけ大きな成功を収めたこと自体も大事だけれど、どうして「これっきり」云々の手紙がこんなにもうまくいくのかも解明したいとぼくたちは思った。いったいどうなっているんだろう？

おたがいさま：顧客満足への道

いろいろな実地実験で得た何十万件にも及ぶ観察結果を分析して、ぼくたちはこんな結論を出した。主導権を慈善団体から寄付者に移せば流れが変わる。寄付を募る相手にリストから抜ける機会を与えることで、スマイル・トレインは寄付をする人たちに贈り物をしたのだ。寄付をする人たちはそれで、今後の募金の呼びかけを断らなくても済むようになる。スマイル・トレインは、募金を呼びかけるだけではなくて、「こっちの頼みを聞いてくれたらそっちの頼みも聞くよ」と言ったのだ。

経済学の標準理論は、人は自分にとって一番いいように行動するから、大体の人はダイレクトメールを受けとったらにっこり笑って捨てるだけだと考える。でも、誰もがそんなふうに自分のことだけしか考えてないわけじゃない。ぼくたちの中にも、それこそ経済学者の中にさえ、いい人はいて、優しくされたら優しくし返すって人がいるのである。[4] それをわかったうえで、人のおたがいさまの心に訴える作戦をやればうまくいくのだ。とくに非営利組織は、宛先シールだの世界地図だのカレンダーだの、そういうのを送って寄付が返ってくれればなんて期待していることがよくある。

もっと一般的にいうなら、ぼくたちの実験結果は、経済学の標準モデルが見過ごしていたインセンティヴに伴う隠れた利得に光を当てている。たとえば、ぼくたちの解釈によるとインセンティヴが伝える心理的なメッセージは――それが優しい心であっても悪意のこもったものでも――人の行動に重要な影響を及ぼす。意図が大事だ。お客に気を配る企業なら、お客は意見を聞いてもらうのをとても喜ぶのを知っているべきだ。そして彼らは、もうやめにしたいですかと尋ねられるととてもうれしいのである。

慈善活動の世界を探求してみて、ぼくたちはとても大きなものを得た。政策の世界にいる人たちは、こんな疑問の答えを知りたがっている。慈善活動への寄付に対する税控除をやめたら、ぼくたちの社会を1つにしてくれているあのいろんな慈善団体にどんなことが起きるだろう？　政府の補助には何が起きるだろう？　政策をそんなふうに変えたらどんな影響があるか詳しく検討する前に、そもそも人はどうして寄付をするのかわからないといけない。

世界を変えるアイディア

広告屋転じて慈善活動家のブライアンがビジネスの世界に教えてくれることがもう1つある。彼が何よりもよくわかっていることを1つ挙げるとしたら、それは規模の力だ。スマイル・トレインが1年に実施する手術は、今ではだいたい10万件ぐらいになった。件数は減ってきている。もうスマイル・トレインはあんまり子どもを助けられなくなったわけではなくて、彼らの活動が世界全体の需要に追いついたのだ。口唇裂の子どもはもう、必要な助けを待たなくてもよくなった。でもブライアンは口唇裂を治すだけで終わりたくないと思っている。もっと大きな問題にも取り組みたいのだ。慈善のための寄付を募るならどうするのがいいかがわかったところで、彼はスマイル・トレインを離れ、新しい活動を始めた。名付けてワンダーワーク・ドットオーグだ。

この新しい慈善団体は、世界中の貧しい子どもが直面している、容易に解決できる問題5つに取り組んでいる。失明、先天性内反足、火傷、水頭症（頭に水がたまる病気）、そして心房・心室の中隔欠損だ。どれもお金のあまりかからない手術で治せることが多い。たとえば失明を取り上げてみよう。世界中で失明している人は4000万を超える。ブライアンによると、そのうち「半分は、外来のまま受けるような10分ほどの手術で視力が回復するんだ。100ドルでできるよ」。

ワンダーワーク・ドットオーグは2011年にタイム誌で「世界を変えるアイディア　トップ10」

だからこそ私たちはバーンレスキューを設立しました。

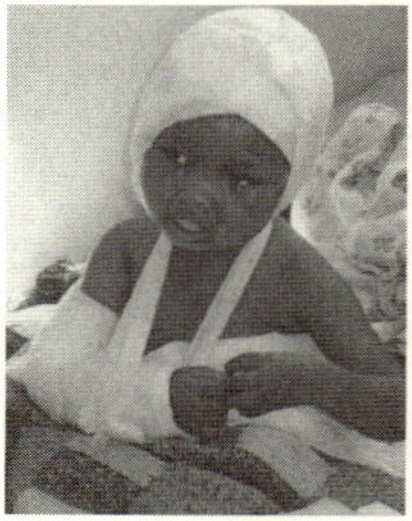

火傷に苦しむ1500万人の子どもたちを救いたい。

絶望している子どもたちに、未来を取り戻す奇跡の手術を提供するために。
そして彼らがあるなんて思いもしなかった人生第二のチャンスを提供するために。

でもあなたの助けがなくては私たちは何1つできません。

私たちは政府の支援を受けていません。大企業からも援助を受けていません。
私たちの活動資金の99%はあなたのような思いやりのある寄付者からいただいています。

あなたなら子どものために、どうしても必要な奇跡を起こせます。

あなたなら子どもを、一生続く心痛や苦しみから救えます。

あなたなら子どもの人生を、一度の寄付、一度の募金、一度の行動で変えられます。

お願いです。いくらでもかまいません。寄付をお送りください。私たちはそれを使って子どもの人生を変えます。感謝のしるしに、私たちが助けた子どもの写真をお送りします。

冷蔵庫に貼っておけるでしょう。あなたも笑顔になるでしょう。

ご支援に感謝します。

ブライアン・マラニー
共同創設者
バーンレスキュー

追伸
子ども1人を一生続く苦しみから救うのに、一度の寄付で十分です。もしもあなたが寄付は一度だけにしたいなら、同封の返信用書類のチェック欄に印をつけてください。私たちはあなたの意志を尊重します。

追追伸
250ドル以上の寄付で、バーンレスキューの創設寄付者になることができます。

私たちのウェブサイト、www.BurnRescue.orgで、安全にオンラインでの寄付ができます。

バーンレスキュー宛ての小切手を同封します。

次のクレジットカードでの寄付も受け付けています。ご都合に合わせてご利用ください。
（　）マスターカード　（　）ビザカード　（　）アメリカン・エクスプレス　（　）ディスカヴァー

カード番号 ________________ CVV番号________________ 有効期限 ______________
ご署名 ____

バーンレスキューは折に触れて、他の価値ある団体が私たちに寄付してくださる方々に手紙を送るのを認めています。あなたがそうした手紙を受け取りたくないなら、あるいは私たちが寄付してくださる方々に送る手紙を受け取る頻度を変えたいなら、そう教えてください。私たちはあなたの意志を尊重します。バーンレスキューはワンダーワーク・ドットオーグに属する慈善団体です。ワンダーワークは内国歳入庁から内国歳入法501（c）（3）に基づく認定を受けた慈善団体です。私たちに対する寄付はすべて法に基づく税控除の対象になります。

BURN RESCUE
Life-changing surgeries for severely burned children.
P.O. Box 96054
Washington, DC 20090-6054

ひどい火傷を負った子どもたちの人生を手術で変える

彼女が指と腕を再び使えるように
彼女が友だちを作り、学校へ通えるように
自分たちが亡くなった後、彼女がどうやって生きていけばいいか心配する両親のために

発展途上の国々には、今もたき火で熱や光をとり、調理を行っている人が何十億人もいます。そこでは火傷は大きな問題です。結核とHIVを合わせたよりも大きく、乳がんよりもなお大きい問題なのです。火傷は推定で15,000,000人を超える子どもを苦しめています。何百万人もの子どもが、救急医療設備がないために亡くなっています。生き延びた「運のいい」子どもたちも、おうおうにして容姿が損なわれ、障害を負っています。彼らは一生続く痛みと苦しみに直面しているのです。

火傷による外傷は容姿を損なうだけでなく、身体の動きや機能をも損なうことがあります。歩けなくなる子どももいます。手がこぶしを閉じたまま開かなくなることもあります。顎が胸に癒着したままずっと離れなくなることもあります。

幸いにも、そうした子どもの大部分はたったの500ドルで行える手術で奇跡のように救うことができます。

の1つに選ばれている。[5] 彼らの組織の構造は独自で、これまでの慈善団体には見られない。「それぞれが大義を1つ掲げた慈善ブランドを複数抱えた、思いやりのゼネラル・モーターズを作るんだ」とブライアンは言う。「GMはシヴォレーやキャディラックなんかのブランドを持ってるでしょう。あんなふうにぼくたちも、失明ブランド、内反足ブランド、火傷ブランド、水頭症ブランド、そして心臓の中隔欠損ブランドを持つんだよ。1つの屋根の下で大義を5つ賄えば、別々にやるよりも間接費や運営費を80％も節約できるんだ。これはとても有利だよ。新しいスマイル・トレインを5つ作れたら、100個だって作れるだろう」

スマイル・トレインは「これっきり」キャンペーンをとてもうまく使っているけれど、ワンダーワーク・ドットオーグのほうも負けていない。ワンダーワーク・ドットオーグの「ブランド」の1つ、バーンレスキューもそれを使って大きな成果を上げている。

ワンダーワーク・ドットオーグは2012年に「これっきり」キャンペーンを使った400万通を超えるダイレクトメールを送って大がかりな実験を行った。このキャンペーンで2013年中に35万人を超える寄付者から1500万ドル前後の募金を集められると予想している。

それにとどまらず、ブライアンは寄付者1人あたりの募金額を2倍に増やせるだろうと考えている。寄付をする人たちは複数の目的の中から対象を選べるからだ。新しい仕組みは寄付をする人を取りこぼさない。この仕組みは大義の「抱き合わせ販売」だからだ。非営利業界では聞かない言葉である。「『慈善組織は『販売』ってことばが嫌いなんだ」とブライアン。「でもぼくは大好きだな」

どう見ても慈善業界にブライアンみたいな人はあんまりいない。彼は起業家だ。非営利業界の大物の大部分は、それでもなお昔ながらの商売のやり方を変えるのを怖がっている。頭が悪いということではなくて、現状維持バイアスに陥っているということだ。彼らは正しい心を持っている。たぶん大部分は、この世でできる限りのいいことをしたいと心の底から願って非営利の活動にかかわっているんだろう。寄付をする側の人たちはそんなこと願ってはいないかもしれない、あるいは慈善団体ほどには思いやりを持ってはいないかもしれないと認めると、なんだか負けを認めたみたいな気分になるのかもしれない。

それでも、慈善団体がさまざまな種類の重要な公共サービスや公共財を提供する最前線の担い手であることは、どんどんはっきりしてきている。中央政府も地方政府も予算を削り、子どもやお年寄り、貧しい人たち、環境、芸術のために回される資源はいずれも減っている。シエラ・クラブやアムネスティ・インターナショナル、赤十字といった偉大な非営利組織は、恵まれない人たちに食べ物や家、教育などを提供することから、私たちに偉大な芸術やエンターテインメントを提供することまで、ありとあらゆる活動を行っている。誰かが立ち上がってそうした組織の大義を後押ししないといけない。科学に基づく推論が手助けになるだろう。

成功を続けるための足場

慈善活動の経済学を深く深く掘り進んだぼくたちは、新しいお客や新しい寄付者を呼び込もうというときにインセンティヴがどう機能するか、しっかり数字で測れる証拠を見つけた。もっと大事なのは、この証拠は長い間にわたって成功するための土台である点だ。これまででわかったことは、シードマネー、上乗せの割合をつつましく設定したマッチング・ギフト、くじ引き、口唇裂をわずらって哀しい目をした白人の子ども、それにドアの前に立ったきれいなおねえさん、こういうのはいずれも募金集めの助けになるのがわかっている。ぼくたちが得た証拠によると、寄付をする動機としては周りからの圧力が大きい。人に財布を開けさせるにはトンティン方式の仕組みがうまくいくとぼくたちは考えている。そしてぼくたちの発見によると、キャンペーンで脱退の権利を与えると、そのキャンペーンでの寄付が増えるだけでなく、将来のキャンペーンを効率よく行うための布石になる。

いろいろ検討してみて、どこにでもいる普通の人が寄付するときは暖かな光を感じたくて寄付をするのだろうが、大口の寄付者——1年に何百万ドルも募金する人たち——は税制の影響のほうが大きいのではないか、ぼくたちはそう考えている。確定申告の季節が来て、寄付をリストにして連邦政府に申告すれば、課税される所得から寄付した額を差し引ける。税率が35％の人たちだと、そうやって税金を減らせる分で、1ドルの寄付の価格は65セントぐらいに下がる。寄付するインセンティヴとしてはわるくないでしょう?(6)

―・―

実験しないと生き残れない

ぼくたちはみんな、人が寄付をするのは他の人を助けたいからだと決めつけている。でも実地実験が何度も何度も示したように、本当はだいたいの人が寄付をする理由はもっと自分本位だ。哀しいことに、慈善団体はまだそれがわかってない。人に財布を開けさせようと、慈善団体は脈々と受け継がれてきたノウハウや公式に頼ったいろいろな手口を使ってきた。シードマネーで33%はすでに調達できていると発表したり、3対1のマッチング・ギフトを実施したり、ダイレクトメールで支援を訴えたり、そんなやり方だ。そんなやり方をすることで、彼らはお金を取りこぼしている。

さまざまな実験――スマイル・トレインでのキャンペーン、シエラ・クラブ、中央フロリダ大学、国中の街角なんかのさまざまな場所で行われた実験――の結果を見ると、慈善活動への寄付について長年用いられてきた仮定の一部は穴がありすぎて、水は漏れっぱなしみたいだ。正直、きれいな女の人が頼めば男どもの寄付する額が増えるなんていうのはあんまり驚くところじゃないけれど、スマイル・トレインに寄付する人たちが封筒を開ける可能性は、封筒の写真でこちらをじっと見つめている子どもが自分と同じ人種であるときのほうが高いというのは驚きだった。カーリー・サイモンの声色で言うと、ぼくたちは（みんな）「うつろだ」。つまり見栄っ張りだ。そしてぼくたちは、自分で決心してあえて慈善活動に自分のお金を投じたと感じないと気が済まない。

ぼくたちの結論は単純だ。慈善団体は前任者から引き継いだ定石を捨てて、もっと実験をしないといけない。そうしないと競争に勝ち残れない。

これまでの章で説明してきた実地実験が新しいアイディアや処方箋、そして教訓をもたらし、慈善団体に最初の1歩を踏み出させる手助けになればいい（あるいは少なくとも、最初の1歩を踏み出すのを手伝えとぼくたちに電話をくれたらいい！）、ぼくたちはそう願っている。慈善業界が進歩する過程で、実地実験は業界を様変わりさせる武器の役割を果たすだろう。そして実地実験は非営利事業の世界で、変り種ではなく柱になっていくだろう。

次の章では、別の世界に生きる、やはり助けが必要なボスたちを見ることにする。営利企業の管理職だ。

THE WHY AXIS

第11章

管理職は絶滅の危機?

［職場に実験の文化を作るには］

実験しない企業はお金をドブに捨てている

ここはニューヨーク、空の青い9月の気持ちいい日のことだ。年は1965年である。タクシーの運転手が1番街と64番通りの角で男を降ろす。男は新しくできたアール・ヌーヴォーのレストランに入っていく。入り口の鏡で身だしなみをチェックする。ブルックス・ブラザーズのスーツ、黒のネクタイ、漂白した白シャツのいでたちで、自分がとても研ぎ澄まされて見えるのが確認できた。首筋からうっすらオールド・スパイスの香りが漂う。

彼はウェスティングハウスのマーケティング部門の男たち3人に、親しい友だちみたいに挨拶する。ホスティレットのハイヒールとお尻がピチピチのペンシル・スカートを履いたホステスが、彼に頷いたりはにかんだ笑みを浮かべたりしている。極彩色で豪華なティファニーのステンド・グラスの天井の下、彼女は一行をテーブル・クロスとクリスタルで飾られたテーブルへと案内する。彼と客たちは席につき、メニューを見る。ウェイターが彼らを回って1杯目の注文をとる。

「やあロジャー」。彼は慣れた調子でそう口にする。「いつものやつを頼む。ドライ・マティーニ、オリーヴは3つだ。今日のスープは何かな？」

「本日のスープは新鮮なメイン産ロブスターのビスクでございます、お客様。大変おいしゅうございます」

「いや、それはパスだな」と彼。「ロブスターは昨日食べた。今日はまず、パテのパイ包みを貰おう。それから猪だ。デザートはレモン・カスタードのパイとコーヒーにしよう」

ごく普通の日に、マディソン街で働く他のビジネスマンと食べる昼ごはんがそんな調子だ。まあ50年近く昔の話ではあるけれど。それじゃ仕事の1週間、彼はどんな調子で過ごすのだろう？マティーニを3杯飲みつつ何時間もかけてお昼ごはんを食べるせいで1週間は短い。ニューヨークのステキなレストランやクラブでお客と会う機会は何度もあるし、オフィスでの会合もバーボンのグラスを傾けつつ、なんてことが何度もある。そしてもちろん不倫もアリアリだ。

これはテレビ・ドラマの『マッドメン』が描き出す突飛な世界に近い（いやいや、当時はほんとにそんな調子だったんで、ぜんぜん話を盛ってたりしませんて）。当時の状況はドラマにうってつけで、だからこそ『マッドメン』は13回もエミー賞を取っている（今後も取るかもしれない）。でも、根性の曲がった経済学者の目には、あのドラマは突っ込みどころ満載だ。あのどーしよーもなくステキなドン・ドレイパーまがいの広告屋の連中を雇った企業は、いったいぜんたい何を考えてたんだろう？　そりゃまあたしかに連中は創造力があったんだろうけど、連中が持ってくるアイディアがうまくいくなんてどうして思ったんだろう？

いまどきの会社の経営陣は、何杯かひっかけつつお昼ごはんを食べながら製品や価格、広告キャンペーンといった大きい重要な判断を下すなんてことはあまりやらない。でもそんな彼らも、よく、大事な判断を思いつきに毛が生えた程度の根拠で下していたりする。ぼくたちが思うに、実験をやらない――行動を起こす前に、確かなデータに基づいて自分たちのアイディアはちゃんとうまくいくと示せない――企業は、お金をどぶに捨てていると思う。それだけじゃない。そういう企業の経営陣は、自分から進んで滅びゆく種のリストに名を連ねているのだ。

ネットフリックス：うってつけのネタ

実業界にも実験が必要だと言うときにあげつらわれる格好の事例が映画配信サービスのネットフ

リックスだ。同社は製品も顧客層も業界随一で、だからこそ２０１１年に息を呑むぐらいひどい、完全にやらずに済んだはずのまずい手を何度も打ったときも倒産を免れている。

　ネットフリックスは１９９７年に大きな疑問を土台に創業した。DVDを借りようというとき、地元のレンタル・ビデオ屋（この業態は延滞料金でたっぷり儲けている）まで行くのでなく、DVDを家に届けてもらえる（延滞料金は取られない）なら、人は月極めの固定料金を払って契約してくれるだろうか？　市場はこの疑問に大音量で答えた。ｙｅｓだ。元気いっぱいで小さなシリコン・ヴァレイの会社がみんなに見たい映画を届ける。それも素早く。全体としてみて彼らの仕事ぶりはすばらしく、ブロックバスターやなんかのレンタル・ビデオ・チェーンを相手にダヴィデ対ゴリアテを演じて見せた。

　その後、ネットフリックスはオンラインでもビデオを提供するようになった。メニューは限られているものの、顧客は映画を２つの違った方法で見られるようになった。それにあたり、同社はブロックとモルタルでできた現実のレンタル・ビデオ店を、実質的に壊滅に追い込んだ。大手のブロックバスターもたくさんの店舗を閉鎖する羽目になった。２５００万人のお客を満足させたネットフリックスは株式市場でも大人気だった。２０１１年７月に株価は３００ドル近くにまで上昇した。

　でもそれから、同社はおかしなことを始めた。長ったらしくてわかりにくいメールをお客に送り、郵送でのサービスとオンラインでのサービスを別扱いにするという。それまでお客は９・９９

ドル、１２・９９ドル、１４・９９ドルとかの料金を毎月支払い、それぞれ一度に１本、２本、３本のＤＶＤを借りていた。料金は月に何本ＤＶＤを郵送してもらうかで決まっていて、それぞれ限られた回数だけオンラインでもビデオが見られる。でもこれからは、郵送で一度に１本で毎月７・９９ドル、それとは別にオンライン分で毎月７・９９ドルを頂戴しますという。つまり、それまでの料金に比べて実質的に60パーセント値上げしたわけだ。

お客はこの動きに金切り声で反対した。経営陣の頭から出た「実のないすかしっ屁」だなんて言われた。ネットフリックスのサイトに、グレッグという御仁がこんなコメントを書き込んでいる（肩書きは「元お客」だ）。

ネットフリックス御中

精いっぱい控えめに言って、御社の最近の行動には驚かされ、また憤慨しました。私たちがとても親しかったのはどうやら昨日までのことのようです。御社は私に強烈なドキュメンタリーを届けてくれました。御社から届く陳腐なB級ホラー映画にはいつも大笑いしたものです。４年もの間にわたり、御社は私が必死に稼いだお金を恭しく受け取ってくれました。ああそれなのに、御社が今やっていることを見て、私は私たちの関係を見直さなくてはならなくなりました。御社はサービスの定価を引き上げました。思ってもみなかったことですが、それでも私の心はまったく変わりませんでした。でも、御社を代表して話したジェシー・ベッカーがプレゼンテーションでこの値上げを、自分で選べるサービスが増えたから私にとっていいことだと言ったのは、私の知能に対する侮辱であり、それで御社がどこまで思い上がっているかがよくわかりました。私を大人として扱い、料金の変更について率直に正直に教えてくれていたら、やけぼっくいに火がつくことがあるかもしれなかったのです。残念ながら、もうそういうことも起こりません。御社のへりくだりながら人を操る語り口に、私たちの関係はもう元通りにはなれないところまで壊れてしまいました。[1]

実験しなかった代償

ネットフリックスには苦情が押し寄せ、あまりにたくさん来るので顧客サービス係を追加で雇ったほどだ。株価は51%も急落した。そして2011年9月、CEOのリード・ヘイスティングスはお客に謝罪し、ネットフリックスは状況を改善するべく努めると発表した。でもどうやって？　会社は2つに分割された。1つはクウィックスターと名づけられ、郵送でのサービスを受け持つ。経営するのは新しいCEOだ。もう1つはオンラインでのサービスを提供し、会社名はネットフリックスである。

この発表を聞いてお客はさらに怒った。いまやオンライン・ビデオとDVDの両方のサービスを視聴するお客は、クレジットカードでそれぞれを別個に支払わねばならず、それぞれのサービスを受けるのにそれぞれ別個のウェブサイトにログインしなければならなくなった。株価はさらに7・4％下がった。

火に油を注いでしまったのを知って、「ネットフリックス・チーム」は２０１１年１０月にお客にこんなｅメールを送った。

親愛なる［お客の名前］様

弊社の会員の皆様の多くにとって、ウェブサイトが2つあると手続きが難しいことが明らかになりました。そこで弊社はネットフリックスを1つのサイトに集約し、1つのサイトでオンライン・ビデオもＤＶＤも申し込めるようにいたします。これで何かが変わるわけではありません。ウェブサイトは1つ、アカウントも1つ、パスワードも1つ……つまり、クウィックスターは廃止します。

ネットフリックスはこれで離れるお客もいるだろうと思った。でも彼らも１００万人近いお客がネットフリックスを捨てたのには驚いた。そのころにはネットフリックスはどこへ行っても経営のまずい会社として叩かれていた。サタデーナイト・ライヴでまでネタにされた。(2)

実験をしないとどれだけ大きな代償を払うことになるかは、２０１１年のドタバタの前と後でネットフリックスの株価がどうなったか見ればよくわかる。

ネットフリックスの株価

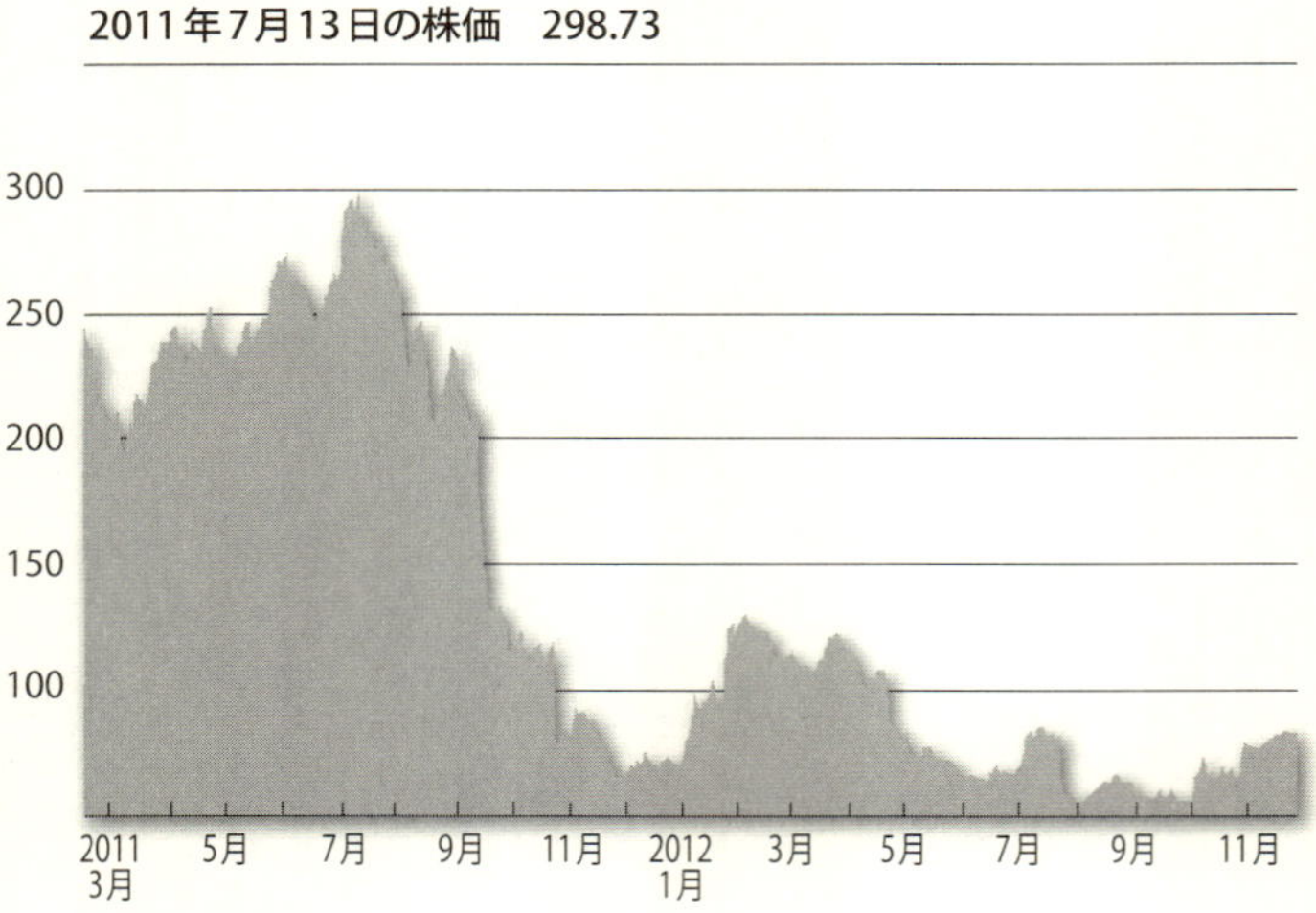

© 2011 Yahoo! Inc.

この話を書いたのは、ネットフリックスが簡単な実地実験をちょっとやっていれば、何十億ドルもが失われることはなかったし、ブランドに傷がつくこともなかったからだ（経営陣の誰かとても賢い人たちだか、ほんの数人のフォーカス・グループだか、ひょっとするとバカらしく金のかかるコンサルティング会社だかの）いい加減な思いつきに頼って全国のお客に一斉に値上げを押し付けたりするべきではなかった。ネットフリックスがやるべきだったのは、国のどこか1ヵ所——たとえばサンディエゴ——で計画全体を試してみることだ。そうやってお客の反応を調べるのである。小規模の実験なら会社の価値が損なわれることもなく、お金もずいぶん節約できたはずだ。ネットフリックスはサンディエゴではお客をいくらか失うことになったかもしれない。でも計画を改善して（あるいはまるごと捨てて）市場のリーダーにとどまるチャンスが得られただろう。実験をやっただけで悪い評判が立つかもしれないが、それでもネットフリックスの経営陣は、一部地域内で問題が起きたと説明することもできたはずだ。損害はずっと小さく収まっただろうし、実験で得られた教訓は値千金だったはずだ。あれ以来、ネットフリックスは立ち直ったし、同社のサービスや人気の根強さを考えれば、今後も成功を続けるだろうと思う。実地実験をやって事業を改善するならなおさらだ。

会社の経営者に実験のことを話すと、彼らの答えはだいたい「実験なんてやるとお金がかかるからなあ」だ。実はそんなことはないのですよと言ってから、ぼくたちは形勢をひっくり返しにかかる。実験をやら**ない**ことこそとてもお金がかかるのを説明するのである。ネットフリックスがいい例だ。ぼくたちは礼儀正しく、最適でない値段をつけたり刺さらない広告を打ったり働き手にやる気を出させられないインセンティヴの仕組みを使ったりするたびに、あなたがた経営者は何百万ドルも取り逃がしているのですよと語る。

直感に頼る医者に命を預けるか？

もちろんちゃんと実験をやっている企業はたくさんある。それもひんぱんに。企業はいつも仕組みをあれこれつっついて、新しいことを試す。たとえばアップルのスティーヴ・ジョブズは、絶えずデザインや製品の新しい売り方を試していた。問題はというと、企業が実験をするとき、実験グループと対照グループを比較できるようなやり方は、まずしない点だ。ジョブズがｉＰｏｄやｉＴｕｎｅｓストアを市場に投入したとき、業界に革命が起きた。でもジョブズはずっと、音源を録音したアーティストやレコード会社に対し、ｉＴｕｎｅｓでの曲の値段は1曲あたりぴったり99セントにしろと言い張ってきた。この方針をアップルが正当化するのは難しい。ｉＴｕｎｅｓでの価格がｉＴｕｎｅｓでの曲の売上げやｉＰｏｄの売上げに与える影響をあれこれ比較してはいないからだ。はっきりした証拠もなしに、アップルの重役たちは直感に頼って方針を決めた。彼らの戦略はうまくいったが、もし彼らが実験をやっていたら、ジム・コリンズだか誰だかが言ってたみたいに、「ビッグの次はグレイト」になっていただろうか？

別の言い方をしよう。重い病気に罹っているとする。お医者さんに行くと、新しい治療計画を処方された。この治療法が効くという証拠はありますかと尋ねると、彼女曰く「私の直感です」。そんなことになったら、多分あなたはとっととおいとまして二度とそのお医者さんのところには戻らないだろう。誰かの医学的な判断に命を預けるのなら、科学的な証拠に基づいた判断をしてくれる人のほうがいいからだ。

正しい治療法を選ぶのと正しい経営方針を選ぶのとで、何か違いがあるだろうか？　経営のほうには命はかかってないでしょうと言うかもしれないけれど、会社の重役たちは年に何百万ドルも貰っていろんな意思決定を行っている。彼らの判断にはたくさんの人の生業がかかっているし、経済全体では何十億ドルものお金が動く。実験は企業にとって調査と研究の手段である。実験で企業は、大事な判断を下すときに、素早く正確なデータを手に入れられる。与えられた環境の下、さまざまな要因を動かしてみれば、自分たちが戦略を変更したら、お客や競争相手、働き手、その他いろいろな利害関係者の行動にどんな反応が起きるか、因果関係を調べることができる。

実地実験は、フォーカス・グループを使った調査など、企業が行う他の調査方法とは異なっている。参加者に自分が調査の対象になっているのを知られることなく、彼らに本物の判断を下させることができるからだ。うまく計画すれば、企業は実地実験で価値ある洞察が得られるし、思いもしなかった結果が出ることもある。それを見てから企業は大きな規模で戦略を実行できる。この章では、2人のすばらしい企業経営者の話をする。彼らは実地実験で会社の未来を切り開いた。ぼくたちが彼らの会社や他の会社と一緒にやった実験の話も織り交ぜる。

インテュイットでの技術革新

インテュイットはシリコン・ヴァレイに本拠を置く会社で、クウィックブックスやターボタックスといったソフトウェアが有名だ。同社は長年、実験を自分たちの立つ土台に据えてきた。「昔は経営分析だの経営者の考えだのに基づいてトップダウンで意思決定をやっていたんだが」と創業者で会長のスコット・クックは言う。「今では小規模な実験を矢継ぎ早にやって判断しているよ」

むかしむかし、インテュイットはだいたいの大企業と同じように経営されていた。製品開発の人たちがアイディアを持ってくる。各部門の管理職がフォーカス・グループやなんかの調査に基づくデータを持ち寄って分析し、わかったことをパワーポイントに詰め込んで会社全体に配信する。管理職の上に立つ偉い人たちがそうやってできたプロジェクトにお金をつけるかどうかを決定する。でもクックはそのうち、そういうやり方はコンクリートの靴を履いて歩くようなものだと気づいた。「実験を使えば問題が2つ解決できると思うようになった」と彼は言う。「1つ目は、成功している大きな会社が素早く大胆に動くためには実験が必要だ。成功して大きくなればなるほど、会社は大胆ではなくなり、前へ進もうとはしなくなるからだ。2つ目の問題は、昔ながらのやり方で下す判断はだいたい間違ってることだ」

インテュイットは働き手たちに「デザイン思考」を植え付けた。問題（とくにあいまいではっきりしない問題）を調べ、情報を集め、想像力を駆使して解決策を作るための方法だ。デザイン思考の人は全体像を重視するホリスティックな考え方をする。創造力で問題に向かい、革新的な新しい解決策を探る。デザイン思考の人たちと経営陣が一緒になって、仮定や仮説を実験で検証する管理職を組織内で100人育てた。管理職はデータを集めて解決策を立案するようになった。そして彼ら管理職は自分の部下を教育して同じやり方をさせるようになった。加えて、150人の「革新の担い手」が会社全体に配置されていて、会社の全部門が実験の企業文化に則って仕事をするように気を配っている。こんにちでは、新しいアイディアをガリレオみたいに科学的な実験で検証するよう、働き手の誰もが奨励されている。つまりぼくたちが研究でやるのと同じやり方だ。以前は、ターボタックス・ドットコム部門は年に7件の実験をやっていた。今では納税の時期だけで141件だ。毎週木曜日に、手早くコストのかからない1週間単位の実験が始められている。彼らはアイディアを実験し、データを読み、ちょっと手を変えてまた次の木曜日から実験する。短期間の実験で「発明や起業家精神が湧きだしてくる」とクックは言う。

インテュイットは会社として、働き手に仕事時間のうち10％は自分で思いついたプロジェクトに使っていいと宣言している。今日インテュイットは、小規模で安く済むならいつでも実験をやるようになり、なにごとかを見出そうとするときの核心を実験が担っている。斬新なアイディアを作り上げた働き手は、自分のアイディアがうまくいくことを、実際のお客から得た結果に基づいて証明しないといけない。とてもいいアイディアは必ずコーヒークリームみたいに表面に浮かび上がってきて経営トップに届く。そういうやり方でスナップタックス（カメラや携帯電話で確定申告書類が作れるソフトウェア）、スナップペイロール（雇い主が働き手に携帯電話でお給料を支払えるソフトウェア）ができた。インテュイット・ヘルス・デビット・カードもそうだ。働き手の健康保険を賄えない中小企業に、彼らに代わって医療保障を提供する事業だ。そういうアイディアがまだまだある。

そういう実験の結果は、おうおうにして製品の新しい機能に結びついている。たとえば開発部門は実験で、利用者に課税状況に関する具体的な質問を投げかけた。利用者からの答えに基づいて、ソフトウェアは所得控除ができる項目について定額控除と項目別控除のうちどちらがいいかを推奨する。実験結果によると、この機能で利用者が申告書類を完成させるのにかかる時間が75％も短くなった。それを受けてこの製品のその後のヴァージョンには、この新しい機能が搭載された。ターボタックスの無料「国税版」に搭載されている「早道」機能だ。

インテュイットの開発部門は「監査支援センター」も立ち上げた。税務署の書面調査がどんなものなのかをお客全員に経験してもらおうというサービスだ。実験によると、ウェブサイトにこの機能を搭載したところ、ターボタックスを使って申告書類を完成させるお客が増えたことが確認できた。「顧客転換率、つまりインターネットであれこれ見て回った上でウチの製品を買うお客の数は、6年間で50％も増えたよ」とクックは言う。

商売だからこそ貧困を解決できる

同社の社員は、深刻な社会問題の解決策を考えるのも奨励されている。あるとき、インドのチームが同国の農家の人たち向けに「ファサル」（ヒンドゥ語で「収穫」）というサービスを始めた。チームの人たちは、農家の人たち——インドの社会では人口の半分にあたる——がとても貧しく、もっとも基本的で必要不可欠なものも手に入らないことがあるのを知っていた。そこでエンジニアである彼らは考えた。あの農家の人たちの暮らしをよりよくするにはどうすればいいだろう？

インテュイットのチームは自分たちで調査を行い、貧しい農家の人たちを、畑に出たときと市場に作物を売りに出かけたときの両方で観察した。農家の人たちの大部分は、通える市場といえば1カ所か2カ所しかなく、市場同士は互いに遠く離れていることがわかった。市場にはそれぞれ仲買人が1人いて、作物の値段はその仲買人が決める。仲買人は布の下に隠した手振りで値段を伝える。明朗会計なんてものはない。この仕組みは農家の人たちには不利だった。でも彼らにも強い味方がいた。携帯電話を持っていたのだ。

そこでエンジニアたちは、あちこちの市場で仲買人がどんな値段を出しているかを農家の人たちにメールで知らせる携帯アプリを考え出した。数週間のうちに、彼らエンジニアはアイディアをてっとり早い実験で試した。手で打ったメールを120人の農家の人たちに送り、どこの市場へ行けば作物が一番いい値で売れるか教えた。実験は成功し、農家の人たちはこのアプリを使い始めた。こんにちファサルのサービスは120万人の農家の人たちが貧困から抜け出すのを後押ししている。

「ファサルは慈善活動じゃないんだ。商売でやっている。だからこそぼくたちは、発展途上国で一番ひどい問題の1つである農村部の貧困に真っ向から立ち向かえているんだよ」とクックは言う。「ぼくたちはあちこち回って、一番大きな問題の中でぼくたちに解決できるものはないかと探す。そういう問題の大部分は社会問題だ。ぼくたちはそういう問題に、てっとり早い実験を節操なくやって立ち向かうんだ」

ぼくたちは、インテュイットと一緒に、何がうまくいくか、そしてそれはなぜかを解明しようと、これまで何十回も実地実験を行ってきた。そういう実験の中には、インテュイットの業績をよりよくするのに役立ったものがたくさんあると思う。インテュイットはグレイトな会社だ。実地実験が遺伝子にまで組み込まれているからである。

ヒューマナの作戦

実地実験をやっている会社の例にはもう1つ、ヒューマナがある。元は介護ホームと病院のチェーンだったが、現在は医療保険の巨大企業だ。「活力を生み出すには何をすればいいか知りたい」。口ひげを蓄えた愛想のいいヒューマナ会長兼CEOのマイク・マキャリスターはそう言う。もっといいやり方はないかいつも考えている、マキャリスターはそんな種類の人だ。実のところ、彼の考え方はCEOというより起業家――あるいは、それこそ実地実験経済学者――に近い。他人が自分の直感を信じるところで、彼が信じるのは直感に反することのほうだ。「私は、やれることはないかと探すんだ」と彼は言う。「みんなができないと思い込んでることがあるとして、でもできないなんて誰が言ったんだろう？　できるかできないかやってみればいい！」

たとえば、医療保険を提供する会社になる前、ヒューマナは病院や医療施設を保有していて、マキャリスターは診療所部門を担っていた。診療所部門はずっと赤字だった。でも、病院内の薬局は儲かっていた。マキャリスターはいいことを思いついた。診療所内に薬局を作ったら、薬局がない診療所に比べて業績がどうなるか見てみよう。驚くなかれ、薬局のある診療所のほうが業績がよかった。証拠を握ったヒューマナは、この組み合わせを診療所全体に広げて利益を上げた。これまでそんなことは誰も試してはいなかった。ヒューマナではまったく「やって」いなかったし、この件に関しては医療業界のどこへ行ってもやってはいなかった。型を破るのはガッツがいる。そしてぼくたちが声を大にして言いたいのは、自分のアイディアはたしかに正しいと自信を持つためには実地実験に基づく証拠が必要、ということだ。

ヒューマナが保険会社に転身し、CEOになったマキャリスターは、他の戦略についても実験を使い始めた。雇い主としてのヒューマナは、自社の医療費がもはや手に負えなくなっているのに気付いた。働き手たちが自分自身の健康を気にしていないのが原因の1つだった。マキャリスターは自分の面倒は自分でみるべきだと強く信じている。だから彼は、働き手たちにあれしろこうしろなんて言わないと告げた。働き手たちは一緒になって問題にあたらないといけなかった。方法の1つは、ちょっとしたインセンティヴのついた実験を行うことだった。ヒューマナには減量プログラムがあり、このプログラムでは最初と最後にBMI（body mass index, ボディマス指数）を計測する。胴回りが減った人は1万ドルが当たるくじ引きに参加できた。このインセンティヴは会社の内外でけっこうな話題になり――そしてたしかに、体重が減る人も出た。

お金をかけずに医療費を減らす方法

減量の実験は小規模だが、ヒューマナが最近やっている大規模な実験も見てみよう。マキャリスターはすべての人が自分に賄える医療を必要なときに受けられるべきだと考えているが、同時に、メディケア制度は役人に仕切られていて、病気の予防に気を配るインセンティヴはほとんどないのも彼にはわかっている。そのせいで、とマキャリスターは言う。「サービスの悪用、乱用、不正が起きている」。巨大なベビー・ブーム世代で急速に高齢化が進み、医療費が膨らむ中、患者に医療を届けるもっといい方法があるとマキャリスターは考えている。患者を健康に保つことを主眼にしたやり方だ。その方がお金も命も救えると彼は信じている。

それを受けて、ヒューマナは最近、真言を1つ掲げた。人が生涯健康で過ごせるよう後押しする、だ。でもどうすればうまくいくだろう？　それを調べようと、彼はジュディ・イスラエルという人をコンサルタントに雇い、「行動経済学者連合」を立ち上げた。この連合に参加したぼくたちは、実地実験や人の行動を変える策を設計するのに手を貸した。ぼくたち共通の目的は、どんな策なら費用を抑えつつ患者の健康を改善したり安定させたりできるかを探ることだった。

たとえば、心臓発作を起こしてメディケアのお世話になる歳のいった人を考えよう。彼女はなんとか発作を生き延び、適切な処置を受け、退院して家に帰る。でもそれから1ヵ月経たないうちに、処方された薬を飲み忘れた、なんていうちょっとしたことでまた病院に逆戻りすることになる。1度再入院するたびに平均で1万ドルかかる。これには処方薬やリハビリなんかの費用は含まれていない。メディケアの対象者のうち、最初に入院してから1ヵ月以内に再入院する人が5人に1人もいることを考えると、(3)この費用は膨大な額にのぼる。そして再入院は患者にとってもうれしいことではない。ヒューマナはメディケアが対応しない費用に対応する。だからヒューマナは問題に取り組む必要に迫られていた。

そこで同社がデータベースを調べてみると、同社が保険を引き受けるメディケア加入者のうち、200万人という膨大な数の人が再入院を経験していることがわかった。同社は分析チームを召喚し、問題に対応するモデルを作らせた。チームはいろいろなことを発見した。慢性の病気（糖尿病や肥満、心臓病、肺炎、うっ血性心不全など）を患った加入者が、解決するべき問題リストのトップに並んでいた。そこでヒューマナは退院した患者を支援する作戦を立てた。患者には全員、自動音声サービスの電話をかけ、支援や助言を受けられるフリーダイヤルの案内をするのだが、慢性の病気の患者には看護師が電話をかけ、リハビリの過程を一歩一歩説明し、患者がちゃんと計画通りにリハビリをできるようにする。いくつも慢性病を抱えていたことのある患者は看護師の訪問も受ける。看護師は患者の経過を観察し、生活指導を行う。ヒューマナの加入者であり、かつメディケアの加入者でもある人たちのうち、慢性病を複数抱える10万人以上の人たちは、そんな支援を受けている。

対照付きの実験を通じてヒューマナは、看護師を患者の家に行かせるなど、単純であまりお金もかからない予防で、患者を支援しながら同時にお金も大幅に節約できるのを発見した。ぼくたちはその後もヒューマナと一緒に仕事をしている。同社の業績を大きく改善できそうな作戦を考えては、顧客の行動に介入する実験を行っている。

企業や保険業界の立場でみるとこうしたやり方はまったく理にかなっている。「ウチの業界では発明なんてあんまりなかったんだ」とマキャリスターは言う。「国全体が技術革新でどんどん生産性を上げているときに、保険なり健康管理なりの分野では、製品以外で新しいものなんてなんにもない。ぼくたちは大きな課題に取り組んでいる。医療費を抑え、同時に国全体の健康状態の悪化も食い止めようというのは大きな課題だ。ウチの会社がやった実験でわかったことを国全体で利用できるかもしれない」

ぴったしカンカン

インテュイットやヒューマナみたいな大企業でなくても製品やサービス、そして価格に焦点を当てた実地実験は行える。実際、もっと小さい会社にこそ実地実験が大事とさえ言えるかもしれない。毎日綱渡りでいつ倒産してもおかしくない、そんな中小企業はたくさんあるからだ。

2009年の夏、ウリと奥さんのアイェレットに、カリフォルニア州のテメキュラでワインの醸造所を営む人から電話がかかってきた。ここではこの人を「ジョージ」と呼ぶことにする。テメキュラはサンディエゴから北東に1時間ほど行ったところにある、のんびりしたステキな街だ。ジョージはワインの値段を決めるのを手伝ってほしいと言う。彼が下す経営判断のうち、どう考えても一番大事なものの1つだ。ウリとアイェレットは喜んで醸造所へのお招きに応じ、製品の試飲を楽しませてもらって、そうこうしながらジョージのお手伝いをできればと考えた。(4)

ウリとアイェレットはジョージに、これまでどうやって値段を決めていたんですかと尋ねた。思った通りだった。他の醸造所の同じようなワインの値段を見たり、直感に頼ったり、去年の値段をもとにしたり、といったやり方だ。経営方面のセンセイに来てもらえば、あちこち立ち回ってちょっと計算して、魔法の数字を割り出して、自分をお金持ちにしてくれる、ジョージはそんなことを思い描いていた。だからウリとアイェレットが、自分（とステキな赤ワイン）としばらく過ごしてから「ぴったしカンカン」な値段なんてぜんぜんわからないです、魔法の数字なんてありませんと口にしたとき、ジョージがどれだけがっかりしたかは想像に難くない。2人のグラスに注いだワインをひっこめかけたぐらいだ。

グラスに注がれたワインにありつこうとウリとアイェレットは、お手伝いします、でも値段に関する魔法でも方程式でも優れた知識でもなく、値段を決める方法を考えましょうと提案した。つまり、単純な実験を提案しようと言ったのだ。ワインの値段を決めるのはとても手の込んだ仕事だ。品質が客観的に決まらないからである。ぼくたちは普通、値段と品質を結びつけて考える。他の条件が同じなら軽いラップトップのほうが値段は高い。みんな軽いほうがいいと思うからだ。この世はそんなふうに動いている。この基本的な直感に反する証拠はなかなか見つからない。

ワインでも同じことが言えるんだろうか？　まあそう思うかもしれない。ワインの値段はピンキリだからだ。ボトル1本数ドルの安酒から、1959年産のドメーヌ・ド・ラ・ロマネコンティみたいに1本1万ドルするものまである。研究によると、製品の品質が主観で評価される場合（ワインがそうだ。人の好みはそれぞれだからである）、値段をつり上げたほうが消費者にとっていっそう魅力的になったりすることさえある。

ジョージの醸造所や、地域の他の醸造所を訪れる人たちは、いろいろなワインを試飲してそれぞれ選んだワインを買っていく。テメキュラを訪れる消費者は、だいたいはワインの試飲ツアーでやってきて、醸造所を回って試飲して、それで買うワインを決める。ウリとアイェレットが実験に選んだワインは2005年のカベルネ・ソーヴィニヨンだ。「ブルーベリー、カシスのリキュール、それに柑橘系のニュアンスも感じられる複雑な香り」が特徴のワインである。ジョージがそれまでつけていた値段は10ドルで、とてもよく売れていた。

数週間にわたる実験で、この赤ワインの値段を10ドル、20ドル、40ドルと、日によって変えてみた。実験の間、お客を迎えたジョージは、彼らに試飲の説明をする。お客はカウンターへ案内される。そこには試飲を取り仕切る人がいて、お客は試飲できるワイン9種の名前と値段を紙1枚に書いたリストを渡される。値段は8ドルから60ドルまでさまざまで、お客はそれぞれ6種まで試飲できる。醸造所ではだいたい、リストには「軽めから重め」の順にワインを並べている。最初は白ワイン、それから赤ワイン、最後にデザート・ワインだ。お客はだいたいリストの下のほうにあるワインを選ぶ。カベルネ・ソーヴィニヨンはどこでも7番目だ。15分から30分で試飲を済ませてから、お客はワインをどれか買うかそしてどれを買うかを決める。

実験の結果を見たジョージはショックを受けた。カベルネは10ドルにしたときよりも20ドルにしたときのほうが50%もたくさん売れたのだ! つまり、値段をつり上げたらワインはいっそうよく売れたということだ。

このお金のほとんどかからない実験で得た結果に基づく値段で、醸造所の利益は全体で11%増えた。実験の後、ジョージは喜んで結果を受け入れ、ワインの値段を20ドルに変えた。醸造所を訪れるお客の大部分は一度きりしかやってこない人たちなので(ジョージの醸造所は製品の大部分を醸造所で売っている)、値段が変わったのに気づくお客はほとんどいなかった。

想像力を発揮しよう

「ぴったしカンカン」な値段を見つけるのは大事なことだ。でもそれだけで話が済まないことだってある。つまり、話は値段だけでなくて、代金のもらい方もことを左右する。

何年か前、カリフォルニア大学サンディエゴ校の大学院生、アンバー・ブラウンがディズニー・

リサーチへ仕事をしに行った。若い心理学者なら、あそこで働けるなら死んでもいいってぐらいの職場だ。ディズニーは社内にいろいろな分野の研究者を集めたグループを作り、科学の力で会社の業績をよりよくしたり、新しい技術やマーケティングを開発したり、経済学を研究したりしている。ヒューマナでもそうだったように、このグループは、お客の体験と会社の業績を同時によりよいものにするには、行動分析を駆使する必要があるのをよくわかっている。

アンバーがこの仕事を手に入れたのとちょうど同じころ、ぼくたちは台頭しつつあった行動分析による価格決定に興味を持った。つまり言い値で売ります、というやり方だ。このやり方で有名なのはイギリスのバンド、レディオヘッドだ。２００７年、彼らはＣＤをデジタル・ダウンロード方式で発売した。その際、自分たちのウェブサイトにログインし、好きな値段を払ってアルバムをダウンロードしてくださいとファンに呼びかけた。ファンはアルバムを丸ごとタダで手に入れることもできたし、65セント（クレジット・カード会社の手数料分）みたいな値段で買うことも、なんならもっと高い値段を払うこともできた。でも、ファンはタダで手に入るものにわざわざお金なんて払うんだろうか？　で、実際のところ払ったんだろうか？　興味深いことに、バンドのウェブサイトからアルバムをダウンロードした何十万人もの人たちの多く（半分ぐらい）がお金を払っている。（ところで、ぼくたちの友だちで最近ノーベル賞をとったアル・ロスはよくこう言っている。「コロンブスはアメリカを最初に発見した人じゃない。最後に発見した人だ」。コロンブスが発見してからは、「新」大陸のことはみんなに知れ渡ったからだ。ここでも同じことが言える。レディオヘッドはこの価格戦略を最初に発見した人たちではない。でも彼らはとても有名で、だから「最後に」発見した人たちになった。これでもう、この戦略を誰かが「再発見」する必要はなくなった）。

この例を見ると、市場でさえ人は完全には身勝手には振る舞わないのがわかる。ただ、レディオヘッドのやり方や、彼らと同じやり方をした企業から得られたデータだけでは、まだまだわからないことがたくさんある。人びとが必要以上にお金を支払ったのは間違いない。でも、バンドにとってこの価格戦略がいい影響を及ぼしたのか悪い影響を及ぼしたのかははっきりしない。普通の値段のつけ方をした場合に比べて、バンドは儲かったのだろうか損したのだろうか？

ぼくたちは言い値で売ります方式を実地実験で研究することにした[5]。言い値で売ります方式の価格戦略と寄付を組み合わせたら面白いんじゃないかと考えた。ぼくたちはこの組み合わせを「社会的責任の共有」（SSR、shared social responsibility）と呼んでいる。慈善活動にどれだけ寄付するかを会社だけが決めるのではなく、消費者も寄付に参加するのだ。消費者が何かを自分の言い値で買えるとして、「生まれつき備わった内なる天使な部分」に訴えれば、その人が払う値段は高くなるだろうか？

そういうわけでぼくたちは、言い値で売りますの価格戦略に寄付を組み合わせて得られる効果を測るべく、10万人を超える人たちを対象に、ディズニー・リサーチと一緒に大規模な実地実験を行った。ディズニーの遊園地にあるジェット・コースター系の乗り物に実験を仕込んだ。乗り物が終わってから、乗ってる間に叫んだり笑ったりしている自分の写真を買える、例のアトラクション

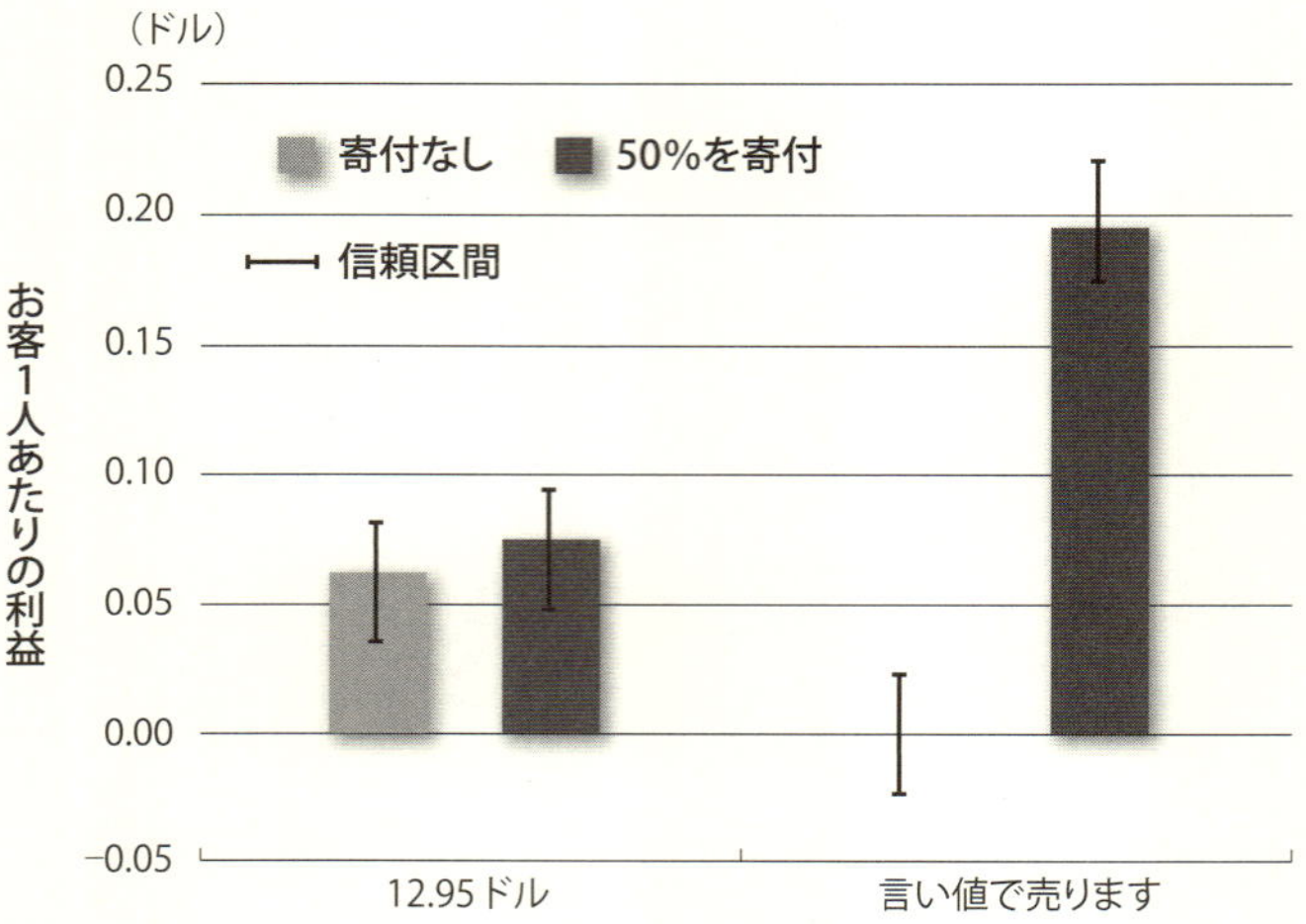

である。

写真は、いつもの値段である12・95ドルでも買えるし、言い値で売りますの仕組みでも買えるようにした。また、写真を売って得た収入の半分はとても有名で好感度の高い慈善団体に寄付する仕組みを付け加えた。この仕組みに関しては4つの異なるデザインを施し、1ヵ月にわたる実験の間、それぞれのデザインを別々の日に使ってみた。

上の図は乗り物のお客1人あたりの利益を示している。

普通の定価である12・95ドルだと寄付があったほうがほんの少しだけ需要は高まる。お客1人あたりの利益はほんの数セントだけ増えている。でもお客が自分で値段を決められるとどうだろう？　需要は屋根の上まですっ飛んだ。写真を買う人の増え方は「言い値で売ります」のほうが（固定価格の場合の0・5％に対して8％で）16倍も多い。でも平均ではお客は1ドルほどしか払っていないから、ディズニーはほとんど儲からない（覚えてますか、ぼくたちは会社とお客の両方が得をする解決を探して実験をやっているわけです。ツメあとを残すにはそれが一番）。

さて、実験で得られた結果のうち、ぼくたちが一番おもしろいと思うのはどれだろう？　言い値で売りますの仕組みと寄付を組み合わせてみたら、全体の4％の人が写真を買った。でも買った人はずっと高いお金（だいたい5ドル）を出していた。寄付をする選択を付け加えるととても儲かるということだ。実は、この乗り物1つに言い値で売る仕組みと寄付の組み合わせを提供するだけで、遊園地全体で年に60万ドル利益が増える。もっと大きな目で見ると、この変更で慈善団体への寄付も増えるし、消費者にとってもありがたい話のはずだ。いいことをしたという気になれるからである。

この実験で大事なことが1つわかった。お客に思いやりある行動をしてほしければ、自分たちもそんな思いやりある行動ができるところを見せないといけない。ディズニーが新しい価格戦略を実験することに同意したとき、同社はお客に、自分たちは慈善という大義を心に抱いていますよ、そしてもっと大事なこととして、そのためには自分たちがリスクを負うことも厭いませんとシグナルを送ったのだ。もっと一般的な言い方をするなら、想像力を発揮して価格戦略を立てればいいことをしながらいい思いができるのがわかった（第9章と第10章でも論じたとおりだ）。

あなたに返事をもらうには？

前の章で書いたように、ぼくたちはみんな、いい話すぎてほんとのことではありえない（ということは多分、いい話でもほんとのことでもないんだろう）ことを書いたジャンクメールを山ほど受け取るのに慣れてしまっている。ぼくたちはだいたい、そういうメールは開きさえしない。目もくれずに「ゴミ箱」に放り込む。開けるって人だって、普通は書いてあることは無視するし、どうこうしてくれ、みたいなことが書いてあってもそのとおりにしたりしない。それを頭に置いたうえで、さて、企業はどうやってダイレクトメール（やソーシャル・メディア）を通じてあなたの関心をひけばいいんだろう？

なにごとかを乞うダイレクトメールを開けてみたら20ドル札が封筒から落ちる。ダイレクトメールを送った誰だかは、それであなたの関心をわしづかみできるだろう。気になったあなたは同封してある手紙を読む。送ってきた会社は短いアンケートに答えて返信してくださいと言っている。どうしますか？　同封してあるのが10ドルだったら？　1ドルだけだったら？

スマイル・トレインやワンダーワーク・ドットオーグなどの慈善団体が、「おたがいさま」の仕組みを使って成功しているのはすでに述べた。「おたがいさま」とは、誰かが何かいいことをしてくれたら、自分もお返しにいいことをするべきだという原則だ。でも慈善団体でなかったらどうだろう？

ここのダイレクトメールの例でいうと、企業が愛想よくもお金を送ってよこして、あなたも自分たちのためになにごとだかをしてくれませんかと言っている。あなたは小売りチェーン大手のマーケティング担当重役だとしよう。ダイレクトメールでの売り込みに対する返信がほしいとして、世間の人たちが持つおたがいさまの精神に訴えるのは賢いやり方かどうか、あなたは考える。あなたの会社はアンケートを送るやり方に関しては長年経験を積んでいて、データを集めるのもたいへんうまい。でもダイレクトメールとなると、どんなインセンティヴをつければうまくいくか、あんまりよくわかっていない。

ぼくたちは（バルセロナ自治大学の）経済学者のペドロ・レイ゠ビエルと一緒に大規模な実地実験を行って結果を分析した。今度は小売りチェーン大手で、「クラブ・メンバー」として登録されているお客7250人を対象に、29種類の策を仕込んだ実験を行った。(6) この会社はクラブ・メンバーに手紙を送り、15分ほどでできるアンケートに応じてくださいと頼んだ。会社が関心を持っていたのはこんな疑問だ。次のうちよりよいのはどっちだろう。お客に対して、ダイレクトメールでの依頼に応じてくれる前にお金を支払ったほうがいいか、それとも応じてくれた後に支払ったほうがいいか？

先に報酬を送ったら

別の言い方をするとこうなる。会社がおたがいさまの精神に訴える策を弄したうえで、アンケートに答えてくれませんかと人びとにお金を同封して手紙を送ったら、応じる人は増える——そして調査はコストの面で効率が上がる——だろうか？　あるいは、昔ながらのやり方をしたほうが賢明なんだろうか？　つまり、世間の人を従業員みたいに扱って、仕事をしてくれた人にだけ報いたほうがいいんだろうか？　それともインセンティヴがどうのなんて忘れて、報酬なんて出さずにアンケート用紙だけを送ったほうがいいんだろうか？

策の1つでは、会社はクラブ・メンバーの半分に、1ドルから30ドルまでさまざまな額の現金を同封して手紙を送った（ぼくたちはこれを「人付き合い」作戦と名づけた。おたがいさまの精神は人付き合いに伴う現象だからだ）。もう1つの策では、会社はアンケートに答えてくれた人の中から3500人に小切手（送る額は1つ目の策と同じ1ドルから30ドルまでだ）を送ると約束した（こっちは「条件付き」作戦と名づけた）。対照実験のほうは、250人にアンケートを送り、答えてくださいと頼んだ。次のページのグラフは返ってきた反応を示している。

グラフによると、「損益分岐点」は15ドル近辺だ。15ドルまでは、お金を先に送ったほうが人におたがいさまだと思わせることができて、だからアンケートの答えが返ってくる割合は高い。1ド

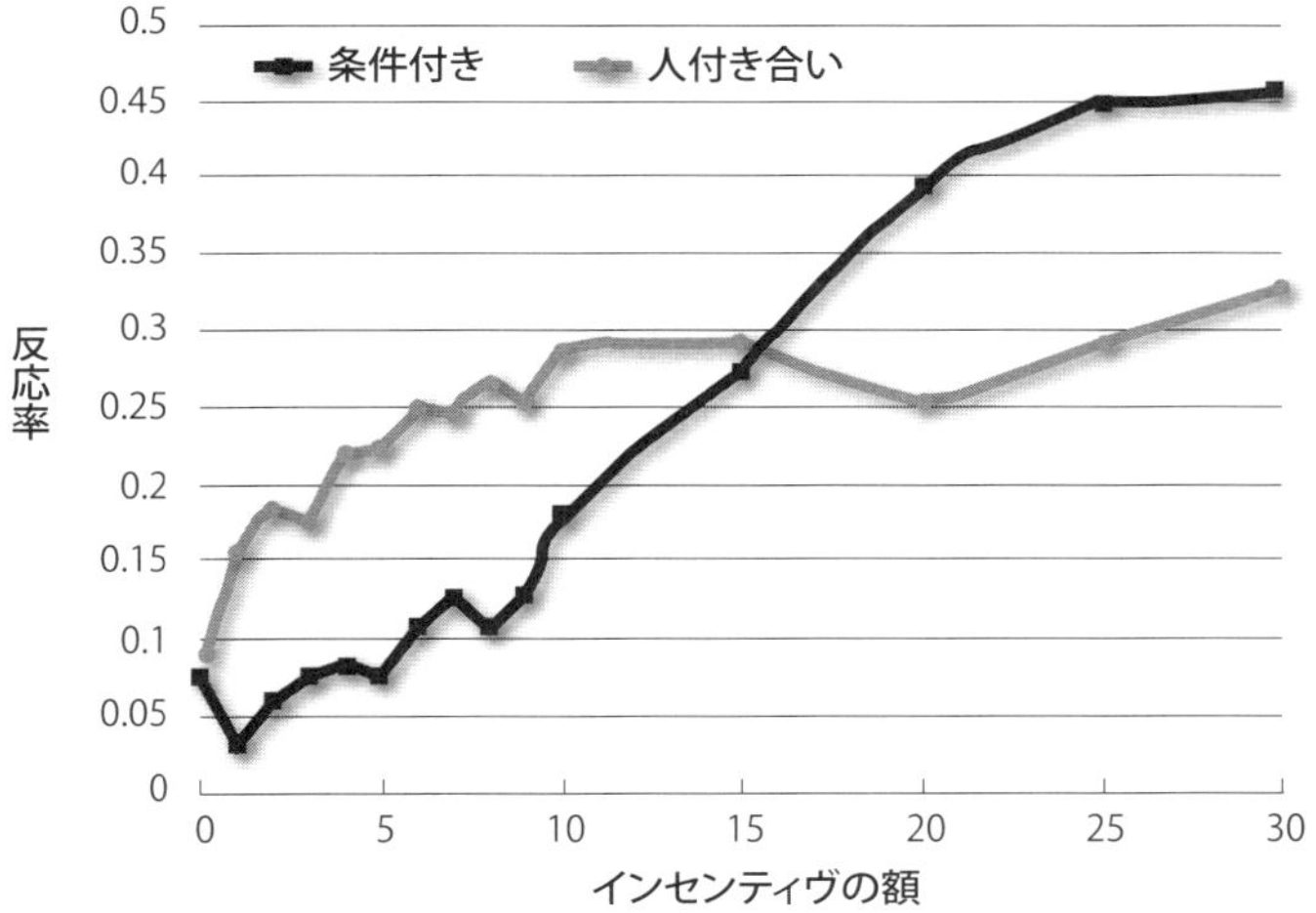

ルみたいな取るに足らない額でさえそうなのだ。実際、こう書くと反応が返ってくる割合はずっと高かった。「アンケートに答えてくだされば1ドルは差し上げます」。でも額が15ドルを超えると、条件付き、つまりアンケートに答えてくだされればお金をお送りします、というやり方のほうが答えが返ってくる割合は高かった。

大事なのは、条件付きでお金を払うほうが先に払うより安くつく点だ。当たり前でしょう？　アンケートに答えて送り返してくれた人にだけ報酬を送るほうが、答えてくれようがくれまいがお金を送るよりも、送るお金は少ない。人付き合い作戦でかかる費用は返信1件あたり平均で45・40ドルで、これは条件付き作戦の費用（平均で20・97ドル）の倍以上だ。その結果、人付き合い作戦にかかる費用の総額は条件付き作戦の3倍近い（3万8820ドル対1万3212ドル）。

ダイレクトメールを送る会社にとって、この試みから学べることはなんだろう？　予算が限られていてアンケートの返信1件あたり1ドルしか使えないなら、その1ドルを封筒に入れてアンケートと一緒に送ってしまったほうがいい。1ドルを受け取った人は（少なくともいい人なら）おたがいさまの精神を発揮して喜んでアンケートを送り返してくれるだろう。でも、1人あたりで使えるお金がけっこうあるなら、アンケートを送り返してくれた人にだけお金を払ったほうがいい。もちろん、相手を見てどちらにするか決めたっていい。経済学者みたいに考える人たちには条件付きで支払うほう、経済学者とは違う種類の人たちには無条件で支払うほうを使う、なんてやり方もアリだろう。

中国への旅

第4章で、ボーナスを手に入れた形にするか失った形にするかで先生や生徒の成績が変わってくるのを見た。枠組み、つまりフレイミングはビジネスの世界でも大事な道具だ。あなたはサニー・サンスクリーンSPF50ローションという製品のマーケティング担当だとしよう。あなたは今、販促キャンペーンでどんな売り文句を打ち出そうか考えているところだ。「利得フレイミング」つまり良いイメージを使って、「サンスクリーンで皮膚がんのリスクを抑えましょう」にしようか、それとも「サンスクリーンでお肌を健康に」にしようか。あるいは「損失フレイミング」つまり悪いイメージを使って、「サンスクリーンを使わないと皮膚がんのリスクが高まります」とか「サンスクリーンがないとお肌の健康に危機が」なんてどうだろう。

同じように、働き手に対しても、「今年は生産を10％増やせばみんなボーナスがっぽりだぞ！」という言い方ができるし、「今年は生産を10％増やさないと誰にもボーナスは出ないぞ」という言い方もできる。どちらの枠組みのほうがやる気を引き出せるだろう？

それを見るために、ぼくたちは（トロント大学の）経済学者のタンジム・ホサインと、活気にあふれた現代的な都市、廈門《アモイ》を訪れた。香港からそう遠くない中国南部の海岸沿い、福建省にある街だ[7]。

廈門には大きな会社の工場がたくさんある。デルやコダックなんかも工場を持っている。6カ月にわたる実験の場になったのは2万人の働き手を擁する中国のハイテク企業で、コンピュータの電子部品を生産し、販売している。この会社――万利達《ワンリダ》――は携帯電話やデジタルAV機器、GPSナビ、小型家電などを生産し、販売している。製品は50を超える国に輸出されている。

ぼくたちの目的は単純だ。フレイミングによる単純な手口で生産性を高められるか検証したかったのだ。だからぼくたちは働き手を2つのグループに分け、それぞれに内容の違った手紙を出した。

工場でのアメとムチ作戦

しばらくの間、自分が21歳の女の人だと思ってください。あなたの名前は――リン・リーだとしよう。万利達で働いている。仕事はPCのマザーボードの検査だ。月曜の朝、工場に来てデスクの前に座り、歯医者や外科医が使いそうな拡大鏡のついたライトを点ける。薄い手袋をはめてマザーボードを手に取り、まずチップを全部、それから隅々まで念入りに調べて欠陥を探す。そんな作業を1日9時間、週6日やっている。もちろんお給料のためだ。

ある日、経営陣から手紙が届く。「親愛なるリン・リー」。手紙はそう始まる。「あなたのチームの出来高が1時間あたり400単位を越えた週には80人民元のボーナスを支払います」。80人民元は12ドルぐらいで、これは中国の肉体労働者にとっては結構な額だ。中国の働き手のお給料は平均で週に290~375人民元だから、80人民元は一番稼いでいる人の週給の20%を超える。同じような手紙を受け取った165人の働き手は、誰も自分が実験に加わっているなんて知らない。

やる気の出たリン・リーは仕事に戻る。笑みが浮かんでくる。別の若い働き手――ズィ・ペンと名づけよう――は違う手紙を受け取る。「親愛なるズィ・ペン、あなたに特別ボーナスとして320人民元を支払います。ただし、あなたのチームの出来高が平均で1時間あたり400単位を切った週には、特別ボーナスから80ドル返してもらいます」。ズィ・ペンはこの仕組みをどう受け取ったらいいのかよくわからなかったが、とりあえずデスクに戻ってしゃかりきになって働きだした。

さて、こうした枠組みの仕切り方を見ると、先生や生徒を相手に第4章でぼくたちが試したインセンティヴを思い出すかもしれない。第4章でぼくたちは、彼らに成績が悪かったらお金は返してもらいますと言った。それから、たぶんこれも気づいたと思うけれど、この種の枠組みは、アメ(「ボーナスを支払います」)とムチ(「成績が悪かったら返してもらいます」)の組み合わせになっている。込められたメッセージは明らかに――わざと――混乱を呼ぶ内容になっている。社会科学者が「損失回避」と呼ぶ効果が本物の工場で働くのを見たかったからだ。

自分が何か――(10歳未満の子どもの場合)ソーシャル・メディアを使っていい権利とか、ぼくたちなら1960年代のLPレコードのコレクションとか車とか家とか仕事とか、そしてそうそう、ボーナスとか――を「持っている」と感じているとき、それを失いそうになるととても不幸な気分になる。

さて、工場に戻ろう。一番の成績を出したのはどんな人、どんなチームだろう? リン・リーとしてのあなたみたいにアメの手紙を貰った人たちだろうか。それともズィ・ペンとしてのあなたみたいにムチの手紙を貰った人たちだろうか。それを推し量る前に、自分は「利得フレイミング」と「損失フレイミング」のどちらのほうがやる気になるか考えてほしい。他の人とチームで仕事をしているなら、メンバーそれぞれの成績がチーム全体のボーナスを左右するとき、自分が必死に働くのは報酬型の枠組みか罰則型の枠組みか、考えてほしい。

ぼくたちの実験でこんなことがわかった。ボーナスというインセンティヴがあるだけで、まず生産性は高まる。チームで働く人たちで4％から9％、個人で働く人たちで5％から12％だ。ボーナスの額を考えると、これは大きな改善といえる。でももっと面白いのは、個人で働く人たちが損失フレイミングにはほとんど影響されなかったのに対し、チームで働く人たちの生産性は、利得フレイミングに比べて損失フレイミングのほうが16％から25％も生産性が高くなった。そしていいですか、ミスや欠陥は増えなかった。

全体では、万利達は単純な設定の枠組みを使ってチームの生産性を効果的に向上させることができた。

こうした成果は時間とともにいつか消えてしまうのだろうか？　働き手たちはそのうちたるんできて、罰則型のインセンティヴにも反応しなくなるんだろうか？　答えは「Ｎｏ」だ。罰則型の枠組みの下で働くチームの生産性は、6ヵ月にわたって毎週毎週上昇を続けた。

明らかに、得たものを失うことの恐れのほうが、得られる見通しの喜びよりも、働き手のやる気を引き出せる。つまりアメはちょっとムチみたいに見せたほうがうまくいくかもしれないということだ。でも差し出す手は2本で、アメとムチを両方使う、そんな会社でみんな働きたいものなんだろうか？　それはですね、こうです。損失は人生に必ずついてまわる。誰かが損をかぶらないといけない。損失は強力なやる気の素だ。ぼくたちはそう確信している。企業はレイオフになるかもとか解雇されるかもとかの恐れを使って生産性を上げてきた。でもそういう大きな脅し以外には、彼らは損失フレイミングをあまり使ってはこなかった。

——•——

もちろん、もしもあなたが管理職なら、なにもこの研究で使ったような悪魔みたいなインセンティヴを使わないといけないわけじゃない。代わりに覚えておいてほしい。枠組みの仕切り方が大事なのだ。働き手たちに出来高に応じた支払いをすることにして、そのうえで出来高が低ければ失うものがある点に関心を向けさせれば、ここで書いたような効果が実現できるはずだ。人を操るようなインセンティヴを使って働き手の皆さんを震え上がらせなくてもいいのです。

さて、それじゃ大きな問題はなんだろう？

それで、企業はどうしてもっと実験をやらないんだろう？　会社にはいろいろ壁があって、実験を実行するのが難しいのだ。スコット・クックが教えてくれたのによると、そんな壁の1つは、力を持った人たちには自分のパワーポイントにしがみついている向きがいることだ。彼らは小者の連中に王様は裸だよとか、自分なら王国をそんなふうに支配しないですとかなんて言われたくないのである。

組織はなかなか動かないから、というのも障害になる。たとえば２００９年の夏、ぼくたちは学生を何人か雇って大きな会社でインセンティヴの実地実験をやろうとした。会社の人がサンディエゴまで会いに来てくれて、彼らが抱える単純な問題を話し、何ヵ月間か実験をやろうということになった。あれから4年経つけれど、研究は大組織のどこかに埋もれていて、いまだに経営陣の承認を待っている。

それ以外にも、管理職は変化に伴う不確実性や未知の事柄に腰が引けたりすることもある。新しいことを始めず、これまでのやり方をなぞっていれば、慣れもあるし、うまくいっている間は、その方が安全な気もする（「壊れてないなら直しちゃだめだ」）。また管理職は、会社の業績を高めるために解決策を提供し、難しい判断を下すのが仕事だと思っている。つまり、会社が直面する難題に対して、自分は最初から答えをもっていないといけない、そう思っているのだ。実験なんてやらかせば、自分はわかってないですって言いふらすようなものだし、自分が持っているはずのノウハウに傷がつくかもしれない——それじゃ仕事ができてないみたいに見えるじゃないか、そういうことだ。

そういう壁を乗り越える道は2つある。トップダウンとボトムアップだ。まず、会社の経営陣は、よくある「目先の利益を上げろ、話はそれからだ」という脳みそのあり方を変えて、クックやマキャリスターがやったように、会社の業績を改善する実験を奨励し（それこそ報い）ないといけない。このやり方をするなら、実験を計画して実行し、データを分析し、結論を引き出せるよう、人を雇い、訓練しないといけない。次にボトムアップのやり方なら、組織のもっと下位の人たちが小規模の実地調査を行って結果を管理職に報告し、管理職の人たちに実験を行うことに伴うコストとメリットをわからせないといけない。

—•—

企業も実験しよう

すでに用いられている——正しいとは限らない——思考のあり方を変えるのは簡単ではない。なんにせよ、恐れを知らないリーダーシップと訓練、そして実地での経験がないと実験の文化を根づかせることはできない。でも成功すれば、会社は業界全体の地図を書き換えられる。

自分の思いつきに惚れ込んでしまう経営者を、ぼくたちはいやというほど見てきた。そんな思いつきを、疑いもせずに無邪気に世界にぶちまけて、派手に転んでしまう。ネットフリックスがそうだった（し、彼らより前にも後にもそんな会社はたくさんある）。会社を動かす人たちが、アメやムチを持ち込んで生産性を上げようとしたがうまくいかなかった、そんな例もあった。製品の正しい値段を割り出そうとしているが、その実お客にとってその製品がどれだけの価値があるのかまるでわかっていない、そんな会社もあった。そういうミスは四六時中起きている。その代償は大きい。そしてそういうミスはちゃんと防げるのだ。

対照的に、実地実験をやっている企業は大小含めてちゃんとあり、彼らは利益を上げ、お客を呼べている。インテュイットは小さなアイディアを実験することで市場を拡大し、いいアイディアを活かして成長している。ヒューマナは歳のいった人たちが処方に従い、自己管理をするのを積極的に支援すれば、彼らお年寄りは病院のお世話にならずに済み、その結果会社も何百万ドルもコストを減らせるのに気づいた。万利達みたいなハイテク大手も、働き手にボーナスを支給しておいて、返してもらうかもしれないよと脅しをかければ生産性が劇的に上がるのを発見した。北カリフォルニアの小さな醸造所も、自分のワインの値段をあれこれ実験してみて、お客が喜んで払ってくれる額の半分の値段でワインを売っていたのを知った。そしてディズニーは、乗り物に乗ったお客に売る写真の値段をお客自身に決めさせればうまくいくこと、値段の半分は慈善団体に寄付することにすればとくにうまくいくことを学んだ。

企業の皆さんにとっての結論はこうだ。もっと儲けたいですか？　答えがｙｅｓなら、実地実験をやりましょうよ。「グレイト」な会社に名を連ねたいですか？　なら、ぜひ実地実験を。

THE WHY AXIS

おわりに

世界を変えるには……まあ、少なくとも得をするには

［この世は実験室］

400年近く前、ガリレオは記録に残る最初の実験室実験を行った。斜めに置いたレールの上で重い球を転がして、加速度に関する自分の仮説を実証したのだ。それ以来、実験室での実験は科学の手法の礎になった。科学の本質は実験であり、どんな知識も実験で試さなければならない、著名な理論物理学者のリチャード・ファインマンはそう述べた。「実験だけが」と彼は言う。「『真理』かどうかを判定する科学の方法だ」。経済学者も徐々に、人間の行動を理解する方法として、実験に基づく物理科学のやり方を使い始めている。(1)

こんにちまで、実験による方法は大部分が実験室の中だけで用いられてきた。実験室での実験で、経済学者の世界を見る目は変わった。２００２年にノーベル委員会がダニエル・カーネマンとヴァーノン・スミスに賞を与えて、そのことは広く認識された。でも、人の行動を実証するのに実験室の中でだけ行われる実験に頼るというあり方も、だんだん変わってきている。

ぼくたちは、世界について研究するのに実地実験を使う、最近売り出し中の一派のメンバーだ。他の経済学者の人たちや、他の学問分野の人たちが、ぼくたちが叩きつけた挑発に乗ってくれるのを待っている。でも皆さんは彼らがもろ手を挙げて賛成してくれるまで待っていなくたっていい。毎日の生活の中でぼくたちの道具を使って、何が本当にうまくいくか調べることができる。それこそあかんぼにおまるを使う練習をさせるなんてことから多国籍企業の経営にかかわることまでなんにでも使える。

でも、どこから手をつければいいんだろう？

まず、何を変えたいか考えてみよう。会社の業績をよくするのが目的になるかもしれない。子どもをおだててもっと勉強をさせるのが目的になるかもしれない。マーチ・オブ・ダイムズがウォーカソンの長距離デモ行進でもっと募金を集めるのを助けたいと思うかもしれないし、家の光熱費を減らす方法を見つけたいと思うかもしれない。厳密にいって何を変えたいかをはっきり決めたら、次は変化をどう測るかを考えるのが大事だ。会社でも同じことだ。焦点を絞って計測するのである。たとえば、成績や試験の点は測れる。電力のワット数や生産性もそうだ。

次のステップは、測る変化が何であれ、それを実現する方法をいくつか思い描く。ぼくたちならだいたい、インセンティヴは大事だというところから出発する。お金のインセンティヴは単純ですばらしい。でもお金以外のインセンティヴのほうがずっと強力な一撃だったりすることもある。たとえば、あなたの家の3年生になるお子さんがビデオゲームに夢中なら、それをうまく利用できるかもしれない。宿題の成績がよくなったらもっとビデオゲームをやらせてあげるよと言えば、そういう小さい子にはお金に換えられないほどのインセンティヴになるかもしれない（でもこのやり方だって子どもなら誰にでも通用するわけじゃない。ぼくたちの発見によると、子どもが大きくなるにつれて、お金以外のインセンティヴは力を失っていく。自分の置かれた状況に照らして何が一番うまくいくか、ぜひ実験して調べてみてください）。

ときどき、悪いインセンティヴを取り除くと状況が大きく変わることもある。たとえば、あなたの住むアパートの建物には電力メーターが1つしかなくて、それがアパート全部の使用電力を測っているとしよう。電気代は住人みんなで等分して払っていると悪いインセンティヴが働く。第1章で書いたように、勘定を均等に割り振ると、そうでないときより、みんな高いものを食べたりする。もっと賢いやり方に変えれば（部屋ごとにメーターをつけるとか）、みんなの悪い習慣はもちろん、不要な出費も大幅に減らせるだろう。

計画を立てたら、あとはコイントス、つまりランダム化をちょっと持ち込むだけでいい。「対照」の状況と「実験」の状況で結果がどう違うか比べてみないといけない。たとえば中古車販売店に行って値切り交渉の作戦を2つ立てたなら、販売店に足を踏み入れる前に、その店ではどっちの作戦を使うか、コイントスで決めるのだ。「表」が出たら自分のほうから販売担当者に値段を持ち出す。「裏」が出たら販売担当者のほうに値段を言わせる。どっちがいい条件を勝ち取れるだろう？それでもまだもっとわかりたければ3軒目の販売店へ行って自分のほうから値段を口にする。あるいはこんなのはどうだろう。販売店の何軒かでこう言ってみるのだ。「今日は5軒回るんだ」。それからそれ以外の販売店ではこう言う。「他の店には行かない、ここだけだ」。それでどうなるか見てみるのだ。

あるいは、アンティークを買うのが好きだとして、値段が交渉できる店をいくつか回るとしよう。たとえば店の1つでは販売担当に、あれこれやり取りしてる時間はない、あのステキなかわいらしい1790年代の鏡台は最低いくらなら売るのか教えてくれと言う。別の店では、普通に値段の交渉をやってみる。どっちのほうが安い値段を引き出せるだろう？

さらにたとえば、自分もボランティアで参加する非営利組織に集まる寄付を増やしたいとする。あなたはダイレクトメールでのキャンペーンを手伝う。送り先リストに載っている、寄付をしてくれそうな人からランダムに半分選んで、マッチング・ギフトがありますと知らせてみよう。[2] どの場合も、ランダム化がカギになっている。そんなことをするのは、実験の結果を左右するかもしれない相反するいろいろな仮説の影響を排除するためだ。

経済実験のとてもいいところの1つは、研究に参加する人たちの立場でものを考えてみるのに博士号なんていらないことだ。仕事で出張に出たとする。ホテルで客室係の人に、自分が外出したら部屋を掃除してくれと言う。最初の日はチップを置かないで行って、帰ってきたときにどれだけきれいになっているか、軽く調べる。2日目は何ドルかチップを置いて、帰ってきたら初日よりきれいになっているか調べてみる。3日目はチップを増やして、という調子だ。3日目には枕の下にチョコレートが多めに置いてあるかもしれない。こんな実験をすれば次の出張のときにどれぐらいチップを出せばいいか考える助けになるだろう。

あるいはまた、ディナー・パーティを開くときにこんな実験をしてみよう。ワインはボトルから注ぐのではなくて、いろいろな値段のワインをそれぞれ別々のデキャンタに入れて出す。それからお客に、一番いいワインはどれだと思うか聞いてみる。次回のパーティでどのワインを出すか決めるのにこの実験はとてもいい。やってみたらあなたもお客も一番のお気に入りはあんまり高くないワインだった、なんてことだって十分に起こりうるわけだし。

おわかりでしょうか。経済学の武器は大事な問題を実行可能なやり方で解決するなんてことにまで、ちゃんと役に立つとぼくたちは確信している。研究者たちがキーボードの前から立ち上がり、ぼくたちがこの本で見せた方法を携えて街に出ていけば、彼らの頭に巣食ったそれまでの仮説や仮定を覆す事実が見つかるだろう。

経済学者は、自分たちは根の暗い科学をシコシコやってるのではなく、熱烈な科学を実践しているのだと気づくかもしれない。自分が心の底から興味を持つことに根差し、人間の情緒に取り組み、そして世界をよりよく変える結果を生み出す、そんな科学だ。でも変わるきっかけを手にしているのは経済学だけじゃない。社会学や人類学、経営学、教育、その他たくさんの学問分野に、経済学の実地実験の道具を使って、世界中でたくさんの人の人生を大きく変えられる機会が膨大に転がっている。

ぼくたちは社会全体として、教育や差別、貧困、健康、性別間の公平、環境、その他たくさんの分野に横たわる、大きくて根強い問題との戦いで、大きな進歩を遂げられていないのはなぜか、この本で繰り返し繰り返し書いてきた。それはぼくたちが、力を合わせて思い込みを捨てる努力を、まだちゃんとやっていないからだ。何がうまくいくか、そしてそれはなぜかをぼくたちは見つけ出せてはいない。一番差し迫った問題に科学的な研究の道具を持ち込むチャンスを、ぼくたちはみすみす見過ごしている。本当はこの世は実験室で、みんな自分で発見したことに学ばないといけないのがわからない限り、決定的に大事な分野で前に進むなんて望むべくもないだろう。

でも、ジョン・レノンの言葉を借りるなら、想ってみよう、別の道もあるんだって。想ってみよう、世界中の研究者が何千人も、ここまで描いてきたのと同じ科学的な方法を手に取って、大きな問題に立ち向かうって。想ってみよう、ぼくたちの目の前に立ちふさがる岩を動かし、一番大きな問題に切り込む、それだけを目指して世界中で一斉に何百もの実験が行われるって。想ってみよう、どうなるだろうって。実験のフィードバックが山ほど返ってきて、それを集めて、それから何がうまくいくか、それはどうしてか調べるべく、何度も何度も何度も実験が行われたらどうなるだろうって。そして想ってみよう、何が起きるかって。それでわかったことを携えて、世界中の政府が、ちゃんとした実証結果に大きな政策の変更で応じたら何が起きるかって。

そういうことですよ皆さん。おわかりになったでしょう。さあ実験だ！　町へ出よう――白衣とポケット・プロテクタを捨てよ――そして本当は何がどうなってるか見てみよう。それから、見つけたことをぼくたちに知らせてください。考え方がどう変わったか、きっと教えてくださいな。

お礼

実地で調査をするのは時間がかかる。だいたいは家から遠く離れたところでやるものでもある。この本の中身は長い年月をかけて世界中のいろいろなところで集めたものだ。ぼくたちの奥さん、アイェレットとジェニファーが助けてくれたり励ましてくれたりしなかったら、こんな本は書けなかった。どれだけありがたいと思ってるか、とても言葉じゃ語りつくせない。

ぼくたちは仮説を立てたりデータを解釈したり、長い学術論文を書いたり、なんてこともしないといけない身分だ。コンピュータの前に延々座っている間、放っておいてくれた点で、子どもたちにも感謝している。

この本ができるまでには、それこそ村を丸ごと1つってぐらいたくさんの人がかかわっている。全員名前を書いてありがとうと言うにはたくさんすぎるけれど、ぼくたちの共同研究者、研究アシスタント、それに仲間たちには、ぼくたちに夢を追わせてくれてありがとうと言おう。あなたがたの助けがなかったら、ぼくたちはなんにもできませんでしたよ。ザ・学界で最初の1歩を歩ませてくれたアドヴァイザー、エリック・ヴァン・ダムとシェルビー・ジャーキングにも感謝する。

ブロンウィン・フライヤーは、ぼくたちが原稿を書き、研究に命を吹き込む過程で大きな役割を果たしてくれた。ぼくたちの「いかにも学者」などんよりした文章を、ウチのお隣さんでも読める文章に直してくれたのは彼女だ。彼女のすばらしい筆致にぼくたちは毎日教えられた。ぼくたちの著作権代理人である、レヴィン・グリーンバーグ・リテラリー・エージェンシーのジェイムズ・レヴィンはプロらしい手助けをしてくれて、この本の出版にこぎつけるまでのいろいろな曲がり角で、すばらしい案内役になってくれた。ブロンウィンとジムの大仕事がなければ、ここまでの試みは何一つうまくいかなかっただろう。

編集者のジョン・マヘイニーのアドヴァイスや手助けはプロそのもので、彼のおかげで原稿の文章は滑らかになったし、彼の鋭い洞察を聞いてぼくたちの考えは研ぎ澄まされた。グラフィック・デザイナーが作ってくれた表紙は、ぼくたちのメッセージをうまく伝えてくれている。出版社のパブリック・アフェアーズにも感謝する。彼らが深く信頼してくれたおかげで、ぼくたちは大事なメッセージを伝えられる書き方ができたし、喉から手が出るほどほしかった柔軟性が手に入れられた。

原稿を書くうえでたくさんの人が助けになるコメントをくれた。ジェニファー・リスト、アイエレット・ト・ニーズィー、オージー・リスト、アレック・ブランダン、モリー・ライト・バック、ジョセフ・バック、ウィニー・ピットコック、デイヴィッド「レニー」ハース、マイケル・プライス、アニヤ・サマック、エディ・ドブレズ、ケイティ・バッカ＝モテス、サリー・セイダフ、ジェフ・リヴィングストン、スティーヴン・レヴィット、スティーヴン・ダブナー、デイヴ・ノヴゴロドスキー、デイヴィッド・ハーバリック、アニカ・リスト、サンディ・アイナーソン、ジェフ・アイナーソン、ロン・フーバーマン、スコット・クック、フレディ・チェイニー、マイケル・ゴールドバーグ、ピート・ウィリアムズ、ジョー・ゴンザレス、ライアン「マンバ」ピットコック、エリック・ファオロ、ピート・バルトロメイ、ジョン・フリエル、マイケル・マキャリスター、ブライアン・マラニー、ミン・リー、ケイティ・スプリング、そしてインテュイットとヒューマナでの友だちや仲間たちがそうだ。皆さん、助けてくれてありがとう。支えてくれてとても感謝しています。

最後に、日本語版の翻訳をチェックしてくれたジョン・イェヨンのすばらしい仕事に感謝する。

訳者のあとがき：実地実験派の華麗なる挑戦

この本の原書は*The Why Axis: Hidden Motives and the Undiscovered Economics of Everyday Life*である。Axisは X軸Y軸というときの「軸」に当たる言葉で、だからWhyはYのダジャレだ。ダジャレを気にせず日本語にするとしたら『なぜなにどうして：日々の暮らしの裏にある動機と隠れた経済の仕組み』。

本のタイトルは著者や出版社がいつも頭を悩ませるところである。一般向けの本ではとくにそうで、内容をそれなりに表現しながらも本屋さんの購買担当者やアマゾンあたりで本を買おうという人の注意をわしづかみにできないといけない。著者のジョン・リストとウリ・ニーズィーは、リストの同僚のスティーヴン・レヴィットがスティーヴン・ダブナーとやっている『ヤバい経済学ブログ』で懸賞金付きのコンペを行い、タイトルを募集した。次に、提案されたタイトルの中からリストとニーズィーが4つを選び、そのころの仮題だった「*Our Hidden Motives: The Undiscovered Economics of Everyday Life*」と合わせた5つで美人投票を行った。彼らは賞金の支払い方に実地実験を仕込み、いくつか選択肢を用意して投票する人たちに事前に選ばせている。

そうやって33％の得票率で一番人気を集めたタイトルが——*Why Axis*ではなくて——*The*

Carrot that Moved A Mountain: How the Right Incentives Shape the Economics of Everyday Life だった。

美人投票での№1は『山を動かすニンジン』だったわけだが、著者の2人も周りの人たちも *Why Axis* のほうが気に入り、結局あれこれ悩んで *Why Axis* のほうを選んだ。レヴィットもブログで書いていたけれど、この本を読んだ人がすぐさま思いつく疑問は、どっちのタイトルにしたほうがウケたんだ?だろう。それを知るには……実地実験しかない。ぼくが思いついたエセ実地実験はこう。日本語のタイトルを『山を動かすニンジン』にしておいて（そうはならなかったわけだが）、本を手に取る人が近そうな『ヤバい○○学』とかあたりの売れ行きと比べ、その比を英語版の売れ行きの比と比べる。ヤバい○○のほうも原書のタイトルと違うからこれじゃちゃんと対照実験していることにはならないが、なんか他にいい手、ありますか?

著者2人の経歴はすでによく知られている。ジョン・リストは「ご紹介」にもあるとおりトラック野郎のお家に生まれ、名門とはいえない大学を出て全米トップとはいえない大学に就職し、ものすごい努力を重ねて力を認められ、全世界トップのシカゴ大学でポジションを得るに至った。ウリ・ニーズィーのほうは本書にも出てくるイスラエルの保育所での実地実験が有名だ。『ヤバい経済学』の冒頭にも出てくる彼のエピソードを気に入った人は日本にも多い（ジョン・リストのほうは『超ヤバい経済学』に出てくる）。

経済学や社会科学一般の学問としての成り立ちの大きな問題点は実験ができないところだと指摘

する人はたくさんいる。社会実験は、人の生活からヘタをすると生き死、ついでに莫大なお金もかかる。実験経済学があまり大きなものをかけずに小規模な実験を学部生相手にやってきたのはそのためもあるのだろうし、だからこそ実証経済学は過去の実際に起きた事件や現象のデータの山をかき分けて、仮説を検証できる実験になっているものが何かないかと地道に探すやり方をしてきたのだろう。

そうした実験室実験や自然実験にも弱点がある。実験室実験では、実験に参加する人に実験であることを意識させず、現実と同じような振る舞いをさせるのはとても難しい。自然実験では、仮説にかかわる以外の要素が同じである組をみつけるのは本当に難しいし、同じでない要素があるとどれが問題の結果の違いをもたらしているのかはなかなかわからない。だから、政治の不正を検出できる分析方法はないかと探していて、どこぞの国技に八百長があるかないかを検証するなんてたいへんな境地に至ったりもするし、経済学では対立する仮説を掲げた研究者がともにノーベル記念賞をもらったりもするのだろう。また、有名な自然実験の事例が一握りあって、それがとても有名なのは、自然実験がなかなか成立しないためなんじゃないか（クルーグマンがいっときよく使っていたワシントンの協同保育組合の例なんかがそう）。

ニーズィーやリストの実地実験派は、むしろなんとかして現実の世界で実験をやってしまおうという流派である。実地実験を行うために、彼らはぼくたちが住むのとはまったく違う（でも現実にある）社会へと足を運び、あるいは大金持ちの篤志家を口説いて保育園を作らせてしまったりする。

たたき上げの研究者にしてガテン系経済学者リストの面目躍如といったところだろうか。

いまどきのぼくたちは、「経済学で実験はできない」のが常識だったころに比べて、ずっと実験がしやすい環境にいるはずだ。たとえば、仮想現実では仮想通貨が流通している。仮想現実ではすべてのプレイヤーの行動がデータ化されているから、実地実験をやるにはもってこいだろう。セカンドライフで金融政策を動かしてその影響や効果を測る、なんてアイディアはジョン・リスト自身もやりたい研究に挙げている。データを持っているのが営利組織だと利益の相反があるから、やっぱり簡単にできるわけではないようだけれども。

実地実験の面白さと強力さを伝える以外に、本書の重要なメッセージを1つ挙げるとしたら、それは「人はインセンティヴで動く、だけじゃ解決しないんだよ」だろう。インセンティヴは大事だ、人を釣るにはインセンティヴだ。そんなこと誰だって知ってる。それなのになんで人が思ったように動かないのかというと、何が人のインセンティヴになるのかはよくよく調べないとわからないからだ。それにインセンティヴを与えるだけじゃなくて、どれだけ与えるか、どんな形で与えるかで結果がまるっきり違ってくる。どんな人にどんな手が通じるかはさまざまで、まったく実証的な問題だ。それなら実験で調べてみようよ、というのが本書の主張である。

あとがきで本文の中身をあんまりあれこれ書くのはネタバレをやらかしている気がしてあまり好きではないのだが、いくつか後日談を書いておきたい。まず、GECCはその後、CHECCと名前を変えて、今も精力的に活動中だ。ウェブサイトはgriffincenter.org。組織を経営するのはジョン・リストに加えてスティーヴン・レヴィット、そしてローランド・フライヤーなどである。フライヤーは都市部の学校、とくに黒人の子どもたちの教育にかかわる問題を研究している。勉強していい成績を出した子には賞金を出すという仕組みで子どもが勉強するようになるかという研究は、むしろフライヤーのほうが知られているように思う。フライヤーはハーヴァードの経済学者であり、原注も書いているように、アメリカ各地でこの賞金制度を実地実験している。結果は必ずしも思ったとおりにはいっていないようだが、なら、どうすれば子どもは勉強するようになるんだろう？　ＣＨＥＣＣは新たな仮説を試す実地実験であり、またそのＣＨＥＣＣも、本書が描き出す実験の結果に基づいて、さらに新たな試みを精力的に行っている。

第10章に登場するオスカー受賞映画の主演女優ピンキーは、２０１３年のウィンブルドンに招かれ、男子決勝でコイントスをしている。2007年に映画が撮られたとき、彼女は5歳だった。第10章の冒頭ではじけるような笑顔を浮かべている彼女は２００９年のオスカー直後の7歳だ。ウィンブルドンのセンターコートに現れたときの彼女は11歳ということになる。11歳の彼女はもはや普通にとってもかわいいお嬢さんで、テレビのインタビューなんかふてぶてしいぐらいの落ち着きだった。ピンキーがそんなティーンエイジャーに育ったことを、ぼくたちは寿ぐべきだろう。ちなみに、Smile Pinki はユーチューブでも観られる。

本書の翻訳に貢献してくれた皆さんにお礼を言おう。東洋経済新報社出版局の矢作知子さん、いつもおもろいネタをぼくにくれてありがとう。おかげでぼくはお仕事をいただくたびに、この面白さをどうやって日本語で伝えようか、それればかり考えています。それから日本語の原稿を読んでダメ出し（8割）とヌケてたところのチェック（2割）をやってくれたくすのき舎のみなさん、おかげさまでぼくはまた一歩人間に近づきました。つまりこの本は最初よりずいぶん日本語みたいになりました。ありがとう。啓子さん、あなたにはずっと感謝しています。そして、ゆたか師匠、タウタウさん、さとくん、ぼくがこういうことを面白がってやれるようになったのはあなたがたのおかげです。

2014年7月

望月衛

【著者紹介】
ウリ・ニーズィー（Uri Gneezy）
イスラエルで生まれ育つ。テルアビブの通りでの経験を通じて応用ゲーム理論を身につける。カリフォルニア大学サンディエゴ校のレイディ・スクール・オブ・マネジメントで、エプスタイン／アトキンソン寄付講座経済学及び戦略担当教授を務める。

ジョン・A・リスト（John A. List）
ウィスコンシンの労働者階級の家庭で育つ。父はトラック運転手。趣味の収集品の市場で経済学を学ぶ。シカゴ大学でホーマー・J・リヴィングストン寄付講座経済学担当教授を務める。10年以上にわたってアメリカ経済研究所（NBER）の研究員、環境・資源経済学担当として大統領経済諮問委員会のシニア・エコノミストなどを歴任。

【訳者紹介】
望月 衛（もちづき　まもる）
大和投資信託審査部。京都大学経済学部卒業、コロンビア大学ビジネススクール修了。CFA、CIIA。投資信託などのリスク管理や金融商品の評価・分析に従事。訳書に、『超ヤバい経済学』、『ヤバい社会学』、『ヤバい経済学』（東洋経済新報社）、『オタクの行動経済学者、スポーツの裏側を読み解く』、『ブラック・スワン』（ダイヤモンド社）、『ウォール街のイカロス』（日本経済新聞出版社）などがある。

その問題、経済学で解決できます。

2014年9月11日　第1刷発行
2025年9月19日　第7刷発行

著　者――ウリ・ニーズィー／ジョン・A・リスト
訳　者――望月　衛
発行者――山田徹也
発行所――東洋経済新報社
〒103-8345　東京都中央区日本橋本石町 1-2-1
電話＝東洋経済コールセンター　03(6386)1040
https://toyokeizai.net/

ＤＴＰ…………アイランドコレクション
装　丁…………吉住郷司
印刷・製本……リーブルテック
編集担当………矢作知子
Printed in Japan　　ISBN 978-4-492-31449-4

注

はじめに

1. Syed Z. Ahmed, "What Do Men Want?" *New York Times*, February 15, 1994, A21.
2. David Brooks, "What You'll Do Next," *New York Times*, April 15, 2013.
3. この本で「ぼくたち」と言ったらそれはぼくたち2人のうちどちらかまたは両方が、だいたいはそこに名前の出てくる他の研究者と一緒にその実験にかかわったことを意味する。また、何ヵ所かでは名前を出さないでほしいという人たちのために仮名も使っている。
4. *All in the Family*, Season 2. 2013年3月25日現在、ユーチューブで視聴可能。http://www.youtube.com/watch?v＝O_UBgkFHm8o.
5. Thomas Carlyle, "Occasional Discourse on The Negro Question," *Fraser's Magazine* (December 1849). 独立した小冊子の形で再版（1853年）、また *The Collected Works of Thomas Carlyle* vol. 13 (1864) にも掲載されている。

第1章

1. Uri Gneezy, Steven Meier, and Pedro Rey-Biel, "When and Why Incentives (Don't) Work to Modify Behavior," *Journal of Economic Perspectives* 25 (2011) : 191–210, http://rady.ucsd.edu/faculty/directory/gneezy/pub/docs/jep_published.pdf.
2. Uri Gneezy and Aldo Rustichini, "A Fine Is a Price," *Journal of Legal Studies* 29 (January 2000) : 1–17.
3. Uri Gneezy and Aldo Rustichini, "Pay Enough or Don't Pay At All," *Quarterly Journal of Economics* (August 2000) : 791–810, http://rady.ucsd.edu/faculty/directory/gneezy/pub/docs/pay-enough.pdf.
4. 友だちのダン・アリエリーが示したように、何の形で支払うかが大事だ。とくに、お金で払うのは他の形で払うのとはわけが違う。アリエリーと共同研究者のジェイムズ・ヘイマンは、まず、何も支払いを受けることなく仕事（他の学生がソファをライトバンに積み込むのを手伝う）をする学生たちは、少額の現金を貰って仕事をする学生たちよりも、熱心に仕事をするのを示した。別の学

生のグループは報酬にチョコバーを貰う。すると彼らは、アリエリーたちが予想したとおり、やっぱり少額の現金を貰う学生たちより熱心に（それから、何も受け取らない学生たちと同じぐらい熱心に）仕事をする。でも興味深いのはここからだ。別のグループでは、チョコバーの値札を貼ったままにしておいた。学生たちがチョコバーの小売価格を知ったら、彼らの熱心さは現金を受け取る場合と同じぐらいになるのでは、とアリエリーたちは考えた。実際、彼らの思った通りだった。"Effort for Payment," *Psychological Science* 15, No.11 (2004) を参照。

5. Uri Gneezy, Ernan Haruvy, and Hadas Yafe, "The Inefficiency of Splitting the Bill," *Economic Journal* 114, no. 495 (April 2004) : 265–280.
6. ぼくたちの友だち、ステファノ・デラヴィーニャとウルリケ・マルメンディーアはこの点を次の論文で示している。DellaVigna, Stefano, and Ulrike Malmendier, "Paying Not to Go to the Gym," *American Economic Review* 96 (2006) : 694–719, http://emlab.berkeley.edu/~ulrike/Papers/gym.pdf.
7. Steven A. Burd, "How Safeway Is Cutting Health-Care Costs," *Wall Street Journal*, June 12, 2009.
8. David S. Hilzenrath, "Misleading Claims About Safeway Wellness Incentives Shape Health-Care Bill," *Washington Post*, January 17, 2010.
9. Gary Charness and Uri Gneezy, "Incentives to Exercise," *Econometrica* 77 (2009) : 909–931.

第2章

1. Archive of Remarks at NBER Conference on Diversifying the Science & Engineering Workforce, January 14, 2005. "Lawrence Summers," Wikipedia, http://en.wikipedia.org/wiki/Lawrence_Summers#cite_note-harvard2005%E2%80%9336も参照（2013年3月26日現在、閲覧可能）。
2. Daniel J. Hemel, "Summers' Comments on Women and Science Draw Ire," *The Harvard Crimson*, January 14, 2005, http://www.thecrimson.com/article/2005/1/14/summers-comments-on-women-and-science/.
3. "Fast Facts: Degrees Conferred by Sex and Race," National Center for Education Statistics, http://nces.ed.gov/fastfacts/display.asp?id＝72（2013年3月26日現在、閲覧可能）; "Women in Management in the United States, 1960–Present,"

Catalyst, http://www.catalyst.org/publication/207/women-in-management-in-the-united-states-1960-present（2013年3月26日現在、閲覧可能）；およびPatricia Sellers, "New Yahoo CEO Mayer Is Pregnant," *CNN Money*, July 16, 2012, http://postcards.blogs.fortune.cnn.com/2012/07/16/mayer-yahoo-ceo-pregnant/（2013年3月26日現在、閲覧可能）。

4. "Working Women: Still Struggling," *The Economist*, November 25, 2011, http://www.economist.com/blogs/dailychart/2011/11/working-women.
5. Jeffrey A. Flory, Andreas Leibbrandt, and John A. List, "Do Competitive Work Places Deter Female Workers? A Large-Scale Natural Field Experiment on Gender Differences in Job-Entry Decisions," NBER Working Paper w16546, November 2010を見よ。
6. 最終的に、応募者の何人かに採用通知を出した。
7. 求人に応募してきた人に性別を尋ねるのは不適切だし、事と次第によっては法に反する。だからぼくたちは、信頼性が実証されている方法に頼って応募者がそれぞれ男性か女性かを見分けることにした。つまり、応募者の名前だ。社会保障庁のデータベースにはさまざまな都市における性別ごと、生まれ年ごとの名前の人気度が含まれている。それを使って計算した確率に基づいて、ぼくたちは応募者の性別を判定した。社会保障庁のデータベースに入ってない名前は、あかんぼの名前を集めているジェフ・ピータースが作った別のデータベースを使った。このデータベースは、インターネットを使って10万を超える名前の使われ方のパターンを分析し、名前ごとに各性別の割合を計算している。最後に、どちらの性別にも使われる名前、つまりどちらのデータベースでも、どちらの性別の割合もはっきり判断できるほど十分に高くなかった場合に関しては、インターネット上のソーシャル・ネットワーク・サイトで応募者本人の性別に関する情報を探した。最終的には、性別を正しく判定できたはずだと自信を持っていえる。
8. この点を実験室で検証した例として、次の論文を参照。Muriel Niederle and Lise Vesterlund, "Do Women Shy Away from Competition? Do Men Compete Too Much?" *Quarterly Journal of Economics* 122, no. 3（2007）: 1067–1101.
9. Uri Gneezy, Muriel Niederle, and Aldo Rustichini, "Performance in Competitive Environments: Gender Differences," *Quarterly Journal of Economics* 118, no. 3（2003）: 1049–1074,http://rady.ucsd.edu/faculty/directory/gneezy/pub/docs/

gender-differences.pdf.

10. 女の子は数学や工学、科学の勉強から遠ざけられていると感じ、科学や技術、数学にかかわる職業に占める割合が低い理由についてはいろいろなことが書かれている。次の論文を参照。Valerie Strauss, "Decoding Why Few Girls Choose Science, Math," *Washington Post*, February 1, 2005, http://www.washingtonpost.com/wp-dyn/articles/A52344-2005Jan31.html; Jeanna Bryner, "Why Men Dominate Math and Science Fields," LiveScience, October 10, 2007, http://www.livescience.com/1927-men-dominate-math-science-fields.html（2013年3月26日現在、閲覧可能）。
11. Uri Gneezy and Aldo Rustichini, "Gender and Competition at a Young Age," *American Economic Review Papers and Proceedings* 94, no. 2（2004）: 377-381, http://rady.ucsd.edu/faculty/directory/gneezy/pub/docs/gender.pdf.
12. ぼくたちが行う――今シカゴの公立学校でやっているような――大規模な実地実験の大部分と違って、かなたの地で行う実験はどちらかというとあまり大きな規模にはできない。実験室の設定で使うようなテクニックを駆使することになる。ぼくたちはこの手の研究を「人工実地実験」とか「野外実験室実験」とかと呼んでいる。Uri Gneezy, Kenneth L. Leonard, and John A. List, "Gender Differences in Competition: Evidence from a Matrilineal and a Patriarchal Society," *Econometrica* 77, no. 5（2009）: 1637-1664, http://rady.ucsd.edu/faculty/directory/gneezy/pub/docs/gender-differences-competition.pdf.
13. Dorothy L. Hudgson, "Gender, Culture, and The Myth of the Patriarchal Pastralist," *Rethinking Pastoralism in Africa*, ed. D.L. Hodgson（London: James Currey, 1639, 1641, 2000）に所収。
14. "Male Boards Holding Back Female Recruitment, Report Says," *BBC News*, May 28, 2012, http://www.bbc.co.uk/news/business-18235815.
15. Barbara Black, "Stalled: Gender Diversity on Corporate Boards," University of Dayton Public Law Research Paper no. 11-06, http://www.udayton.edu/law/_resources/documents/law_review/stalled_gender_diversity_on_corporate_boards.pdf.
16. Aileen Lee, "Why Your Next Board Member Should Be a Woman," TechCrunch, February 19, 2012, http://techcrunch.com/2012/02/19/why-your-next-board-member-should-be-a-woman-why-your-next-board-member-should-be-a-

woman/（2013年3月26日現在、閲覧可能）。

第3章

1. Garrett Hardin, "The Tragedy of the Commons," *Science* 162（1968）: 1243–1248.
2. このフレイミングによる策を作ったのは友だちのジェイムズ・アンドレオーニだ。彼は公共財ゲームの面白い変種をいろいろ作り出したことで知られている。
3. Linda Babcock and Sara Laschever, *Women Don't Ask: The High Cost of Avoiding Negotiation—and Positive Strategies for Change*（New York: Bantam, 2007）.
4. Andreas Grandt and John A. List, "Do Women Avoid Salary Negotiations? Evidence from a Large-Scale Natural Field Experiment," NBER, working paper, 2012を参照。
5. "Best Companies for Women's Enhancement," Working Mother, http://www.workingmother.com/best-companies/deloitte-3（2013年3月26日現在、閲覧可能）。
6. Richard A. Lippa, *Gender, Nature and Nurture*（Mahwah, NJ: Laurence Erlbaum Associates, 2005）を見よ。
7. Steffen Andersen, Seda Ertac, Uri Gneezy, John A. List, and Sandra Maximiano, "Gender, Competitiveness and Socialization at a Young Age: Evidence from a Matrilineal and a Patriarchal Society," forthcoming in *The Review of Economics and Statistics.*

第4章

1. Thomas D. Snyder and Sally A. Dillow, *Digest of Education Statistics 2010*（Washington, DC: US Department of Education, National Center for Education Statistics, Institute of Education Sciences, 2011）.
2. Richard Knox, "The Teen Brain: It's Just Not Grown Up Yet," National Public Radio, March 1, 2010, http://www.npr.org/templates/story/story.php?storyId=124119468を参照。ティーンエイジャーの脳に関する魅力的な洞察が番組Frontlineで見られる。"Inside the Teenage Brain," http://www.pbs.org/wgbh/pages/frontline/shows/teenbrain/.

3. ぼくたちの友だちにして仲間であり、ここで述べた研究のいくつかで一緒に論文も書いているローランド・フライヤーは、お金のインセンティヴを学校に持ち込む重要な試みを、苦労しながらアメリカ中で行っている。
4. サリーは今ではカリフォルニア大学サンディエゴ校の助教だ。
5. 彼らにまつわる話とぼくたちの実験をもっと知りたければ2010年のドキュメンタリー映画『ヤバい経済学』の4つ目のエピソード（『中学3年生を買収して成功に導けるか？』）を見よ。このドキュメンタリー映画では、ユーレイル・キングはくじ引きに当たってリムジンに乗る。映画ではこのシーンが実は彼の空想なのがはっきりとは描かれていない。実際にはユーレイルはくじに当たらなかったが、成績はくじ引きに参加できるところまでちゃんと上がっている。このエピソードの背景になる学術研究については次の論文を見よ。Steven D. Levitt, John A. List, and Sally Sadoff, "The Effect of Performance-Based Incentives on Educational Achievement: Evidence from a Randomized Experiment," 未発表、2011年。
6. Levitt, List, and Sadoff, "The Effect of Performance-Based Incentives."
7. Steven D. Levitt, John A. List, Susanne Neckermann, and Sally Sadoff, "The Behavioralist Goes to School: Leveraging Behavioral Economics to Improve Educational Performance," NBER Working Paper 18165 (June 2012).
8. このアイディアは次の論文から来ている。Victoria H. Medvec, Scott F. Madey, and Thomas Gilovitch, "When Less Is More: Counterfactual Thinking and Satisfaction Among Olympic Medalists," *Journal of Personality and Social Psychology* 69 (1995): 603–610, http://www.psych.cornell.edu/sec/pubPeople/tdg1/Medvec.Madey.Gilo.pdf.
9. Uri Gneezy, Stephen Meier, and Pedro Rey-Biel, "When and Why Incentives (Don't) Work to Modify Behavior," *Journal of Economic Perspectives* 25, no. 4 (2011): 191–210.
10. Roland G. Fryer Jr., Steven D. Levitt, John A. List, and Sally Sadoff, "Enhancing the Efficacy of Teacher Incentives Through Loss Aversion: A Field Experiment," NBER Working Paper 18237 (July 2012) を参照。
11. 次のウェブページを参照。"Teacher Salary in Chicago Heights, IL," *Indeed*, http://www.indeed.com/salary/q-Teacher-l-Chicago-Heights,-IL.html (2013年3月28日現在、閲覧可能)。

12. John A. List, Jeffrey A. Livingston, and Susanne Neckermann, "Harnessing Complimentarities in the Education Production Function," University of Chicago mimeoを参照。

第5章

1. Steven Levitt and Stephen Dubner, Freakonomics: A Rogue Economist Explores the Hidden Side of Everything (New York: William Morrow, 2005), Chapter 5: What Makes a Perfect Parent?を見よ。
2. Joe Klein, "Time to Ax Public Programs That Don't Yield Results," *Time*, July 7, 2011, http://www.time.com/time/nation/article/0,8599,2081778,00.html#ixzz1caSTom00.
3. GECCでのプロジェクトに関するより完全な説明はOliver Staley, "Chicago Economist's 'Crazy Idea' wins Ken Griffin's Backing," *Bloomberg Markets* (April 2011) : 85-92を参照。
4. 今、この件に関する学術論文の原稿を何本か書いているところだ。最初の研究はこんな論文になろうとしている。Roland Fryer, Steve Levitt, and John A. List, "Toward an Understanding of the Pre-K Education Production Function."

第6章

1. アメリカではこんなことを尋ねるのは法に反する。もちろん、だからってアメリカの雇い主たちが、人を雇おうというとき、こういう情報を使わないってことにはならない。
2. "General Orders #11," Jewish-American History Foundation, http://www.jewish-history.com/civilwar/go11.htm (2013年3月28日現在、閲覧可能) を見よ。
3. "History of Antisemitism in the United States: Early Twentieth Century," Wikipedia, http://en.wikipedia.org/wiki/History_of_antisemitism_in_the_United_States#Early_Twentieth_Century (2013年3月28日現在、閲覧可能)。
4. ノーベル委員会の報道発表、1992年10月13日。Press Release, Nobelprize.org, October 13, 1992, http://www.nobelprize.org/nobel_prizes/economics/laureates/1992/press.html.
5. 25歳以上の成人でみると、アメリカには修士号以上の学歴を持つ女性が1060万人おり、対する男性は1050万人である。

6. Kerwin K. Charles and Jonathan Guryan, "Prejudice and Wages: An Empirical Assessment of Becker's *The Economics of Discrimination*," *Journal of Political Economy* 116 (2008) : 773–809を参照。
7. Jeffrey M. Jones, "Record-High 86% Approve Black-White Marriages," Gallup, September 12, 2011, http://www.gallup.com/poll/149390/Record-High-Approve-Black-White-Marriages.aspx (2013年3月28日現在、閲覧可能)。
8. 経済学の文献では、この種の差別を「統計的差別」とも呼ぶ。次の論文を参照。Kenneth Arrow, "The Theory of Discrimination," Orley Ashenfelter and Albert Rees, eds., *Discrimination in Labor Markets* (Princeton, NJ: Princeton University Press, 1973), 3–33所収。
9. Aisha Sultan, "Data Mining Spurs Users to Protect Privacy Online," *The Bulletin* (Oregon), September 29, 2012, http://www.bendbulletin.com/article/20120929/NEWS0107/209290322/.
10. "Web Sites Change Prices Based on Customers' Habits," CNN.com, June 25, 2005, http://edition.cnn.com/2005/LAW/06/24/ramasastry.website.prices/ (2013年3月28日現在、閲覧可能) を見よ。
11. ここと次の話は、ジョンが2000年に発表した初期の研究に基づいている。John A. List, "The Nature and Extent of Discrimination in the Marketplace, Evidence from the Field," *Quarterly Journal of Economics* 119 (1) (2004): 49–89.
12. より詳しくは M. J. Lee, "Geraldo Rivera Apologizes for 'Hoodie' Comment," Politico, March 27, 2012, http://www.politico.com/news/stories/0312/74529.html#ixzz1qusQkm6A (2013年3月28日現在、閲覧可能) を参照。

第7章

1. 従業員が2万人を超える企業のうち24%、従業員が500人以上の企業のうち12%は、対象者がタバコを吸うかどうかで保険料を変えている。"Smokers, Forced to Pay More for Health Insurance, Can Get Help with Quitting," *Washington Post*, January 2, 2012を見よ。また "Firms to Charge Smokers, Obese More For Healthcare," *Reuters*, October 31, 2011も参照。
2. "Kenlie Tiggeman, Southwest's 'Too Fat To Fly' Passenger, Sues Airline," *Huffington Post*, May 4, 2012, http://www.huffingtonpost.com/2012/05/04/kenlie-tiggeman-southwests_n_1476907.html.

3. 次の論文を参照。Andrew Dainty and Helen Lingard, "Indirect Discrimination in Construction Organizations and the Impact on Women's Careers," *Journal of Management in Engineering* 22 (2006) : 108–118.
4. "Nazi Persecution of Homosexuals, 1933–1945," United States Holocaust Memorial Museum, http://www.ushmm.org/museum/exhibit/online/hsx/ (2013年4月27日現在、閲覧可能)。
5. "The Black Church," BlackDemographics.com, http://www.blackdemographics.com/religion.html (2013年3月28日現在、閲覧可能)。
6. *All in the Family*, Season 2. 2013年3月25日現在、ユーチューブで視聴可能。http://www.youtube.com/watch?v＝O_UBgkFHm8o.
7. Uri Gneezy, John A. List, and Michael K. Price, "Toward an Understanding of Why People Discriminate: Evidence from a Series of Natural Field Experiments," NBER Working Paper 17855 (February 2012) を見よ。
8. Richard H. Thaler, "Show Us the Data. (It's Ours After All.)," *New York Times,* April 23, 2011, http://www.nytimes.com/2011/04/24/business/24view.html.

第8章

1. それから何が起きたかをどうしても知りたいなら、ユーチューブで問題のビデオが見られる。ひょっとすると見たことがあるかもしれない。なんといっても全国ニュースになっている。でも、見ないほうがいいですよ。
2. RANDの行った健康保険の実験では、6000人近い人をランダムにいろいろなレベルのコストを負担するグループに割り振っている。実験は今でもとても大きな影響を及ぼしていて、2010年の健康保険に関する論争でもよく言及されていた。実験がまた使われるようになったと示す一番の印は、最近オレゴン州で、研究者たちが個人をランダムに健康保険に加入させる実験を行ったことだろう。この実験の1年目における結果については次の論文を参照。Amy Finkelstein, Sarah Taubman, Bill Wright, Mira Bernstein, Jonathan Gruber, Joseph P. Newhouse, Heidi Allen, Katherine Baicker, and the Oregon Health Study Group, "The Oregon Health Insurance Experiment: Evidence from the First Year," *Quarterly Journal of Economics* 127, no. 3 (2012): 1057–1106.
3. より詳しくは "Kanye West," Wikipedia, http://en.wikipedia.org/wiki/Kanye_

West（2013年4月2日現在、閲覧可能）を見よ。

4. 次の論文を参照。Dana Chandler, Steven D. Levitt, and John A. List, "Predicting and Preventing Shootings Among At-Risk Youth," *American Economic Review Papers and Proceedings* 101, no. 3（2011）: 288–292.
5. "Jamie Oliver Misses a Few Ingredients," School Nutrition Association Press Releases, March 22, 2010, http://www.schoolnutrition.org/Blog.aspx?id=13742&blogid=564.
6. John A. List and Anya C. Savikhin, "The Behavioralist as Dietician: Leveraging Behavioral Economics to Improve Child Food Choice and Consumption," 2013, University of Chicago working paper.
7. Paul Rozin, Sydney Scott, Megan Dingley, Joanna K. Urbanek, Hong Jiang, and Mark Kaltenbach, "Nudge to Nobesity I: Minor Changes in Accessibility Decrease Food Intake," *Judgment and Decision Making* 6, no. 4（2011）: 323–332.
8. そういう臓器の供給を増やす努力として重要なのは、スタンフォード経済学者アル・ロスによる先駆的な研究だ。ロスは移植が必要な人と臓器を提供する人を結びつけるアルゴリズムの設計などを評価され、2012年にノーベル記念経済学賞を受賞している。ロスと共同研究者たちは、臓器を配分する手順をちょっと変えるだけで結果が大きく違ってくることを示した。
9. Eric J. Johnson and Daniel Goldstein, "Do Defaults Save Lives?" *Science* 302（2003）: 1338–1339, http://www.dangoldstein.com/papers/DefaultsScience.pdf.
10. 次の論文を参照。Dean Karlan and John A. List, "Nudges or Nuisances for Organ Donation," 2012, University of Chicago working paper.
11. 次の報告書を参照。"Federal Advisory Committee Draft Climate Assessment Report Released for Public Review," US Global Change Research Program, http://ncadac.globalchange.gov/（2013年4月2日現在、閲覧可能）。
12. US Environmental Protection Agency, "Use Compact Fluorescent Lighting（CFLS）," http://www.energystar.gov/ia/partners/univ/download/CFL_Fact_Sheet.pdf?9ed9-3f06（2013年7月24日現在、閲覧可能）を参照。
13. Robert Cialdini, "Don't Throw in the Towel: Use Social Influence Research," *APS Observer*, April 2005を参照。
14. 次の論文を見よ。David Herberich, John A. List, and Michael K. Price, "How Many Economists Does It Take to Change a Light Bulb? A Natural Field Ex-

periment on Technology Adoption," 2012 University of Chicago working paper.

第9章

1. "American Giving Knowledge Base," Grant Space, http://www.grantspace.org/Tools/Knowledge-Base/Funding-Resources/Individual-Donors/American-giving (2013年4月27日現在、閲覧可能)。

2. この研究に導かれ、ぼくたちはシカゴ大学で慈善事業研究計画(SPI、Science of Philanthropy Initiative)を立ち上げることになった。募金業界と戦略的に提携し、学際的なアプローチで慈善事業の成り立ちを研究するのがこの計画の目的だ。SPIはジョン・テンプルトン財団から500万ドルの資金提供を受けている。より詳しくはhttp://www.spihub.orgを見よ。

3. ジョンは実験を行えるだけのお金を持っていなかったので、彼が子どものころに集めたスポーツ・カードのコレクションを実験の参加者への報酬に充てることができたのも大いに助かった。

4. あなたがこういうことを仕切る立場になりそうなら、このやり方はとてもいいアイディアに思えるかもしれない。でも短所のほうもちゃんとある。1つには、学部にいる人はみんなそれぞれ、自分の研究分野が選ばれてしかるべきだと言うからだ。貿易論をやっている人なら貿易論こそはぴったりの分野だと思うだろうし、労働経済学をやっている人なら労働経済学が一番いい選択だと言い張るだろうし、以下同様に延々と続く。

5. このときにかじ取り役を担うまで、ジョンのリーダー経験といえば男女の水上スキーチームのコーチだけだった。

6. この研究は次の論文になった。John A. List and David Lucking-Reiley, "The Effects of Seed Money and Refunds on Charitable Giving: Experimental Evidence from a University Capital Campaign," *Journal of Political Economy* 110 (2002): 215–233.

7. John A. List and Daniel Rondeau, "Matching and Challenge Gifts to Charity: Evidence from Laboratory and Natural Field Experiments," *Experimental Economics* 11 (2008): 253–267.

8. 他の経済学者たち、とくにぼくたちの友だちであるジャン・ポッターズとマーティン・セフトン、そしてリーセ・ウェスタルントは、実験室実験で同様の発見をしている。

9. Kent E. Dove, *Conducting a Successful Capital Campaign,* 2nd edition (San Francisco: Jossey-Bass, 2000), 510.

10. Dean Karlan and John A. List, "Does Price Matter in Charitable Giving? Evidence from a Large-Scale Natural Field Experiment," *American Economic Review* 97, no. 5 (2007): 1774–1793.

11. 実験をやらせてもらうための条件として、ぼくたちはこの団体の名前を伏せることに同意した。だからどの団体かは教えられません。

12. このあたりでカッコ付きで数字を並べているのは、同じことを3回ずつ書かずに済ませるためです。そのほうがお互いのためですよね。

13. せんじ詰めると、ぼくたちは5万軒それぞれについて4面体のサイコロを1回ずつ転がして割り振りを決めた。「1」が出たお家はグループ1で、1対1の上乗せのマッチング・ギフトを提案した。「2」が出たお家はグループ2で、上乗せは2対1だ。「3」ならグループ3で上乗せは3対1だ。グループ4は対照実験グループである。

14. この結果は直感とよく合っている。

15. Harry Bruinius, "Why the Rich Give Money to Charity," *Christian Science Monitor*, November 20, 2010, http://www.csmonitor.com/Business/Guide-to-Giving/2010/1120/Why-the-rich-give-money-to-charity.

16. 経済学者のレイチェル・クロソン、キャサリン・エッケル、フィル・グロスマン、ステファン・マイヤー、ジェン・シャングは優れた研究を行ってこの洞察を得た。

17. 次の論文を参照。Craig E. Landry, Andreas Lange, John A. List, Michael K. Price, and Nicholas G. Rupp, "Toward an Understanding of the Economics of Charity: Evidence from a Field Experiment," *Quarterly Journal of Economics* 121 (May 2006): 747–782.

18. 勧誘する人たちはみんな、この評価を受けるのに同意する旨の文書に署名している。魅力ある容姿の価値を測ることに興味のある読者は次の優れた研究を参照。Jeff E. Biddle and Daniel S. Hamermesh, 1998. "Beauty, Productivity and Discrimination: Lawyers' Looks and Lucre," NBER Working Paper 5636

19. 次の論文を参照。Craig E. Landry, Andreas Lange, John A. List, Michael K. Price, and Nicholas G. Rupp, "Is a Donor in Hand Better Than Two in the Bush? Evidence from a Natural Field Experiment," *American Economic Review*

100 (2010) : 958–983.

20. *The Daily Show with Jon Stewart*, February 16, 2011, http://www.thedailyshow.com/watch/wed-february-16-2011/you-re-welcome---balancing-the-budget.

21. ここの話は次の論文に負う部分が大きい。Andreas Lange, John A. List, and Michael K. Price, "A Fundraising Mechanism Inspired by Historical Tontines: Theory and Experimental Evidence," *Journal of Public Economics* 91 (June 2007) : 1750–1782.

22. David Leonhardt, "What Makes People Give?" *New York Times Magazine,* March 9, 2008を見よ。

第10章

1. 次の記事を参照。"Pinki Sonkar: From School Outcast to an Oscar-Winning Film," *People Magazine,* February 23, 2009, http://www.peoplestylewatch.com/people/stylewatch/redcarpet/2009/article/0,,20249180_20260685,00.html?xid=rss-fullcontent. ちなみに、スマイル・トレインはこの映画に資金を出している。彼らがやった中でもっとも大規模でもっとも効果的なキャンペーンだ！

2. 今では、この見方を支持する証拠がぼくたちの論文も含めていろいろな文献でけっこうたくさん出されている。たとえば次の論文を参照。John A. List and Michael K. Price, "The Role of Social Connections in Charitable Fundraising: Evidence from a Natural Field Experiment," *Journal of Economic Behavior and Organization* 69, no. 2 (2009) : 160–169.

3. Amee Kamdar, Steven D. Levitt, John A. List, Brian Mullaney, and Chad Syverson, "Once and Done: Leveraging Behavioral Economics to Increase Charitable Contributions," を参照。2013年にNBERのワーキング・ペーパーとして発表予定。

4. 興味のある読者は心理学や経済学の文献を読んでほしい。人には、自分に親切にしてくれた相手には自分も親切にする傾向があると示すモデルや実験がたくさんある。たとえば次の論文を参照。Akerlof, George. 1982. "Labor Contracts as Partial Gift Exchange." *Q.J.E.* 97 (November) : 543–69; Rabin, Matthew. 1993. "Incorporating Fairness into Game Theory and Economics." *A.E.R.*

83 (December) : 1281–1302; Fehr, Ernst, and Simon Gächter. 2000. "Fairness and Retaliation: The Economics of Reciprocity." *J. Econ. Perspectives* 14 (Summer) : 159–81; Dufwenberg, Martin, and Georg Kirchsteiger. 2004. "A Theory of Sequential Reciprocity." *Games and Econ. Behavior* 47 (May) : 269–98; Charness, Gary. 2004. "Attribution and Reciprocity in an Experimental Labor Market." Manuscript, Univ. California, Santa Barbara; Sobel, Joel. 2005. "Social Preferences and Reciprocity." Manuscript, Univ. California, San Diego; Falk, Armin. 2007. "Charitable Giving as a Gift Exchange: Evidence from a Field Experiment." IZA Working Paper no. 1148, Inst. Study Labor, Bonn.

5. Belinda Luscombe, "Using Business Savvy to Help Good Causes," *Time Magazine,* March 17, 2011.
6. 寄付に対する税控除は論争の盛んな政策である。業界の人の多くは、税控除がなくなれば非営利事業業界は荒れ果てると言う。この問題はまだ研究が行われている最中であり、結論は出ていない。でも、本当にどれだけ影響があるかは、厳密にいうと人が寄付をするのはどうしてかで決まる。

第11章

1. "Netfilx Introduces New Plans and Announces Price Changes," Netflix US & Canada Blog, Tuesday, July 12, 2011, http://blog.netflix.com/2011/07/netflix-introduces-new-plans-and.html?commentPage=25.
2. "Netflix Apology," Saturday Night Live video, http://www.nbc.com/saturday-night-live/video/netflix-apology/1359563/.
3. Stephen F. Jencks, Mark V. Williams, and Eric A. Coleman, "Rehospitalizations Among Patients in the Medicare Fee-for-Service Program," *New England Journal of Medicine* 360 (2009) : 1418–1428.
4. 醸造所でのぼくたちの経験は次の論文に詳しく書いてある。"Intuition Can't Beat Experimentation," Rady School of Management, UC San Diego, http://rady.ucsd.edu/mba/student/clubs/rbj/rady-business-journal/2011/intuition/ (2013年4月29日現在、閲覧可能)。ぼくたちの実験は次の論文に描かれている。Ayelet Gneezy and Uri Gneezy, "Pricing Experimentation in Firms: Testing the Price Equal Quality Heuristics," Rady School of Management, UC San Diego, http://econ.as.nyu.edu/docs/IO/11975/Gneezy_CESS.pdf.

5. Ayelet Gneezy, Uri Gneezy, Leif D. Nelson, and Amber Brown, "Shared Social Responsibility: A Field Experiment in Pay-What-You-Want Pricing and Charitable Giving," *Science* 329 (2010) : 325–327.
6. Uri Gneezy and Pedro Rey-Biel, "On the Relative Efficiency of Performance Pay and Social Incentives," Barcelona Graduate School of Economics working paper no. 585, October 2011.
7. Tanjim Hossain and John A. List, "The Behavioralist Visits the Factory: Increasing Productivity Using Simple Framing Manipulations," *Management Science* 58 (2012) : 2151–2167.

おわりに

1. この一文は次の論文からの引用だ。Steven D. Levitt and John A. List, "What Do Laboratory Experiments Measuring Social Preferences Reveal About the Real World," *Journal of Economic Perspectives* 21, no. 2 (2007) : 153–174. なお、Vernon L. Smith, "Microeconomic Systems as an Experimental Science," *American Economic Review* 72, no. 5 (1982) : 923–955は実験経済学という分野を切り開いた人の書いた、初期の論文である。
2. 言うまでもなく、お客を騙すのはやめておいたほうがいい。ここの場合でいうと、ありもしないマッチング・ギフトを騙《かた》るなんてやっちゃだめですよ。